宏观审慎监管：
理论含义及政策选择

张显球 著

中国金融出版社

责任编辑：赵燕红
责任校对：李俊英
责任印制：丁淮宾

图书在版编目（CIP）数据

宏观审慎监管：理论含义及政策选择（Hongguan Shenshen Jianguan：Lilun Hanyi ji Zhengce Xuanze）／张显球著 .—北京：中国金融出版社，2012.1
ISBN 978－7－5049－6167－9

Ⅰ.①宏… Ⅱ.①张… Ⅲ.①金融监管—研究 Ⅳ.①F830.2

中国版本图书馆 CIP 数据核字（2011）第 228283 号

出版
发行　中国金融出版社

社址　北京市丰台区益泽路 2 号
市场开发部　（010）63266347，63805472，63439533（传真）
网上书店　http://www.chinafph.com
　　　　　（010）63286832，63365686（传真）
读者服务部　（010）66070833，62568380
邮编　100071
经销　新华书店
印刷　利兴印刷有限公司
尺寸　169 毫米 × 239 毫米
印张　14
字数　243 千
版次　2012 年 1 月第 1 版
印次　2012 年 1 月第 1 次印刷
定价　36.00 元
ISBN 978－7－5049－6167－9／F.5727
如出现印装错误本社负责调换　联系电话（010）63263947

前　言

　　本书是我在清华大学经济管理学院从事博士后研究的成果。之所以选择"宏观审慎监管"作为研究课题，主要是我意识到，2008年国际金融危机之后掀起的全球银行业监管制度变革浪潮必将深刻地影响着中国银行业监管制度的未来。这场第二次世界大战以后影响最大、波及面最广、对全球经济损伤最深的金融危机，使国际银行监管界彻底改变了以往的监管哲学和监管范式，从相信"最好的监管就是最少的监管"转向相信"有效监管是银行业有序稳健运行的必要条件"，从片面实施旨在管控单家银行机构风险的微观审慎监管转向注重旨在防范和化解系统性风险的宏观审慎监管。幸运的是，2010年10月，在我将选题想法向导师宋逢明先生汇报后，宋老师对我的想法非常支持，表示尊重我的个人研究兴趣，也认为宏观审慎监管是一个非常有意义的研究课题。于是，我从全球金融稳定理事会（FSB）、国际货币基金组织（IMF）、国际清算银行（BIS）、英国金融服务局（FSA）的网站上查阅了大量文献，并结合中国银行业监管的现状进行了较为持续的思考，着手开始实质意义上的课题研究。

　　"宏观审慎"术语在国际范围内的首次出现，可以追溯到1979年6月28日至29日召开的库克委员会的一次会议。而"宏观审慎"开始广泛引起全球金融监管者的重视，则是在1997年亚洲金融危机爆发之后。2000年10月，国际清算银行总经理Andrew Crockett阐述了宏观审慎方法的两个显著特点：一是宏观审慎关注的是整个金融体系的宏观风险，其目标是降低金融萧条时期经济体的损失；二是宏观审慎关注金融机构的集体行为（有别于个体行为）在宏观金融风险引发中的重要作用，重视金融机构之间的风险关联度所引发的系统风险。与此相对应，微观审慎监管的关注重点是单家金融机构的风险，目的是保护单个存款者和投资者的利益，因而自然地很少考虑单家金融机构行为对宏观金融体系风险的负面影响，亦即对金融机构之间的风险关联度及外部性考虑不足。2008年国际金融危机的爆发，使"宏观审慎监管"的概念得到空前重视，使之成为全球国际金融监管改革的焦点。中共中央十七届五中全会的决议明确提出

"要构建逆周期的金融宏观审慎管理制度框架"。在中国,将宏观审慎监管纳入中共中央全会文件,这是非常罕见的历史性举动,足以表明宏观审慎监管将在中国宏观经济管理中发挥极其重要的作用。

由于宏观审慎监管的概念比较抽象,二十国集团和金融稳定理事会要求巴塞尔委员会抓紧研究实施宏观审慎监管的具体措施。这些措施实际上就是宏观审慎监管的政策工具。从政策工具运用上看,宏观审慎和微观审慎监管使用的政策工具基本相同,主要包括资本监管、拨备、杠杆率、审慎信贷标准等,但是,两者的政策工具着眼点完全不同。比如,微观审慎监管会在整个经济周期上,对所有机构运用统一的资本监管标准,而宏观审慎监管则会对金融机构在经济周期的不同阶段提出"因时间而异"的逆周期资本要求,也会对系统重要性金融机构提出"因规模而异"的附加资本要求。一般认为,宏观审慎监管的政策工具包括以下方面:建立反周期资本缓冲制度、实施前瞻性拨备制度、强化流动性监管、引入杠杆率监管、强化系统重要性金融机构监管、加强场外衍生品监管、加强影子银行体系监管、加强薪酬监管、加强国际金融监管合作,等等。

本书的逻辑结构是:第一章是总论,主要是研究宏观审慎监管的理论基础;第二章至第七章是分论,主要是对六类宏观审慎监管的政策工具进行专项研究。

第一章研究的是宏观审慎监管的理论基础。可以说,危机后讨论金融监管理论基础的代表性文献是英国金融服务局(FSA)和 Brunnermeier 等的有关论述。危机之前,主流金融监管理念的理论基础是所谓的新古典经济学。然而,正如行为金融学(Barberis 和 Thaler,2003)所指出的,金融市场总是不完善的,信息也总是不完全和不完整的,即使单个市场主体从事理性行为,整个市场主体也不一定能够做到理性,亦即出现"集体失误"。这就是宏观审慎监管最重要的理论基础。具体来说,宏观审慎监管的理论基础包括"羊群效应"、行为经济学中的"动物精神"、信息经济学和网络理论。此外,该节还讨论了实施宏观审慎监管可能面临的挑战,如宏观审慎政策的实施可能对银行业造成较高成本;部门之间必要的配合协调增加了宏观审慎政策实施的难度;宏观审慎监管对监管当局的宏观分析判断能力提出了更高的要求;监管套利可能削弱宏观审慎监管政策的效果。本节还特别提出,尽管宏观审慎监管是促进宏观金融稳定的重要手段,但是,促进金融稳定需要更广泛的政策框架,有效的宏观经济政策、微观审慎监管政策以及良好的金融市场基础设施、紧密的国际监管合作都是非常必需的。

第二章的主题是逆周期监管。鉴于银行体系的亲周期性是实施宏观审慎监管的主要原因,因而,逆周期监管是宏观审慎监管的核心内容,相应的,本章也是全书的核心,在全书中具有重要地位。第一节分析经济周期与银行体系的亲周期性。首先对近年来国内外有关资本监管亲周期性的文献进行了综合述评,然后对借贷双方信息不对称、信用评级业的垄断、资本监管内在的亲经济周期性、新国际会计准则中的公允价值原则、资本测算方法的亲周期性等银行体系亲周期性(procycliciality)的产生原因进行了分析。第二节以 2004~2010 年中国商业银行的面板数据作为基础,采用两阶段加权最小二乘法(Two-Stage EGLS)对面板数据进行回归分析,对我国银行体系资本亲周期特征进行实证研究,研究了资产规模、净资本回报率、不良贷款率、银行资产规模等因素对商业银行缓冲资本数量的影响,进而探讨了我国商业银行资本的亲周期行为。第三节探讨逆周期资本监管,主要分析了四种旨在缓解资本监管逆周期性的政策选择:引入逆周期资本,开发逆周期系数;使用跨周期的内部评级法,确保历史数据覆盖整个经济周期;实施《巴塞尔协议Ⅲ》,提升对资本数量和资本质量的监管要求;引入杠杆率(leverage ratio)指标。第四节对动态拨备监管进行研究。首先介绍动态拨备产生的理论基础,随后对西班牙动态拨备制度的实施背景、动态拨备的模型进行了介绍,并对其功效和引进中国的可行性进行了研究分析。第五节介绍危机后国际会计准则为降低金融体系的亲周期性而实施的变革。鉴于近年来压力测试越来越被公认为是抵御经济周期变动、削弱银行体系亲周期性的重要监管工具,其重要性和可接受程度不断增强,第六节专门讨论压力测试的运用和监管。

第三章研究加强流动性监管的有关措施。此次金融危机中的英国北岩银行破产及美国国际集团、摩根斯坦利、贝尔斯登等大型国际投资银行的危机,深刻表明市场流动性状况可以在短期内急速逆转并维持相当长时间,再次凸显流动性风险管理对于金融市场稳健运行的重要性。鉴此,加强流动性风险监管已经成为危机之后巴塞尔银行监管委员会加强金融监管的重点。第一节介绍危机之后巴塞尔委员会对流动性风险管理的新政,包括《稳健的流动性风险管理和监管原则》和《流动性风险计量、标准及监测的国际框架》。这两个文件的目的是建立起全球一致的商业银行流动性监管标准,促进全球范围内商业银行流动性风险监管的国际协调,实现全球银行在流动性风险管理方面的公平竞争,并以此维护金融体系的稳定。最重要的是提出了流动性覆盖比率(Liquidity Coverage Ratio, LCR)和稳定资金净额比率(Net Stable Funding Ratio, NSFR)两个流动性风险监管指标。第二节介绍美英国家加强商业银行流动性监管的政策举措；第三节介绍危机后我国加强银行业流动性风险监管的举措。

第四章研究影子银行体系监管。影子银行系统，又称为平行银行系统（The Parallel Banking System），主要是指行使商业银行功能，但却基本不受监管或仅受较少监管的非银行金融机构，包括投资银行、对冲基金、货币市场基金、债券保险公司、结构性投资工具（SIV）、私募股权基金、特殊目的公司（SPV）等非银行金融机构。第一节介绍影子银行体系的风险特点及形成历程。财务杠杆率高、风险关联性强、流动性风险高、信息透明度低、被监管的程度低、跨境风险高、对货币政策的扰乱作用大是当前全球影子银行体系的主要风险点。从产生的背景来说，影子银行体系是自由放任型监管理念长期应用于金融业的结果，是美国和全球金融结构变迁的真实写照，鲜活地反映了全球金融业经营制度演进的总体趋势。第二节介绍加强对冲基金监管的举措及原则。有效的对冲基金监管制度应该遵循下述原则：风险控制和业务发展相结合；证券监管部门和银行监管部门共参与；基金监管和基金顾问齐纳入。第三节分析如何加强信用评级机构的监管。目前国际社会已初步达成共识，即"要减少对评级公司的依赖"，具体包括减少市场和监管对外部信用评级的依赖。第四节分析我国影子银行体系的现状及监管改进的思路。影子银行体系在我国早已有之，并一度是我国金融风险的重要来源。最为典型者可追溯到20世纪80年代末90年代初我国出现的中国农村合作基金会。20世纪90年代，以"乱集资、乱批设金融机构和乱办金融业务"为内容的金融"三乱"，实际上也是影子银行业务泛滥的体现。当前，我国的"影子银行体系"主要包括以下四大类型：以"地下钱庄"为代表的民间融资；以"银信合作"为代表的表外业务；以资产证券化为代表的金融创新业务；以私募股权基金为代表的股权投资工具。下一步，我国影子银行体系监管应把握以下几个重点：加强金融创新监管，提高影子银行系统的信息披露程度；加强政策法规建设，完善影子银行监管的法制环境；加强日常运营监管，防范影子银行机构的监管套利。

第五章研究系统重要性金融机构监管。第一节着重界定系统重要性金融机构的含义及识别标准。根据国际货币基金组织、国际清算银行和金融稳定理事会的定义，系统重要性金融机构（SIFIs）是指在金融市场中承担了关键功能，其倒闭可能给金融体系造成损害并对实体经济产生严重负面影响的金融机构。系统重要性金融机构的识别标准应包括金融机构的规模（size）、可替代性（substitutability）和风险关联度（interconnectedness）。第二节研究解决系统重要性金融机构问题的基本途径。一是降低系统重要性机构的规模、业务复杂性和风险关联性,包括大幅提高交易账户资本金要求、禁止商业银行从事自营业务(proprietary trading)、推行简约金融模式等;二是提升监管标准,增强系统重要性金融机构的损失吸收能力,主要包括要求实施资本附加(capital surcharge)、资本缓冲(capital buffer)、流动性附加(liquidity surcharge)、或有资本(contingent capital)以及建设系统重要性金融机构的自救安排(Bail-in)机制;三是健全有效处置系统重要性金融机构的政策和法律框架,主要包括授予金融监管当局足够的监管权力,健全系统重要性金融机构的跨境危机处置机制,审慎选择系统重要性金融机构的危机处置方式以及建设大型跨境金融集团风险处置的成本分摊机制。第三节介绍中国银监会在加强系统重要性金融机构监管方面的做法,主要是对腕骨监管指标体系的开发与运用。

第六章是研究薪酬监管。金融机构的不当薪酬体制是导致本轮国际金融危机的重要因素,薪酬制度改革必须纳入监管改革计划,以建立一个本质上更为稳健的全球银行体系,这已经成为危机后国际银行业的共识。第一节介绍金融稳定理事会(FSB)对稳健薪酬的原则规定,就是大家所熟知的"九条原则"。第二节介绍目前全球银行业薪酬制度中实施风险调整的现状。当前,大多数金融机构都已经在薪酬制度中建立起业绩衡量和风险调整框架,实现了薪酬与业绩、风险之间的紧密相联,事前风险调整机制也已经被正式引入,且作用发挥较好。但也存在一些影响风险调整机制有效性的若干要素,主要包括FSB原则与本国银行业薪酬实际的结合度;浮动薪酬在薪酬结构中的合理比例;薪酬制度与长期风险偏好的一致性;业绩考核机制的科学性;事前调整和事后调整机制搭配使用的合理性;薪酬的发放形式。上述要素必须合理设计,否则会影响薪酬制度中风险调整机制的有效性。第三节是讨论危机之后美国金融高管薪酬监管制度的变革状况,其核心内容是提出有效薪酬制度安排的先决条件,明确禁止过度薪酬,声明进一步强化对大型金融机构薪酬制度的监管。第四节介绍危机后我国银行业薪酬制度改革的实践,主要是解析中国银监会颁布的《商业银行稳健薪酬监管指引》。

第七章研究国际金融监管合作。2007年美国新世纪金融公司破产诱发次贷危机,雷曼兄弟公司破产而引发金融危机,而后又通过全球性跨国金融机构将金融风险扩展至欧盟乃至整个新兴市场经济国家。这充分说明,仅凭一个国家的金融监管力量,难以遏制危机在不同国家之间的蔓延。国际银行业加强监管的合作已经成为维护全球金融体系稳定的重要基石。第一节介绍当前的全球金融监管体系，主要介绍当前以 G20 和金融稳定理事会（FSB）为核心的全球金融监管框架。第二节分析国际监管联席会议机制。国际监管联席会议的主要职责是促进并表监管机构与东道国监管机构之间的信息交流，促进监管机构与被监管机构之间的沟通，促进监管任务委托机制的运行以及促进各国监管机构在现场检查上的合作。一般认为，一个良好的国际监管联席会议机制应遵循有效覆盖、多方参与、制度适宜、协议承诺、适度保密、监管协调、信息共享、综合考量等原则。第三节分析跨境银行危机处置。该节在对当前跨境银行处置的现状及问题进行分析的基础上，提出了良好跨境银行危机处置机制的制度选择，主要包括加强跨境监管合作和信息共享；健全跨境银行的风险预警机制和早期干预机制；健全对跨境金融集团的风险处置机制；等等。

　　本书力图成为国内第一本对宏观审慎监管进行系统研究的学术专著。目前，本轮国际金融危机爆发以来，国内关于宏观审慎监管的各类论文纷纷涌现，可谓浩如烟海，汗牛充栋。但是，既有的文献往往只是侧重于宏观审慎监管的概念探讨，或者以某一政策工具为研究对象，而真正以宏观审慎监管为主题、对宏观审慎监管的理论基础及众多政策工具进行系统解读的学术专著却不多见。本书似乎可以视为作者在这方面的一种尝试和努力。

　　在研究方法上，本书力求做到三个"结合"：一是理论研究和实证分析的结合。比如，在对逆周期监管进行研究时，既对国内外相关文献进行了综合述评，运用了有关模型对动态拨备制度进行纯理论分析，同时又使用最小两阶段二乘法对资产规模、宏观经济状况等因素对银行业缓冲资本计提的影响进行了实证分析。二是宏观研究和微观分析相结合。本书既对宏观审慎监管进行了总体分析，又对杠杆率监管、压力测试、动态拨备、薪酬激励、国际监管联席会议等宏观审慎监管中的微观政策工具进行了较为深入的研究分析。三是国际研究和个案分析相结合。本书既对 FSB、IMF、BIS 等国际金融机构提出的宏观审慎监管措施进行了研究分析，揭示了国际银行业在加强宏观审慎监管方面的主流共识，又着力分析了中国银行业围绕特定宏观审慎监管政策工具所推出的监管措施及其有效性。

　　需要指出的是，作者的初衷是将本书写成一本理论性较强的学术著作，即针对杠杆率监管、拨备监管、流动性监管、系统重要性金融机构监管等宏观审慎政策工具进行较有深度的模型分析和基于全球银行业数据的实证分析，并将书名初定为《宏观审慎监管：理论研究及基于上市银行的实证分析》。但是，由于作者日常工作非常繁忙，实在没有足够的业余时间完成理想中的纯理论研究，因此，从某种程度上说，呈现在读者面前的这本书可能学术研究的成分相对较少，而政策解读的韵味相对较足，这也正是作者将本书改名为《宏观审慎监管：理论含义及政策选择》的原因。对作者本人而言，这似乎是一种内心深处的遗憾。

感谢我的博士后指导教师、清华大学经济管理学院教授、美国加州大学博士后宋逢明先生。他学识渊博，治学严谨，对学生既在学术研究上要求严格，又在日常生活上呵护有加，是一位我引以为豪的好老师、好长辈。

感谢中国金融出版社第四编辑部主任赵燕红女士。正是她的鼓励和督促，使我有信心和动力将自己的博士后研究成果出版成书，提高"透明度"，接受广大专家、学者和朋友的检阅与批评。

张显球

二〇一一年十一月一日

目 录

第一章 宏观审慎监管的理论基础 …… 1

第一节 宏观审慎监管的历史演进及理论基础 …… 1
一、宏观审慎监管的历史演进 …… 1
二、宏观审慎政策框架的理论基础 …… 4

第二节 宏观审慎监管的含义、目标及工具 …… 7
一、宏观审慎监管的含义 …… 7
二、宏观审慎监管的目标 …… 9
三、宏观审慎监管的工具 …… 9

第三节 对宏观审慎监管的审视及评判 …… 13
一、宏观审慎监管实施过程中应重点关注的问题 …… 13
二、当前宏观审慎监管面临的挑战 …… 14
三、宏观审慎监管只是金融稳定框架体系的一个组成部分 …… 16
四、宏观审慎监管的未来 …… 18

第四节 危机后各国推出的宏观审慎监管新举措 …… 19
一、欧洲金融监管制度调整的主要内容 …… 19
二、美国金融监管体制调整的主要内容
——《多德—弗兰克法案》 …… 21
三、宏观审慎监管的强化是欧美金融监管制度改革的重点 …… 22

第五节 中国银监会在宏观审慎监管方面的实践 …… 22
一、在指导思想上高度重视宏观审慎监管 …… 23
二、建立持续监管路线图 …… 23
三、重视宏观金融经济风险的研究、预警与通报 …… 25
四、注重全面监管 …… 26
五、注重逆周期监管 …… 26

第二章　逆周期监管 ······ 29

第一节　经济周期与银行体系的亲周期性 ······ 29
　　一、文献综述 ······ 29
　　二、银行体系亲周期性产生的原因 ······ 32
　　三、关于银行体系亲周期性的争议 ······ 36
　　四、缓解银行体系亲周期性的政策工具 ······ 37

第二节　银行体系资本亲周期特征的实证研究 ······ 39
　　一、指标选取与模型构建 ······ 39
　　二、实证分析 ······ 40
　　三、结论 ······ 42

第三节　逆周期资本监管 ······ 42
　　一、引入逆周期资本，开发逆周期系数 ······ 42
　　二、使用跨周期的内部评级法，确保历史数据覆盖整个经济周期 ······ 44
　　三、实施《巴塞尔协议Ⅲ》，提升对资本数量和资本质量的监管要求 ······ 45
　　四、引入杠杆率（leverage ratio）指标 ······ 47
　　五、中国银监会在本轮国际金融危机之后加强逆周期资本监管的举措 ······ 48

第四节　动态拨备监管 ······ 51
　　一、动态拨备产生的理论基础 ······ 51
　　二、西班牙的动态拨备制度 ······ 54
　　三、我国的银行业拨备监管制度及改革前景 ······ 61

第五节　国际会计准则 ······ 64
　　一、公允价值会计准则是银行体系亲周期性形成的重要原因 ······ 64
　　二、缓解公允价值亲周期性的监管制度选择 ······ 65
　　三、危机之后全球改进国际会计准则所采取的举措 ······ 67

第六节　压力测试 ······ 68
　　一、压力测试的概念及功效 ······ 68
　　二、压力测试监管的重点 ······ 71
　　三、压力测试中的信息披露 ······ 73
　　四、压力测试的局限性 ······ 75
　　五、对我国银行业开展压力测试的政策建议 ······ 77

第三章　流动性监管

第一节　危机之后巴塞尔委员会对流动性风险管理的新政 …… 80
　一、颁布《稳健的流动性风险管理和监管原则》 …… 80
　二、颁布《流动性风险计量、标准和监测的国际框架》 …… 82

第二节　美英国家加强商业银行流动性风险监管的政策举措 …… 87
　一、危机之后美国加强流动性风险监管的政策举措 …… 87
　二、危机之后英国加强流动性风险监管的政策举措 …… 89

第三节　危机后我国加强银行业流动性风险监管的举措 …… 92
　一、《指引》的主要功能 …… 92
　二、《指引》的主要内容 …… 94

第四章　影子银行体系监管

第一节　影子银行体系及其监管 …… 97
　一、影子银行系统的含义 …… 97
　二、影子银行体系的风险特点 …… 99
　三、影子银行形成和发展的背景 …… 102
　四、针对影子银行体系的监管改进 …… 103

第二节　加强对冲基金监管 …… 106
　一、实施对冲基金监管的主要原因 …… 106
　二、对冲基金监管的原则 …… 107

第三节　加强信用评级机构的监管 …… 108
　一、信用评级机构的概述 …… 108
　二、金融危机前的全球信用评级机构监管 …… 113
　三、金融危机后信用评级机构的监管措施 …… 115
　四、信用评级机构监管的未来发展方向 …… 119

第四节　我国影子银行体系的现状及监管 …… 120
　一、我国影子银行体系的现状 …… 120
　二、对我国影子银行体系的基本评判 …… 124
　三、对下一步监管的政策建议 …… 125

第五章　系统重要性金融机构监管

第一节　系统重要性金融机构的含义 …… 128

一、系统重要性金融机构的定义 …………………………………… 128
　　二、研究系统重要性金融机构问题的意义 ………………………… 130
　　三、系统重要性金融机构的识别标准 ……………………………… 131
　　四、系统重要性金融机构的评估方法 ……………………………… 135
　第二节　解决系统重要性金融机构问题的基本途径 ………………… 136
　　一、降低系统重要性金融机构的规模、业务复杂性和风险关联性 …… 137
　　二、提升监管标准，改进监管方案，增强系统重要性金融机构的
　　　　损失吸收能力 …………………………………………………… 140
　　三、建设系统重要性金融机构的自救安排（bail-in）机制 ……… 141
　　四、健全有效处置系统重要性金融机构的政策和法律框架 ……… 143
　　五、对全球意义上的系统重要性金融机构实施更加严格的
　　　　监管制度 ………………………………………………………… 145
　第三节　中国银监会在加强系统重要性金融机构监管方面的做法 … 146
　　一、严格风险监管制度，提升风险监管标准 …………………… 146
　　二、开发腕骨监管指标体系 ……………………………………… 147

第六章　薪酬监管 ………………………………………………………… 153
　第一节　金融稳定理事会（FSB）对稳健薪酬的原则规定 ………… 153
　第二节　薪酬制度中的风险调整 ……………………………………… 157
　　一、全球银行业薪酬制度中风险调整的现状 …………………… 157
　　二、影响风险调整机制有效性的若干因素 ……………………… 158
　第三节　危机之后美国金融高管薪酬监管制度变革 ………………… 160
　　一、提出有效激励薪酬制度安排的先决条件 …………………… 161
　　二、明确禁止过度薪酬 …………………………………………… 161
　　三、强化对大型金融机构薪酬制度的监管 ……………………… 162
　　四、肯定了三种金融业目前通用的薪酬风险调整方法 ………… 162
　第四节　危机后我国银行业薪酬制度改革的实践 …………………… 163
　　一、明确薪酬监管重点，提出薪酬监管原则 …………………… 163
　　二、规范薪酬结构，引入可变薪酬 ……………………………… 163
　　三、严格薪酬支付，确保风险调整 ……………………………… 163
　　四、明确薪酬管理要求，规范薪酬的公司治理 ………………… 164
　　五、严格信息披露，确保市场约束 ……………………………… 164

第七章　国际金融监管合作 …… 166
第一节　全球金融监管体系 …… 166
一、全球金融监管的崛起 …… 166
二、强化国际金融监管合作的必要性 …… 169
三、现行全球金融监管体系中存在的问题 …… 170
四、新全球金融监管体系的轴心：G20峰会
　　——金融稳定理事会模式的确立 …… 171
第二节　国际监管联席会议 …… 172
一、国际监管联席会议的主要职责 …… 173
二、良好国际监管联席会议机制应遵循的原则 …… 176
三、中国银监会在国际监管联席会议方面的实践 …… 178
第三节　跨境银行危机处置 …… 179
一、跨境银行危机处置合作的含义 …… 179
二、构建有效跨境银行危机处置机制面临的难点 …… 181
三、良好跨境银行危机处置机制的制度选择 …… 183
四、对问题跨境银行实施有效处置的政策框架 …… 185
五、危机后主要国际组织跨境监管及其改革进展 …… 187
六、我国加强跨境银行危机处置的实践 …… 189

参考文献 …… 191

第一章　宏观审慎监管的理论基础

第一节　宏观审慎监管的历史演进及理论基础

一、宏观审慎监管的历史演进

"宏观审慎"术语在国际范围内的首次出现，可以追溯到1979年6月28日到29日召开的库克委员会的一次会议。该次会议主要讨论国际银行贷款到期转型的潜在数据收集问题。会议文件中对"宏观审慎"的具体表述如下："委员会所关注的微观经济问题中的微观审慎问题，一旦开始融入宏观经济问题时就应该被称为宏观审慎问题。委员会对宏观审慎问题保持合理关注，并把这些问题与委员会关注范围内的宏观经济问题联系起来。"

"宏观审慎"术语在国际范围内的第二次出现，是在1979年10月由Alexandre Lamfalussy（国际清算银行经济顾问和欧洲货币常设委员会ECSC主席）主持的项目报告、以英格兰银行名义发布的一份背景文件中。该文件对单家银行机构的微观审慎（microprudential）方法监管与宏观审慎方法监管作了对比，并认为："审慎监管措施，主要涉及银行稳健运营和单个银行层面对存款人的保护。这一领域的大部分工作已经完成——可称为'微观审慎'方面的银行监管。然而，这种微观审慎方面的监管可能需要与更广范围相匹配的审慎考虑。这种'宏观审慎'的方式认为市场作为整体所承受的问题与单个银行以及微观审慎监管不明显的层面面临问题有所不同。"

"宏观审慎"术语在正式文件中的第一次出现是在1986年。ECSC发布的名为《当前国际银行业的创新》的联合报告用为数不多的几个段落专门阐述了"宏观审慎政策"的概念，指出宏观审慎监管的目的是提升广义金融体系和支付机制的安全稳健性。报告提到了金融创新对宏观金融体系风险的放大作用。当时全球银行监管机构的监管重点是单个银行机构的风险，但巴塞尔委员会已开始着手研究宏观金融体系风险的防范问题，特别是要防范金融创新可能给宏观金融稳定带来的损害。

"宏观审慎"术语第二次在正式文件中的出现，是在1992年ECSC发布的《国际银行关系的最新动态》中（《国际清算银行（1992）》的Promisel报告）。该词概括的是改善整个金融体系稳定性的政策，主要关注点在于金融机构和金融市场之间的联系。当时G10领导人发布了"关注银行在非传统市场特别是在衍生工具市场上的作用和相互联系，要重点检查银行同业市场的各组成部分和其中的积极部分，并对呈上升势头的现象予以宏观审慎的关注"的申明，在此背景下成立了一个工作组并完成此报告。随后，欧洲货币常设委员会（ECSC）的一个工作组在题为"关于衍生品市场规模和宏观审慎风险的计量"的报告标题中引用了此术语，该报告关注的是衍生品市场缺乏透明度、市场功能集中在少数机构、可能会损害市场流动性的问题。

由于1997年亚洲金融危机的爆发，20世纪90年代末，"宏观审慎"开始广泛引起全球金融监管者的重视。1998年1月，国际货币基金组织在题为《建立一个健全的金融体系》的报告中就提到："必须实行持续有效的银行监管。这主要可通过非现场监测实现，包括在微观审慎和宏观审慎两个层面。宏观审慎分析是通过了解市场情报和宏观经济信息，关注重要资产市场、金融中介机构、宏观经济发展和潜在失衡现象来实现。"上述政策发布后，"宏观审慎指标"（MPIs）评估在国际金融界开始得到极大发展。1999年以后，"宏观审慎指标"在金融部门评估项目（FSAPs）中开始发挥重要作用，成为世界银行和国际货币基金组织评估一个国家金融体系强健程度的重要指标，在国家金融体系稳健性评估指标体系中日益发挥重要作用。

2000年10月，国际清算银行总经理Andrew Crockett在国际银行监管会议上发表讲话，就微观审慎方法和宏观审慎方法进行了对比分析。可以说，这个讲话是国际金融界第一次对宏观审慎监管概念作出较为系统的阐述，在宏观审慎监管概念的发展史上具有里程碑的意义。Andrew Crockett认为，要实现金融稳定，就必须在宏观审慎层面上大力加强监管。该讲话阐述了宏观审慎方法的两个显著特点：一是宏观审慎关注的是整个金融体系的宏观风险，其目标是降低金融萧条时期经济体的损失；二是宏观审慎关注到金融机构的集体行为（有别于个体行为）在宏观金融风险引发中的重要作用，金融机构之间的风险关联度以及银行体系运营与宏观经济之间的影响在其中扮演的作用也不可忽视。与此相对应，微观审慎监管的关注重点是单家金融机构的风险，目的是保护单个存款者和投资者的利益，因而自然很少考虑单家金融机构行为对宏观金融体系风险的负面影响，亦即对金融机构之间的风险关联度考虑不足。

　　Andrew Crockett 认为，宏观审慎监管可以分为两个维度：一是时间维度，也称纵向维度，就是基于金融风险随时间推移而演变、风险在金融周期中变化的特点实施有效监管，目的是削弱金融系统和实体经济间风险之间的正向反馈机制，缓解金融体系的"亲周期性"。比如，要求商业银行在经济繁荣时期增加资金缓冲，以在经济萧条时期提取用于应对损失、平缓经济周期变换对银行体系经营的冲击。二是空间维度，也称横向维度，主要是基于众多金融机构存在相似风险敞口以及相互之间存在广泛风险关联的特点实施有效监管，目的是降低单个机构对整体金融体系风险的影响，缓解单家机构倒闭对宏观金融稳定的威胁，比如，对于系统重要性金融机构，监管部门就应该采取一系列更加严格的风险监管措施。

　　2008年国际金融危机的爆发，使"宏观审慎监管"的概念得到空前的重视。时间维度和空间维度的宏观审慎监管问题均被全球金融监管者提上议事日程，成为全球国际金融监管改革的焦点，其中系统重要性金融机构风险防范、银行资本标准对金融系统亲周期性的影响以及对与宏观经济相联系的金融系统脆弱性的监测尤其受到特别的关注。2009年初，国际清算银行正式提出用宏观审慎性的概念来概括导致危机中"大而不能倒"、顺周期性、监管不足、标准不高等问题。按照周小川（2010）的说法，"这个概念（指宏观审慎监管）开始并不是太流行，但后来慢慢被大家所接受，并逐步被二十国集团金融峰会及其他国际组织所采用。"在 G20 匹兹堡峰会上，最终形成的会议文件及其附件中开始正式引用了"宏观审慎管理"和"宏观审慎政策"的提法。在 G20 首尔峰会上，进一步形成了宏观审慎管理的基础性框架，包括最主要的监管以及宏观政策方面的内容，并已经得到了 G20 峰会的批准，要求 G20 各成员国落实执行。中国作为 G20 的重要成员，也对"宏观审慎管理"给予了充分重视。在中共中央十七届五中全会的决议文件中，明确提出"要构建逆周期的金融宏观审慎管理制度框架"。在中国，将宏观审慎监管纳入中共中央全会文件，这是非常罕见的历史性举动，足以表明宏观审慎监管将在我国宏观经济中发挥极其重要的作用。

二、宏观审慎政策框架的理论基础

本轮国际金融危机触发了人们对金融监管理论基础的热烈讨论和深入思考。可以说,危机后讨论金融监管的理论基础的代表性文献是 FSA 和 Brunnermeier 等的有关论述。危机之前,主流的金融监管理念的理论基础是所谓的新古典经济学。新古典的核心假设（Mas – Colel 等,1995）是所谓"经济人假设",即经济人作选择的目的是个人效用最大化。按照新古典的经济学理论,市场总是有效的,投资者总是理性的,市场永远处于一个瓦尔拉斯均衡状态之中,价格总是能充分反映一切可以获得的信息。

新古典经济学对金融监管的启示是,在金融市场上,要尽可能让市场机制发挥作用,少监管或不监管：第一,因为市场价格信号永远是正确且有效的,因而可以依靠市场纪律来有效控制有害的风险承担行为；第二,要让有问题的金融机构进入破产清算,以实行市场竞争的优胜劣汰；第三,不需要对金融创新进行监管,市场竞争和市场纪律自然会淘汰掉没有必要或不创造价值的金融创新。内控严密、风险管理水平较高的优质金融机构不会开发风险过高的产品,信息充分的消费者只会选择满足自己需求的产品,而且,就判断金融创新是否创造价值而言,监管当局相对市场不具有优势,监管反而会抑制有利于增进市场效率的金融创新。

但是,在现实的金融市场中,这种理论假设并不存在。正如行为金融学（Barberis 和 Thaler,2003）所指出的,个体行为不一定满足经济人假设,套利效应的有限性使证券价格达不到理想的理性均衡水平,因而有效市场假说并不一定成立。金融市场总是不完善的,信息也总是不完全和不完整的,即使单个市场主体从事理性行为,整个市场主体也不一定能够做到理性,亦即出现"集体失误"。这就是宏观审慎监管最重要的理论基础。

（一）"羊群效应"

通俗地说,"羊群效应"就是从众效应,指人们的思想或行为容易受到多数人的影响。这种效应在金融市场上的表现,就是面对高度不确定的市场,投资者很少对市场前景和特定金融产品的风险作出独立判断,而是倾向于跟从大部分市场同行或市场领头人的行为。这种现象容易导致市场主体行为的趋同,造成从众性乐观、狂热或集体性恐慌,从而加剧金融体系集体性行为的非理性。

(二)"动物精神"

最早提出"动物精神"概念的经济学家是凯恩斯,而后诺贝尔经济学奖获得者阿克洛夫和希勒在将心理作用和金融行为相结合的基础上,对"动物精神"的内涵和外延作了进一步的拓展。凯恩斯认为,在市场前景不可捉摸、充满不确定性的情况下,人的情绪和心理深刻地影响着人的投资行为,投资冲动要依赖于人内在的一种可以被称为"动物精神"的本能驱动。应该辩证地看待这个概念。"动物精神"能够激发人的投资冲动,鼓励人们勇于承担风险、开展创新,但是,我们不能忽视,"动物精神"容易催生"羊群效应",引发市场主体的非理性躁动的集体性行为,引发市场恐慌,破坏价格体系的运行,最终破坏宏观经济条件的稳定。一旦市场出现下行的信号,"动物精神"就可能引发市场恐慌,市场参与者竞相出售金融资产,将市场推向万丈深渊,使投资者万劫不复。这种"动物精神"实际上属于金融行为学的范畴。过去,在有效市场假设下,价格是一个综合信息的结果,反映了全部市场信息,也反映了众多金融机构的行为,但是,本轮国际金融危机越来越使人们认识到市场的低效甚至在某种情形下的无效性,价格机制并不能在任何时候尤其是危机时期平滑地运行,因而市场主体的行为在市场中扮演着越来越重要的作用,重新认识和挖掘"动物精神"的含义也显得非常重要。

(三)信息不完全和信息不完整

现代金融市场的一个重要特点就是市场主体面临的信息量非常庞大,市场主体搜集和管理信息的能力受到很大的挑战,每天彭博(Bloomberg)、路透(Reuters)以及和讯网上都有大量的财经资讯。从信息科学的角度,巨量信息的获取对人们吸收和处理信息的能力提出了巨大的挑战。在这种情况下,有一部分人由于缺乏足够的信息处理能力,转而过度依赖外部评级机构的判断,甚至有些国家的中央银行和监管部门也大量使用国际性评级机构的评级作为其衡量和评判风险程度的基准。然而,评级公司本身确实也存在一个顺周期的问题,评级业务本身就具有顺周期性。在经济上升阶段,评级机构对市场前景充满乐观,评级机构往往倾向于漠视甚至淡化风险,评级结果往往越来越好;一旦市场出现危机信号,评级机构可能就出现市场恐慌,陡然降低对某个特定机构和特定产品的评级结果,进一步加剧市场恐慌。更加需要引起重视的是,众多市场主体缺乏充分的吸收处理信息的能力,过度依赖标准普尔、惠誉、穆迪等三家国际性评级机构,从而必然导致投资行为的趋同,加大金融体系集体非理性行为的范围和程度。

(四) 激励约束

现行金融机构激励机制存在着造成风险和收益不对称的内在特征,从而加剧了金融机构的过度冒险行为和顺周期性。一是过高奖金导致责任和收益的不对称。金融危机后很多人对金融机构管理人员工资奖金过高表示强烈不满,现行激励机制会鼓励交易者冒比较大的风险,造成责任和收益的不对称。危机之前,金融机构通过复杂的金融工程技术研制了一些只在金融体系内部自我循环并增长的结构性衍生金融产品,脱离了为实体经济服务的宗旨。交易人员因此获得很高的薪酬。当经济周期处于上升阶段,这些结构性衍生金融产品的交易量不断扩大,收益上升,但当经济周期进入下行周期阶段后,这些产品的损失却要全社会承担。二是公允价值准则加剧了薪酬的顺周期性。在绩效考核中大量应用公允会计准则,而公允会计准则本身具有顺周期性,从而导致交易人员在市场形势好的时候获取高额工资奖金,而市场逆转时难以承担责任。

(五) 网络理论

宏观审慎监管的核心是对系统性风险的重新认识和高度重视。欧洲中央银行(2009)将系统性风险定义为"金融不稳定大范围发生,危及金融体系的运行,以至于经济增长和福利将遭受巨大损失"的风险。英格兰银行(2009)指出,系统性风险一个很重要的方面就是由大型金融机构的相互关联和共同行为而引发的风险,即空间维度的网络风险(network risk)。网络的实质是由于金融机构、市场和工具之间的相互作用而引发的金融传染风险。具体来说,就是在一个金融网络体系中,一个机构陷入困境,可能通过资产负债表间的相关性和行为反应传导至其他机构。

沿着上述思路出发,网络学日益成为解释金融传染机制、评估传染风险的新工具。越来越多的研究表明,金融体系实际上就是一种复杂的网络,"节点"代表金融机构,"连接"代表信贷关系,而节点之间的关联结构至关重要。"度"(degree)是一个节点与其他节点的连接数量,其分布就是度分布;金融网络具有无标度(scale-free)特征,其幂分布遵循幂律,向右偏倚,以至于低度节点出现的频率较高,而高度节点出现的频率较低。在此基础上,Haldane(2009)进一步认为,金融网络具有三个特征:一是"稳健而又脆弱"的特征。在一定范围内，相关性可以作为冲击的分散机制，而超出翻转点，相关性就会成为冲击的传播渠道。二是"长尾分布"的特征。由于大部分节点为低度节点，金融网络对外围随机扰动较为稳健，但对高度节点的目标攻击却非常脆弱。三是"小世界"的特征。尽管网络呈现区域聚集性，但某些关键节点通过捷径与网络远端相连，会发生所谓的"长跳"，进而将局部扰动扩展成全局扰动。鉴于上述三个特征，金融体系网络中每个节点的重要性实际上并不相同，其负向溢出效应也相差悬殊；某些节点一旦被感染就会迅速传播至整个网络，成为风险的"超级传播者"。实际上，这些容易成为"超级传播者"的节点，往往就是所谓的系统重要性金融机构。

第二节 宏观审慎监管的含义、目标及工具

一、宏观审慎监管的含义

宏观审慎监管是本轮国际金融危机之后国际金融监管改革中讨论最多的问题之一，代表性文献有 Brunnermeier 等（2009）和 IMF（2009）、FSB（2009）、FSA（2009）。这些文献认为，之所以需要宏观审慎监管，主要基于以下两个方面的原因：一是个体行为并不一定带来集体行为的不理性。也就是说，单个金融机构的特定行为，从微观层面看，可能是审慎理性的；但该行为一旦成为全体金融机构的一致行动，就是非理性的，甚至会危及金融体系的稳定。通常来说，在分业经营模式下，由于各金融机构从事某一特定地域、行业或类型的业务，虽然金融机构自身风险较大，但因为相互之间关联性较小，因而系统性风险并不是太大；在混业经营模式下，由于各金融机构为分散风险，兼营不同地域、行业或类型的业务，从单个金融机构来看是理性的风险分散行为，但如果很多金融机构采取类似的混业经营行动，类似的风险敞口就会导致系统性风险，因而集体非理性的现象会较为严重。二是金融体系各组成部分之间的内在关联性已经很高，足以影响宏观金融稳定。商业银行、证券公司、保险公司以及众多基金公司、特别投资公司（SIV）之间的关联性已经大为加强，金融风险在市场上的传播已经非常迅速，以至于往往难以控制。如据 AIG 披露，在 2008 年 9 月 16 日至 12 月 31 日之间共向 CDS、担保投资协议（guranteed investment agreement）和融券业务的交易对手提供 1 027 亿美元，这部分的资金大部分来自美国

政策的救助资金。具体包括：向超过20家CDS交易对手提供224亿美元抵押品；以271亿美元向16家CDS交易对手购买作为这些CDS标的物的CDO资产，以终止这些CDS交易；向超过20家担保投资协议交易对手（主要是美国的州政府）支付95亿美元；向17家融券业务交易对手支付437亿美元。由此可见，AIG牵涉的交易对手范围非常之大，一旦该机构破产，会给这些交易对手造成巨大的冲击，对整个金融体系造成巨大的负外部性。

关于宏观审慎监管的含义，国际金融界呈现出一种众说纷纭的状态。英国金融服务局（FSA）认为，宏观审慎监管分析应该包括五个方面：一是金融系统对实体经济的信贷供给、信贷定价、借款人的杠杆程度以及借贷双方所承担的风险；二是期限转化的形式以及产生的流动性风险，比如银行期限错配的程度以及对批发性融资的依赖性程度；三是住房、股票和信用证券化等市场的资产价格预期长期均衡水平的关系；四是金融系统的杠杆率水平；五是一些尚未受到审慎性监管的金融机构（如对冲基金）对系统性风险的影响。美国财政部认为，"一类金融控股公司"（Tier 1 Financial Holding Companies）是系统性风险的主要来源，应该受到严格的监管，其中，"一类金融控股公司"的衡量标准包括规模、杠杆和关联性等几个方面。伯南克认为，一个有效的宏观审慎监管政策框架应包括八个要素：一是监测跨企业跨市场的、规模较大并急剧增长的风险暴露，例如次级贷款，而不是仅仅关注个体企业或部门的风险。二是计量在风险管理发展进步过程中潜藏的系统性风险，如财务杠杆率的广泛升高和金融市场或产品的变化。三是分析金融机构之间或金融机构与金融市场之间可能的风险溢出，例如高度关联企业之间的风险相互暴露。四是确保每一家能对金融系统造成影响的重要机构，都受到与其系统性风险相匹配的监管。五是在具有系统性影响力的重要金融机构失败时，提供一种解决机制安全应对。六是确保至关重要的金融基础结构的稳固、强健，包括那些为贸易、支付、清算和结算提供支持的机构。七是努力减少资本监管以及其他规定和标准的周期性特征。八是识别可能存在的监管漏洞给整个金融系统带来的风险，包括各种监管真空和监管盲点。

综合上述观点，笔者认为，所谓宏观审慎监管（macro-prudential approach to financial regulation and supervision），是一个相对于微观审慎监管的概念，实际上是指金融监管当局为减少金融危机或经济波动给金融体系带来的损失，从金融体系整体而非单一机构角度实施的监管。与微观审慎监管相比，宏观审慎监管最突出的特点是更加着眼于整个金融体系而不是单体机构，重点关注单体机构之间的相互作用及金融机构面临的共同风险。

二、宏观审慎监管的目标

宏观审慎监管主要从两个方面防范和化解金融风险：一是防止特定时间内风险在整个金融体系内的横向传播——横向层面（cross-sectional dimension）。横向层面的关键是如何处理金融机构间共有且相关的风险（common exposure）。这些风险的产生可能是因为机构直接暴露于相同或类似的资产类别风险，或是因为机构之间业务的交叉所导致的间接风险暴露。这种"共有风险"应引起宏观审慎监管者的高度重视，宏观审慎监管者要注重将整个金融体系的损失控制在局部，从而控制住"尾部风险"（tail risk），即出现频率较低，但影响巨大的极端事件下的风险。二是防止随时间推移累积产生的整体风险——时间层面（time dimension）。时间层面的关键问题是系统性风险如何被金融体系内部以及金融体系与实体经济间的相互作用所扩大，即顺周期性。该问题的本质是反馈效应（feedback effect），即整体风险的内生性本质。在经济扩张时期，金融机构的风险认知能力下降、风险承受能力增强、融资约束减弱、杠杆率提升、市场流动性提高、资产价格激增以及支出增多等因素相互作用，导致金融机构资产负债表规模过度膨胀。与此相反，在经济不景气时，导致金融机构的资产负债表过度收缩，从而使金融危机更加严重，加大整个金融体系受损失的程度。所以，时间层面的主要政策目标是"逆金融周期而行"（leaning against the financial cycle），抑制金融体系内在的顺周期性，提高金融体系对经济衰退及其他负面冲击的恢复能力。

三、宏观审慎监管的工具

由于宏观审慎监管的概念比较抽象，二十国集团和金融稳定理事会要求巴塞尔委员会抓紧研究如何具体实施宏观审慎监管，实际上就是宏观审慎监管政策工具的问题。从政策工具运用上看，宏观审慎和微观审慎监管使用的政策工具基本相同，都会采用资本监管、拨备、杠杆率、审慎信贷标准和其他风险管理要求等政策工具，只是政策工具的着眼点有所不同。如微观审慎监管会在整个经济周期上，对所有机构运用统一的资本监管标准；而宏观审慎监管则会针对系统性风险提出随经济周期变动的逆周期资本要求，也会对系统重要性机构提出附加资本要求。这同样适用于拨备和其他审慎监管工具。

围绕宏观审慎监管框架，G20 金融峰会和 FSB 提出了如下工具框架建议：一是提出了逆周期资本监管方案，要求商业银行在经济上行周期增提资本，应对经济下行周期吸收损失的需要。二是研究如何对系统重要性机构实施更为审慎的监管。三是提出杠杆率监管指标，要求银行在遵守按风险加权的资本充足率之外，还应控制整体的杠杆程度。四是对新资本协议进行修订，提高资产证券化和交易账户的资本要求，降低资本监管的顺周期性。五是协调国际会计准则委员会对拨备计提规则进行调整，采用更具前瞻性的拨备计提方法，缓解会计准则的顺周期性。六是在银行机构微观层面流动性风险管理的基础上，研究系统流动性风险的分析、监测与控制问题。七是加强和完善压力测试，采用全行业、整个金融市场或整个经济体系的压力情景，评估金融业的整体抗风险能力。

具体来说，宏观审慎监管政策的政策工具包括以下十个方面。

1. 反周期资本缓冲制度。监管当局在经济上行时期提高资本要求，增加银行贷款的边际成本，促使银行减少贷款；经济下行时期降低资本要求，促使银行增加贷款。通常的做法是，根据宏观经济指标构建反周期系数，然后据此对资本要求进行调整。Brunnermeier（2009）建议使用两个反周期资本乘数，一个乘数与信贷平均增长率和杠杆水平相挂钩，另一个与资产负债的期限错配相挂钩。Goodhart 和 Persaud（2008）提出，资产负债表不能真实反映银行的风险状况，应该将反周期资本乘数与银行资产价值的增长相联系，以缓解公允价值和 VAR 模型的亲周期性，抑制信贷的过快增长。

2. 前瞻性拨备制度。监管当局要求商业银行在信用扩张时期多提拨备，以达到事前抑制放贷动机、事后冲抵信用损失的目的。一是西班牙实施的动态拨备制度，实际上就是在专项拨备的基础之上加收反周期的一般准备作为缓冲。其机理在于专项拨备的计提基础是已经出现损失迹象的贷款，具有自然的亲周期性；一般准备的基础是贷款的潜在损失，具有反周期性，可以起到平滑整个经济周期的功效。二是国际会计准则理事会（IASB）及美国财务会计准则委员会（FASB）已公布了预期损失准备计提方法初稿，以便于提前识别信用风险，抑制亲周期性效应。巴塞尔委员会已拟草案将 IASB 提出的预期损失准备方案列入实施日程。一旦预期损失准备计提方案最终确定，巴塞尔银行监管委员会（BCBS）计划出台实施指引。三是 FSA（2009）建议，在信贷扩张的巅峰，应该对商业银行进一步增加相当于风险加权资产 2%~3% 的缓冲资本储备。

3. 强化流动性监管。纠正商业银行资产负债期限的错配，可以有效缓解时间维度的系统性风险的积累和传播。方式一是增加流动性资本要求。针对经济繁荣时期流动性风险定价偏低的情况，监管当局可以制定额外的流动性资本要求，既为金融体系提供流动性保险，也可起到激励商业银行改善资产负债的期限结构匹配问题。在具体操作上，流动性资本要求可以通过乘以一个因子实现，该因子反映资产池和资金来源的期限错配程度。流动性资本要求应该随时间而变化，鼓励繁荣时期的期限错配，而在衰退时则放松这一要求，只允许有适当的期限错配。方式二是采用盯住融资（Mark to Funding）的估值方式。盯住融资可以作为盯住市场的补充，以鼓励金融机构寻求长期稳定的资金来源，降低危机时期被迫销售所带来的难变现性。在具体操作上，对于有短期资金来源的机构，可以盯住今天的市场价值；对于有长期资金来源的机构，可以盯住未来现金流量的折现值。方式三是建立一个或多个流动性缓冲，以减少对风险融资的过度依赖。这些融资在金融危机中可能会产生系统性流动风险。

4. 引入杠杆率监管指标。引入杠杆率监管指标，作为资本充足监管指标的补充。一是动态调整金融交易的杠杆率。主要是根据宏观经济形势的变化，动态调整最高贷款价值比例（LTV）和贷款收入比例（LTI），影响房地产抵押贷款需求，及时对过热或过于疲软的房地产市场进行调控。实际上，贷款价值比例（LTV）和贷款收入比例（LTI）原本属于微观审慎监管工具，但一经动态使用则应被纳入宏观审慎范畴。二是引入毛杠杆率，即资本与未进行加权风险调整的总资产余额的比率。通过对金融机构设定毛杠杆率的限制，弥补新资本协议内部评级模型所固有的缺陷，防止金融机构资产负债的过度扩张，控制系统重要性风险的不断累积。此外，在引入杠杆率监管指标方面，有些国家还对特定金融产品、行业或市场（如外币贷款、消费信贷、固定资产贷款等）的监管资本要求进行逆周期调整，对贷款乘数、借款人的债务收入比和贷款准入标准等进行动态调整，控制整体信贷或特定行业信贷总量或增速，对非存款负债征税等。

5. 保证金和折扣比率。当前，国际证券业监管组织拟对证券融资和回购交易中的保证金和折扣比率引入逆周期调整系数，以控制亲周期证券融资市场杠杆率，缓解证券融资市场的顺周期性，弱化去杠杆化带来的系统性影响。

6. 强化系统重要性金融机构的监管。2010年11月，G20首尔峰会上签署了FSB政策框架，其目的是解决系统重要性金融机构（SIFI）引发的道德风险及外部效应。FSB的SIFI框架的核心政策目标：一是提升系统重要性金融机构的吸收损失能力,以降低失败的可能性;二是加强对 SIFI 的监管效力,提升监管标准;三是加强核心金融市场基础结构建设。其监管政策框架主要包括:提高系统重要性金融机构的损失吸收能力以降低其倒闭的可能性;完善系统重要性金融机构的处置和退出机制,以降低其倒闭带来的影响;强化对系统重要性金融机构的监管;加强金融市场基础设施建设,降低倒闭机构的风险传染。

7. 强化对场外衍生品的监管。从理论上说,强化对场外衍生品的监管主要包括以下方面:推进场外衍生品交易的标准化,推动场外衍生品中央清算、交易所交易、向交易中心报告机制的建立,明确实施机构和时间表,确定需要持续监测并需实施额外措施的领域,强化对中央交易对手和其他金融市场基础设施的监督和管理。2009 年 9 月,G20 领导人承诺将于 2012 年底前完成 OTC 市场改革,内容包括改进市场透明度、降低系统性风险和防止滥用市场等。2010 年 11 月,G20 批准了 FSB 提出的一揽子改革建议,包括组织交易平台、实施中央结算和确定 OTC 交易报告制度等,并指定专门机构推进这些建议的实施。其中,外汇衍生品交易的基础设施建设尤为重要。加强宏观审慎监管的一个重要方面,就是要通过加强以经济基础结构为支撑的外汇衍生品交易市场来降低蔓延的风险。2010 年 11 月,G20 峰会同意 FSB 推荐的方案,议案同意了加强中央交易对手(CCPs)监督管理及其他核心金融市场基础设施建设,并赋予它们在经济系统中的枢纽角色的申请。

8. 加强影子银行体系监管。在本轮国际金融危机中,影子银行因其杠杆率极高、与金融体系风险联系极为紧密而成为危机产生与蔓延的重要诱因。尤其是对冲基金,不仅是本轮危机的重要推手,而且是 10 年前东南亚货币危机的导火索。如何扩大监管范围,将对冲基金、评级公司等所谓影子银行体系纳入监管范畴,已经引起 G20 峰会的重视,并已经载入相关的峰会决议。

9. 加强薪酬监管。危机之后,FSB 出台了《金融机构稳健薪酬原则》,各国也纷纷出台了适合本国金融业特点的薪酬监管制度,以督促银行业增加可变薪酬比重,引入延迟支付和薪酬扣减制度,最终建立起实施充分风险调整的薪酬制度,切实杜绝过高薪酬所导致的过度风险承担现象。

10. 加强国际金融监管合作。本轮国际金融危机表明,大型金融机构经营的全球化与金融监管的属地化之间的矛盾日益激烈,跨境金融机构的风险不能得到及时有效的化解,并且往往会酿成国际金融危机。鉴此,G20 峰会多次提出,应着手建设跨境银行监管的信息共享机制以及危机合作化解机制;必要的时候,由母国监管当局主持召开由各东道国监管当局参加的大型金融机构国际监管联席会议。

第三节 对宏观审慎监管的审视及评判

一、宏观审慎监管实施过程中应重点关注的问题

在宏观审慎监管的实施过程中，为提高政策有效性，需要重点关注以下几个问题。

1. 宏观审慎风险信号的提取。宏观审慎监管的一个重要方面就是判定经济形势，提取风险信号，有效预期并干预经济金融的周期性波动。信贷增长，信贷总量占 GDP 的比重，以及资产价格的上涨等因素皆可视为宏观经济金融风险的信号，可以用于识别金融体系内部是否处于失衡状态，以及是否需要对银行体系施加逆周期的监管措施。在风险信号提取的过程中，银行监管者应在充分利用现有的数据基础和宏观经济分析能力，科学选择压力情景、压力的传导机制、压力程度和情景分析模型的基础上，充分运用压力测试工具，不断增强宏观审慎风险信号的科学性，提升识别经济周期变化的能力。

2. 宏观审慎政策实施中的相机抉择。宏观审慎监管的实施难点之一在于如何在"相机抉策"和"规则抉择"之间寻求统一。"相机抉择"指的是根据经济周期的变化采用逆周期的动态监管机制，具体包括动态资本充足率、动态拨备率、动态抵押率等反周期监管措施。正是从这个意义上说，"相机抉择"给监管者带来的一个重大挑战，就是监管者是否有足够的能力和技术来准确判断经济周期所处的阶段，即宏观经济是处于高涨期还是处于衰退期。如果监管者判断经济周期阶段的能力不足，甚至判断错误，则有可能加大监管政策的负面效应，使得"相机抉择"型监管措施反而在实际效用上不如"单一规则"型监管措施。基于这个考虑，必须对逆周期监管制度给予某种程度的责任约束，使得逆周期银行监管政策具有充分的透明度、责任性与前瞻性，银行业能够根据监管意图扩张或收缩信贷，以消除政策不确定性产生的负面影响。

3. 防范监管套利。宏观审慎政策在国内和国外都会产生公平性问题。同样的宏观审慎监管政策，却会为不同金融行业（如商业银行、证券公司、对冲基金）之间制造出不公平的竞争环境；在国际范围内，由于不同国家之间的金融体系和经济周期阶段不同，竞争环境尤其会千差万别。因此，国内和国际范围

内的监管套利问题不可避免。作为监管者，银行监管部门一方面要不断扩大监管范围，严格监管标准，另一方面也要注重监管标准的公平性，防止套利行为。

4. 处理好宏观审慎政策与货币政策的关系。虽然有效的货币政策和宏观审慎政策通常是相辅相成的，但如何在货币政策和宏观审慎监管之间寻求平衡从来就是一个两难问题。宏观审慎监管的主要目的是试图在保持货币相对稳定的前提下加强对金融体系系统性风险的识别、计量和防范，其最终目的是维护金融体系的稳定，防范系统性风险；而金融体系的稳健有助于创造出一个良好蓬勃发展的宏观经济，改善货币政策传导机制，最终增强货币政策的有效性。一个稳定的货币环境又必然会减少金融体系的顺周期缺陷，降低银行监管和银行经营的亲周期性。因此，迫切需要加强货币政策与宏观审慎监管措施之间的协调，增强宏观审慎监管与货币政策之间的协同效应。货币政策在制定货币控制目标时，要考虑宏观金融稳定和宏观审慎监管的状况，不应单纯考虑 GDP 增长所需要的货币供应量，而是要考虑通货膨胀率、影子银行系统等因素对信贷规模的影响；宏观审慎监管在对经济周期阶段的判断上，则要较多倚重货币政策的目标趋向，关注货币政策的细微变化。

二、当前宏观审慎监管面临的挑战

目前，从各国宏观审慎政策实施的既有实践来看，宏观审慎监管不可避免地面临着一些挑战，需要全球银行监管者认真面对：

1. 宏观审慎政策的实施可能会产生较高成本。无论是增加额外资本要求，还是征税或保险费，都会无一例外地增加商业银行运营的成本，在一定程度上削弱本国银行业的竞争力。在全球经济复苏较为乏力的后危机时代，这种政策在维护金融稳定的同时必然会在某种程度上抵消经济刺激政策的效果。在实施宏观审慎监管方面，本国银行业将不得不付出一定的成本。

2. 宏观审慎监管仍然存在着一些技术上的困难。金融机构之间在空间维度上的相互作用和经济周期在时间维度上的阶段变化都很复杂，并且目前系统性风险评估的数据大多基于具有天然亲周期性的市场数据，因此，对于宏观审慎监管的实施者来说，系统性风险的识别和计量存在较大的技术困难。对于如何设定宏观审慎资本要求，如何计提反周期超额资本和系统重要性资本附加，目前还不存在客观而科学的标尺，宏观审慎监管者也很难进行科学的政策操作，也难以对其政策效应准确地进行预先评估和前瞻。

3. 部门之间的配合协调增加了宏观审慎政策实施的难度。微观审慎监管的目标是保护广大存款人和中小投资者，而宏观审慎监管的目标是整个金融体系的稳定。宏观金融的稳定涉及众多部门的职责，不仅仅包括银行监管部门，更重要的是包括财政政策、货币政策等宏观经济政策的制定部门。在以控制系统性风险为目标的宏观审慎政策框架里，货币政策的目标应该是抑制信贷总量的过快增长，维持稳定的宏观经济环境，降低市场失衡的概率；财政政策的目标是通过实施扩张型、稳健型或收缩型财政政策，维护整个宏观经济的稳定，避免经济的大起大落。因此，做好包括监管当局、中央银行、财政部等诸多部门之间的协调，是宏观审慎政策制定者面临的一项重大挑战。

4. 宏观审慎监管对监管当局的分析判断能力提出了更高的要求。反周期监管在很大程度上依赖于监管当局对经济周期和系统性风险累积的判断，需要建立起反映金融体系脆弱性的先导性指标。如果监管者不能准确地预先识别金融风险的积累，就无法有效地"逆风向行事"。相比之下，按规则行事优于相机决策。英格兰银行就主张在宏观审慎监管中采用优先的相机抉择；有学者（Borio，2009）提出，宏观审慎政策的实施应更多地依赖于内嵌的自动稳定器，如实施贯穿经济周期始终的保证金要求和基于抵押品价值的最高 LTV 比例；Landau（2009）认为，由于规则本身的设计就不可避免地存在缺陷，因而宏观审慎监管需要有监管当局的相机决策作为补充。特别值得强调的是，在没有有效的规则之前，宏观审慎监管的有效性，只能依靠监管当局建立在经验和智慧之上的对系统性风险的主观判断。

5. 监管套利可能削弱宏观审慎监管政策的效果。所谓监管套利，就是市场主体主观利用不同国家、不同地区、不同行业、不同层次的宏观审慎监管标准之间的差异，相机调整经营业务的地域、种类与层次，借以人为谋取利益的行为。一是跨行业的监管套利。在一个国家内部，加强对某一部门的监管就有可能同时导致其他部门的过热，同时针对某一领域的监管可能会引致另一领域的失衡，从而有些金融机构就会利用金融体系内不同部门之间在宏观审慎性监管标准之间的差异进行监管套利。二是跨境的监管套利。不同国家之间的宏观审慎监管标准在客观上存在差别，有的是由于监管制度和监管文化的差别而导致，有的是由于各国金融机构风险特点不同而导致，有的则是由于各国金融周期的不同步而导致。这种差别会导致不同国家之间在跨境监管标准上的宽严不一，削弱跨境竞争的公平性，进而损害宏观审慎监管的效率。

三、宏观审慎监管只是金融稳定框架体系的一个组成部分

对于一个国家经济的稳定来说，有效的宏观审慎监管非常重要。特别是在新兴市场经济国家，传统上着眼于总量调控的货币政策、着重于结构调控的财政政策已暴露出一定的局限性，需要侧重行为约束和行为引导的监管政策予以配合（阎庆民，2010）。尽管宏观审慎监管是促进宏观金融稳定乃至宏观经济稳定的重要手段，但是，促进金融稳定需要更广泛的政策框架。维护金融稳定、防范系统性风险不仅需要宏观和微观审慎监管，而且还需具备稳健且可持续的宏观经济政策（包括货币政策和财政政策）、良好的宏观经济环境、稳健的金融机构、有序的金融市场、完善的金融基础设施和有效的危机处理机制（包括存款保险等金融安全网机制）等。所以，宏观审慎监管只是维护金融稳定的一项手段，并不代表防范系统性风险的所有制度安排。加强宏观审慎监管只是防范系统性风险的必要而非充分条件。只有其他政策框架也有力时，宏观审慎监管政策才会真正发挥作用。

（一）宏观经济政策

宏观经济政策主要包括货币政策和财政政策。理论研究和实证分析均已表明，给每一个政策目标指定一个单一的政策工具的做法充满风险，事实证明这样简单的做法是错误的。一是虽然宏观审慎监管属于审慎监管范畴，与着眼于熨平短期经济波动的存款准备金比例、基准利率和公开市场操作等货币政策工具存在本质区别，但是，如果没有有效的货币政策支持，合理的宏观审慎政策可能不足以维持金融稳定。比如，由于短期利率是杠杆成本的主要决定因素，如果利率持续过低，就会激起投资者的过度冒险，直接导致过高的杠杆率，削弱宏观审慎管理中降低杠杆率政策的效用。二是科学的财政政策对于保障金融稳定、提高宏观审慎监管有效性方面也有着重要的作用。在危机管理方面，庞大的公共资金可保障金融系统的偿付能力；银行危机将会导致公共财政方面极可能发生相当大的产出损失；有效的扩张型财政政策可以使经济早日步出萧条期，有助于金融危机的克服，助推宏观审慎监管的有效性。三是宏观审慎分析是实施相机抉择的宏观审慎工具的基础和前提，科学的宏观审慎分析是有效宏观审慎监管的前提，而对系统性风险的分析和判断无法由任何一家机构独立完成，迫切需要货币政策和财政政策制定部门的协助。因此，宏观审慎监管政策

要做到真正有效，就必须辅之以一个有效的宏观经济政策框架，政府应该具备科学制定和实施宏观经济政策的能力。

（二）微观审慎监管政策

有效的微观审慎监管政策是宏观审慎监管政策效应得以顺利发挥的基础。虽然单家银行机构的稳定并不一定带来整个银行体系的稳定，但没有单家银行机构的稳定，就很难确保宏观金融体系的稳定。一言以蔽之，微观审慎监管有效性是银行体系稳健的必要条件，但远非充分条件（必须辅之以宏观审慎监管）。一个国家的银行监管当局应对商业银行实施严格的资本充足率、不良贷款率、不良贷款拨备覆盖率、流动性比例等不同的监管政策组合，使单家银行切实做到审慎运营，确保微观审慎监管政策组合的有效实施。

需要特别强调的是，将宏观审慎监管与微观审慎监管割裂甚至对立起来，将严重影响监管的有效性，造成政策上的混乱。比如，由现有的监管机构对金融机构提出微观层面的资本要求，再由一个"宏观审慎监管机构"从宏观审慎角度提出逆周期资本要求，会造成政策的不一致，增加金融机构的执行成本。

（三）金融市场基础设施

对于宏观审慎监管来说，制度基础非常重要。制度基础主要包括两个方面：一是法制环境。只有造就出一个良好的法制环境，出台接近国际标准并且具有可操作性的破产法、公司法、证券法，有效的金融机构破产后的损失分摊和处置机制才可得以建立。二是中介机构体系。只有建设起一个技术成熟的市场中介体系，包括会计事务所、审计事务所、律师事务所、信用评级机构，才有可能使金融机构执行宏观审慎监管政策的行为接受严格的监督，提高金融机构对宏观审慎监管政策的执行力。

（四）国际监管合作

宏观审慎监管的精髓之一就是要扩大监管范围，规避监管真空，因而迫切需要全球金融监管者的密切合作。为保障宏观审慎监管的政策效应，各国金融监管当局应利用金融稳定理事会、巴塞尔银行监管委员会和监管国际联席会议等平台，加强合作，在标准制订、对脆弱性监测、跨境监管决议制度等方面充分沟通，力图保证全球金融监管者在宏观审慎监管方面的一致性。

四、宏观审慎监管的未来

当前，为将宏观审慎监管的效率发挥得更好，政策更加有力，迫切需要对宏观审慎监管的政策框架进行改进。

（一）应明确负责宏观审慎监管的专门机构

固然，宏观审慎监管政策的有效制定及实施，需要财政部门、货币政策制定部门以及广大金融机构的努力、配合和支持。但是，要真正提高宏观审慎监管的政策效应，就必须要明确负责宏观审慎监管的专门机构，并界定清楚其职能、职责和权利。当机构明确后，就要引入金融稳定问责制。如果金融稳定出现重大失误，应追究该机构的法律责任。通常而言，宏观审慎政策机构成员与中央银行货币和金融稳定委员会的成员资格有所不同但部分重叠。Eslava（2006）研究了集体决策和政府委派对于政策委员会独立决策的潜在影响后指出，出于实现政策目标及进行独立判断的考虑，宏观审慎政策委员会应只负责政策制定，不执行具体监督监管。Eslava的这个观点对于各国均具有一定的借鉴意义。

（二）需要确定宏观审慎政策的金融稳定目标

目标的明晰与否对于提高宏观审慎监管政策效应来说显得非常重要。当然，宏观审慎监管的目标无非是金融稳定。但是，金融稳定也是一个多方面的概念，需要进一步研究。因此，国家应配备一些技术熟练、经济学理论功底深厚、熟悉金融稳定措施的经济学家，以确保宏观审慎监管的目标和措施具有可操作性。

（三）需要加强宏观审慎监管机构的研究功能

宏观审慎监管的专门机构需要前瞻性地制定经济政策，并负责政策实施，及时纠正宏观经济运行的不良态势，以切实维护金融稳定。这就要求该机构具备以下能力：一是必须具备从金融机构直接获取信息以及在内部实现信息共享的能力，尤其是要掌握各银行在危机爆发前的所有信息，以便在短时间内提供流动资金并履行其最后贷款人的角色；二是必须具备足够的信息采集与处理能力，足以能够应对来源及其表现形式不断变化的系统性风险，从宏观、中观、微观层面监控系统性风险本身的信息，识别系统重要性机构、市场和基础设施，确保能够在不确定和有争议的情况下尽早采取行动；三是必须具备准确评估宏观审慎政策效果的能力，包括如何量化宏观审慎政策工具对信贷增长、杠杆、资产价格及资产价格泡沫的效果，如何通过 CoVaRs 等理论评价宏观审慎措施的实用性，如何评估宏观审慎政策数据收集的有效性，对宏观审慎工具如何有效避免金融不稳定的实证分析等。正是从上述角度看，宏观审慎监管的专门机构需要切实加强研究功能。

（四）需要加强宏观审慎监管方面的国际协调

在当今金融全球化已经高度发达的时代，金融体系的稳定性不但涉及区域层面，而且涉及全球层面，因此，宏观审慎政策需要充分考虑多方面因素，尤其是要注重国际协作。应着手建立支持国际不同监管当局之间政策对话的宏观审慎政策制度，强化各国宏观审慎政策的合作和协同效应。

第四节 危机后各国推出的宏观审慎监管新举措

自 2009 年以来，巴塞尔银行监管委员会（BCBS）、国际货币基金组织（IMF）、金融稳定理事会（FSB）等国际金融组织纷纷紧锣密鼓地推进国际金融监管体制改革。与国际金融监管体制改革的步伐相一致，欧美各国先后也抛出了本国的金融监管体制改革计划。这些金融监管改革方案中，强化宏观审慎监管始终是其核心内容。

一、欧洲金融监管制度调整的主要内容

英国通过发布《2009 银行法案》和《改革金融市场》白皮书，全面阐述了其金融监管体制改革的内容，主要包括设立新的金融稳定理事会（CFS）以专门负责评估、防范系统性风险，将所有可能导致系统性风险的机构纳入监管范围，在资本监管上建立反周期监管机制，增进金融监管机构之间的协调与制衡等。2009 年 6 月 19 日，欧盟成员国领导人推出了一份雄心勃勃的金融监管改革计划，旨在打破成员国在金融监管领域各自为政的现有格局，建立起新的泛欧金融监管体系。

欧洲金融监管进展及未来时间表

表1-1　　　　　　　关键改革举措及实施时间表

监管政策	欧盟委员会采纳时间	成员国政治约定时间
已提议磋商的政策		
另类投资基金经理指令	2009年4月	2010年夏季
资本要求指令3	2009年7月	2010年夏季
欧盟系统性风险委员会和欧盟监管局监管改革方案	2009年9月	2010年夏季
银行处置基金方案公报	2009年5月	待定
下一步政策方案		
UCITS执行方案	2010年6月	2010年6月
信用评级机构监管规定修订	2010年6月	2011年底前
金融机构公司治理绿皮书	2010年6月	2011年底前
创建金融服务受众工作组	2010年夏季	待定
修订存款保险机制指令	2010年7月	2011年底前
保险保证机制白皮书	2010年7月	待定
修订投资者薪酬机制指令	2010年7月	2011年底前
衍生品市场基础设施立法	2010年夏季	2011年底前
根据监管改革建议对金融部门立法进行第二次修订	2010年夏季	2010年夏季
证券持有及交易法律效力指令	2010年9月	2011年底前
单一欧盟支付区域监管，确定最后过渡期	2010年9月	2011年底前
危机管理框架公报	2010年10月	待定
卖空和信用违约掉期监管政策	2010年10月	2011年底前
改善基础银行服务措施	2010年10月到11月	2011年底前
金融服务部门惩戒机制公报	2010年12月	待定
修订资本要求指令4	2010年12月	2011年底前
修订（证券）市场滥用指令	2010年12月	2011年底前
审查金融工具市场指令	2011年春季	2011年底前
UCITS-存款功能	2011年春季	2011年底前
零售投资产品立法政策方案	2011年春季	2011年底前
危机管理立法方案（包括银行处置基金）	2011年春	2011年底前
保险中介指令修订	2011年春季	2011年底前
信用评级机构监管规定进一步修订	2011年春季	2011年底前
公司治理立法	2011年春季	2011年底前

二、美国金融监管体制调整的主要内容——《多德—弗兰克法案》

美国金融监管的历史上有三个重要法案：一是1933年《格拉斯—斯蒂格尔法案》，亦称《1933年银行法》，颁布于20世纪30年代大危机之后，主要特点是"分"，就是实行严格的分业经营；二是1999年颁布的《金融现代化服务法案》，主要强调"合"，即允许混业经营；三是2010年7月颁布的《多德—弗兰克华尔街改革与消费者保护法案》，主要特点是"限"，就是限制银行业与证券业的混业经营。

2010年7月21日美国总统奥巴马签署的《多德—弗兰克华尔街改革与消费者保护法案》，被称为"大萧条以来最深刻的金融改革方案"，其主要内容如下。

1. 更新美国监管体系的机构框架。一是成立由财政部长任主席的金融稳定监管委员会（FSOC），该委员会的职责如下：加强监管协调，促进各金融监管机构在政策制定、信息共享、检查、报告和整改等方面加强沟通与协调，消除监管真空；促进监管信息共享并对缺失的系统性风险相关信息进行收集；识别系统重要性机构，由美联储对其进行并表监管；识别系统重要性市场设施，支付、清算和结算活动，由美联储、美国证监会和商品期货委员会进行强化监管；建议美联储对系统重要性金融机构提高监管标准；对严重威胁金融稳定的机构提出分拆建议；建议国会弥补特定监管漏洞。二是成立消费者金融保护局（CFPB），对向消费者提供信用卡、按揭贷款等金融产品或服务的银行或非银行金融机构进行监管。

2. 加强对金融机构的微观监管，尤其是加强系统重要性金融机构的监管。一是美联储可以对资产规模在500亿美元以上的机构提出更高的资本金水平、杠杆比率、流动性管理等标准。二是引入"沃尔克规则"，要求银行对私募基金和对冲基金的投资额不得超过基金总资产的3%以及银行一级资本的3%，以此限制银行利用自有资本进行自营交易；要求银行将农产品、能源、金属等领域的衍生品业务剥离到子公司。三是要求具有系统重要性的金融机构要定期提交生前遗嘱（living wills），降低经营失败时对消费者和市场的冲击。四是增加公司治理中高管薪酬的透明度，在高管薪酬问题上股东将获得更多的话语权；增强董事会下薪酬委员会的独立性；建立高管薪酬"扣回"（Clawback）制度；将金融机构薪酬发放标准纳入监管范围。

3. 健全金融市场监管体系，加强对影子银行体系的监管。法案要求对冲基金和私人股票顾问作为投资顾问在证券交易委员会（SEC）注册，并将联邦管制的投资顾问的资产门槛从 3 000 万美元提高到 1 亿美元，资产超过 1.5 亿美元的公司必须接受 SEC 监管和定期检查，系统重要性基金将接受美联储监管，由 SEC 对信用评级公司进行监管；要求投资顾问提供其交易和资产组合等信息，以供监管者对基金的系统性风险进行评估。要求绝大多数场外衍生品将通过第三方交易所和清算中心进行，集中交易，统一清算。法案规定在证券交易委员会中创建一个信用评级办公室，对信用评级机构进行监管。

三、宏观审慎监管的强化是欧美金融监管制度改革的重点

根据 2009 年 4 月在伦敦召开的 G20 金融峰会确定的改革方向和时间表，国际金融监管改革已经在很多方面取得了重大进展。当前已经完成和正在推动的改革主要体现在以下方面：一是弥补新资本协议和现有会计制度的缺陷，缓解新资本协议和会计制度的亲经济周期特征；二是进一步扩大监管范围，将所有的具有系统重要性的金融机构、金融工具和市场纳入监管范围，特别是首次覆盖了对冲基金；三是要求各国金融机构建立起有利于银行长期发展的激励约束机制，推动金融稳定理事会制定的薪酬机制原则的实施；四是建立信用违约掉期交易（CDS）的中央交易对手安排，加强场外衍生品交易的监管；五是建立监管联席会议制度，推进跨境监管合作尤其在信息共享和危机处理方面的合作；六是加强中介机构监管，制定外部评级机构的监管框架；七是严格交易业务的资本计提要求，提高金融机构的风险管理标准；八是统一不同性质市场的监管标准，推进监管公平和监管协调。

实际上，以上八个方面的内容都属于宏观审慎监管的范畴。可以说，无论是 G20 峰会出台的国际金融监管改革方案还是英美各国出台的金融监管体制改革计划，均无一例外地显示出全球金融监管理念和监管重点的一项重大转变，就是日益重视宏观审慎监管。这些改革方案的核心内容就是通过丰富和完善宏观审慎监管手段，强化对系统性风险的防范和化解。

第五节 中国银监会在宏观审慎监管方面的实践

2011 年，中国在"十二五"规划中，正式提出"逆周期宏观审慎监管制度框架"的概念。与此同时，银监会坚持把国际监管良好标准和我国银行业的具

体实际相结合，进一步强化在宏观审慎监管和逆周期监管方面的探索。

实际上，中国银监会自成立伊始即非常重视宏观审慎监管体系的建设和运用。银监会不但从提高呆账拨备水平、完善公司治理和内控建设等方面强化银行业微观审慎监管，而且致力于多角度、全方位防范系统性风险和强化银行业宏观审慎监管。截至目前，银监会已经初步建立起一整套较为完善的宏观审慎监管政策措施体系，形成了一系列实施宏观审慎监管的良好实践，也成功促使宏观审慎监管理念真正成为规范和指导商业银行行为的重要准则。

一、在指导思想上高度重视宏观审慎监管

（一）监管理念中重视宏观金融风险

成立伊始，中国银监会即将监管理念明确为"管法人、管风险、管内控、提高透明度"，将过去对商业银行的"分割式监管"向注重法人机构总体风险的把握、防范和化解转变；由"一次性"监管向持续监管转变；由侧重监管具体业务向注重监管公司治理和促进信息披露转变。

（二）监管战略中重视容易引发系统性金融风险的机构

中国银监会将银行业现阶段的改革发展战略定位于"抓两头、带中间"，重点抓国有大型商业银行和农村信用社改革，而这两类机构均是中国银行业体系的主体，其运营状况直接决定中国银行业的系统风险状况，影响中国银行业的宏观风险。

二、建立持续监管路线图

在要求银行提高抗风险能力的监管措施上，银监会制定了"准确分类—提足拨备—做实利润—资本充足"的持续监管路线图。这种立体式、持续性监管路线图，要求银行业金融机构从贷款分类、拨备提取、资本计提等多个方面全面提高风险管理水平，夯实财务基础。

（一）准确分类

就是改变传统"一逾两呆"的分类方法，将贷款按照实际风险程度至少分

为正常、关注、次级、可疑、损失五类贷款,其核心是揭示贷款的实际价值和风险程度,真实、全面、动态地反映贷款质量。围绕贷款分类,中国银监会曾先后颁布《贷款风险分类指引》(2007)、《小企业贷款风险分类办法(试行)》(2007)等审慎监管规则。自2003年以来,每年持续开展大型银行"贷款分类偏离度"现场检查。贷款分类成为以风险为本的监管理念实施的基础,因为只有保证合理的分类,才能保证拨备的准确和风险抵御水平的真实性,银行监管才有根本,否则银行体系的稳定将成为无本之木。

(二)提足拨备

银监会非常重视对拨备(贷款损失准备)的监管。一是要求商业银行将不良贷款拨备覆盖率作为必须坚守的风险底线。不良贷款拨备覆盖率的计算公式为各项准备(包括一般准备、专项准备和特种准备)除以不良贷款。中国银监会一直要求商业银行努力提高不良贷款拨备覆盖率,夯实财务基础,提高抗风险能力。截至2011年6月末,中国商业银行平均拨备覆盖率已经达到248.9%。二是要求各行必须实施贷款的准确分类和真实核销,以确保不良贷款拨备的"有效性"。中国银监会强调,只有建立在准确分类和真实核销基础上的拨备,才是"有效拨备",要严格防止贷款分类不准和"高拨备、高不良"并存而带来的无效拨备。正是考虑到目前贷款分类的有限性,银监会正在考虑进一步引入拨贷比指标,即规定商业银行贷款损失准备金占贷款余额之比不得低于2.5%。三是鼓励商业银行实施动态拨备制度。中国银监会鼓励商业银行实行拨备的动态提取,做到"以丰补歉",缓解经济周期不同阶段转换给银行经营带来的冲击,即在利润较为丰厚和信贷投放冲动较大的经济繁荣时期,商业银行要适当提高拨备水平,以增强银行在经济低谷时期抵御风险的能力;在利润较少和信贷资产下行压力较大的经济萧条时期,商业银行可以适当减少拨备提取数量。

(三)做实利润

主要是强调利润的真实性。如果没有将拨备提够,将来一旦发生贷款损失,还是要拿钱进行冲销,那么现在的账面利润将大幅缩水。所以说,只有将拨备在准确分类的基础上提够,才有可能确保利润的真实性。

(四)资本充足

未分配利润是商业银行资本并且是核心资本的重要来源之一,因而只有利润是真实的,而不是虚增的利润,才能真正提高商业银行的核心资本,从而做到真正的资本充足。反之,如果贷款的实际损失超过拨备数额,未分配利润就要压缩,那么,即使原本在账面上充足的资本充足率,现在就会不可避免地下降。

三、重视宏观金融经济风险的研究、预警与通报

(一) 定期就宏观经济形势加强窗口指导和预警监测

自 2006 年以来,银监会高度重视宏观经济状况、产业调整政策和房地产、股市等资产价格的变化,并建立季度经济金融形势通报会制度,定期向各银行业金融机构董事长、行长通报宏观经济形势,提示产业重大调整和相关银行业风险状况,同时建立风险监测制度,建立大额客户风险预警系统,对贷款余额在 5 000 万元以上的客户进行全面风险监测,促使商业银行充分关注、识别可能导致银行系统性风险的宏观经济因素。坚持每季度向广大银行业金融机构集中、系统地通报宏观经济金融形势,提示相关风险,要求其及时根据宏观形势变化采取有效措施应对风险。

(二) 加强银行风险早期预警系统建设

银监会的银行风险早期预警系统第一期已经开始运行,此类预警主要是依照相关金融监管法律法规与审慎经营原则,通过选定一系列反映银行风险迹象的指标,运用规范的统计分析方法实现对银行风险早期识别的过程。该系统通过对众多的银行进行全景式的"扫描",为快速识别潜在的高风险银行群体提供了实用的工具。

(三) 指导银行业金融机构做好压力测试的工作

银监会发布了《商业银行压力测试指引》,组织银行业尤其针对一些过热行业和高风险领域的信贷风险和市场风险的压力测试,并根据压力测试的结果指导银行业调整经营战略、及时补充资本和加强风险管理。采用"自上而下"和"自下而上"相结合的方法进行多角度的压力测试,并积极利用大银行内部评级体系开发的成果,直接对违约概率(PD)、违约损失率(LGD)、违约风险暴露(EAD)等进行压力测试。

（四）注重加强与宏观经济部门的合作与信息共享

注重保持与发展改革委、财政部、商务部、人民银行、税务总局、工商总局、外汇局、统计局、证监会、保监会等相关部门的密切沟通与协调，并不断推进监管合作和信息共享建设。银监会与人民银行、外汇局共同建立中小商业银行和外资银行流动性风险监管协作工作机制和制定流动性风险应急预案；通过银税监管合作系统和银行、国土信息查询系统的建设，多维度加强了对银行和市场行为的监督。

四、注重全面监管

（一）坚持风险隔离

银监会坚决禁止信贷资金流入股市，禁止商业银行为企业债发行提供担保，对购买二套房贷执行严格的信贷政策，要求对投资性住房坚持首付高成数、利率严格风险定价和资信严格审查的信贷政策，从而切断风险由债券市场、股票市场、房地产市场向银行业市场传递的渠道。此外，银监会还积极加强资产证券化业务监管，要求商业银行严格遵循"真实出售"原则，切实防范商业银行通过证券化放大房地产信贷风险。

（二）拓展监管范围

银监会通过设立功能监管部门，实现机构监管和功能监管的矩阵式管理和信息沟通；不断拓宽风险监管边界，从传统的重视信用风险、市场风险和操作风险监管，转变为推动商业银行建立包括信息科技风险、声誉风险、法律风险管理在内的全面风险管理体系；针对创新业务，不仅重视对产品、业务、机构的监管，而且重视对市场主体行为的监管，提出了"管产品、管业务、管机构和管行为"的全面监管原则。

五、注重逆周期监管

（一）建立动态风险拨备制度

银监会要求商业银行在信贷扩张期，在对各类信贷资产实际损失率进行测算的基础上，动态调整贷款损失准备，并将拨备覆盖率逐步从100%提高到130%再到150%，实现"以丰补歉"，提高风险抵御能力。

（二）建立动态资本监管机制

银监会根据逆周期监管的需要，在经济形势向好的时期，着力引导商业银行优化资本结构，提高经济繁荣时期银行抵御风险的能力：一是对银行互持次级债和混合资本债要采用全额从附属资本中扣减的方式，以防止资本虚增；二是要求商业银行发行次级债务和混合资本债务的额度不超过核心资本的25%，附属资本不得超过总资本的25%，以改善资本结构。

（三）建立动态调整贷款价值比率（LTV）机制

对于房地产贷款，银监会要求银行业严格控制开发商贷款成数，严格实施第二套房贷政策。2007年，由于房地产市场出现过热迹象，为抑制房市投机行为，银监会要求商业银行将非首套房的贷款价值比率（LTV）从70%下降为60%。

（四）建立动态考察银行业的激励约束机制

银监会要求商业银行建立起与各类风险成本抵扣挂钩、体现银行可持续发展要求的动态激励约束机制。尤其是要求商业银行合理确定和调整存贷款及利润等考核指标，取消对存贷款时点指标的权重设定做法，防止月末、季末"冲规模"现象，淡化对规模、速度的考核，替之以对提高质量、风险抵御和控制能力的有效考核，以确保信贷投放的可持续性。

下一步，笔者认为，我国银行业监管部门应从以下几个方面继续探索加强宏观审慎监管的途径。

一是在信息共享基础上提高对宏观金融风险的预测能力。信息共享对于有效的宏观审慎监管来说显得非常重要。"一行三会"和财政部之间应将各自掌握的宏观、中观和微观层面的情况进行沟通，通过深入分析、判断和讨论，及时对宏观经济金融态势及其中的风险进行前瞻性研究，监测、分析和评估我国涉及系统性风险的重大问题，提出适合实际情况的宏观审慎政策方案。

二是在准确分析宏观经济形势的基础上提出动态拨备的实施方案。就是要结合历史数据、当前的宏观经济走势以及目前商业银行的信用风险状况，进行系统的宏观经济分析，提出对商业银行的动态拨备政策要求。

三是在慎重研判经济周期不同阶段的基础上完善动态资本监管机制。主要是指在考虑信贷增长、资产价格、通货膨胀率变化情况的基础上,结合消费者物价指数(CPI)和采购经理指数(PMI)等主要宏观经济指标的趋势,对商业银行提出逆周期的资本缓冲要求;在考虑商业银行规模、复杂程度和可替代性的基础上,根据其系统重要性提出系统重要性附加资本。

四是在严格资本监管的基础上引入杠杆率监管制度。本轮国际金融危机显示,金融机构过高的杠杆率是造成金融体系脆弱的重要诱因。作为资本监管的补充,应当对各类商业银行提出杠杆率(指银行的表内外资产相对于所有者权益的扩张倍数)的差别化监管要求,以约束商业银行的信贷扩张。

五是在坚持存贷比监管手段的基础上完善流动性监管制度。在继续坚持存贷比(不得高于75%)、流动性比例(不得低于25%)等一系列基本监管指标的基础上,引入流动性覆盖率和净稳定负债比率等新兴指标。其目的是促使商业银行持有更多流动性较高的资产,抑制商业银行信贷过度扩张的冲动。

第二章 逆周期监管

第一节 经济周期与银行体系的亲周期性

一、文献综述

1988年以后，随着资本监管在全球范围内的逐步推广实施，大量的理论和实证研究文献分析了资本约束对贷款和经济的影响，进而发现了银行体系的亲周期性。Holmstrom – Tirole（1997）的静态模型表明，银行资本水平是贷款、利率及实际投资的一个重要决定因素，在经济下行期将进一步加重经济的衰退幅度。Tanaka（2002）等学者的研究也表明，资本约束在短期内会产生显著的信贷收缩现象，并将对货币政策传导及维护经济稳定产生负面影响。在实证分析方面，Bernanke和Lown（1991）等学者对美国的实证研究表明，资本约束对贷款增长具有显著的影响，银行资本不足将会造成信贷收缩，并进而对经济产生不利影响。由于美国严格执行了1988年资本协议，导致银行业在1990~1991年的经济衰退中紧缩信贷，加剧了经济的下滑。Edizetal（1998）关于英国、Barcello（2004）关于西班牙、Watanabe（2007）关于日本的实证研究也得到了类似的结论。巴塞尔委员会的研究报告指出，1988年资本协议的实施，在20世纪90年代初的美国和20世纪90年代后期日本的经济衰退过程中，可能是导致银行信贷收缩的重要因素（BCBS，1999）。这一系列研究表明，1988年资本协议可能具有一定的顺周期性，尤其是在经济下行周期，银行利润下降，导致资本减少，银行因受资本约束而收缩信贷，可能会使资本监管的顺周期性更为明显。

进入21世纪后，资本协议的修改开始提上议事日程，尤其是新资本协议征求意见稿推出之后，围绕资本监管的亲周期性，相继出现了大量的理论和实证研究文献，如Segoviano和Lowe（2002）、Catatineu – Rabelletal（2003）、Kashuapa 和 Stein（2004）、Gordy 和 Howells（2004）、Goodhart（2004）、Taylor 和 Goodhart（2005）、Saurina 和 Truchrte（2007）、Repulloetal（2009）等。Bertrand Rine（2001）较早发现了资本监管压力下不同规模商业银行资本调整行为的差异，它选取了 1989~1995 年瑞士的四大银行、25 家区域性银行以及 125 家地区性银行的相关数据，通过改进 Shrieves 和 Dahl（2003）提出的联立方程组模型，在使用三阶最小二乘法对反映资本变化和风险变化的线性回归方程组成的联立方程组进行回归分析的基础上证明，在资本充足率监管要求下，商业银行规模与资本冲击的相关性显著为负，这说明与其他银行相比，大银行资本充足率的增加显著较低。Michael 剖析了银行资本亲周期性的形成原因，发现资本要求的亲周期性在很大程度上取决于新增贷款是否随经济周期而波动，因此，商业银行的再投资政策对其资本要求的亲周期性具有重要的影响（Michael B. Gordy，Bradley Howells，2004）。Juan 和 Daniel 在总结已有理论模型的基础上，通过建立多元线性回归分析模型，利用 1986~2000 年西班牙商业银行、储蓄银行的面板数据，分析了商业周期和缓冲资本（capital buffer）之间的关系（Juan Ayuso，Daniel Prez，2002）。他们发现缓冲资本和商业周期之间存在显著的负相关关系，而且这种关系在不同经济阶段不对称，在衰退阶段这种关系更加紧密。Bikker 和 Metezmakers（2005）在部分调整模型的基础上，选取一系列解释变量提出了银行资本与这些解释变量的多元线性回归模型，然后利用 1990~2001 年 29 个经合组织成员国的面板数据，采用工具变量法对商业周期与银行资本之间的关系进行了实证分析，并得出以下结论：对于部分商业银行尤其是小商业银行而言，一个风险敏感度更高的资本监管框架可能迫使他们达到更高的水平，而这将导致更严重的亲周期性。

Stephanie 和 Michael（2005）利用 1993~2003 年德国储蓄银行以及合作银行的数据，通过 GMM 估计了缓冲资本、资本和风险加权资产与经济周期和银行特质之间的关系，选用 GDP 增长率和产出缺口作为体现经济周期的变量进行实证分析，结果表明，尽管德国的储蓄银行与合作银行的缓冲资本均存在亲周期性，但储蓄银行缓冲资本的波动性高于合作银行，揭示了不同类型银行具有不同的资本亲周期特征。Terhi 和 Alistair（2006）扩大了样本规模，通过使用 1997~2004 年欧洲商业银行、储蓄银行和合作银行的面板数据，检验了欧洲银行缓冲资本的周期性特征，从而进一步验证了上述结论。在控制其他能够影响银行资本潜在因素的基础上，发现欧洲不同国家和地区、不同类型的商业银行所呈现的资本亲周期特征也有所不同，其中商业银行的规模和类型对商业银行资本充足率是否具有亲周期性起着十分关键的作用。

　　Jesus 和 Carlos（2007）意识到商业银行资本亲周期性特征是一个开放式问题，通过设计一个包括各种违约率估计模型的分级系统，并对不同资本计量方法下的资本要求进行比较发现各商业银行所采用的内部评级系统不同，其资本充足率是否具有亲周期性及其亲周期性的特征也会有所差异，且商业银行资本与经济周期之间的关系在很大程度上取决于其所选用的经济资本计量方法。

　　刘斌（2005）、刘百花（2003）分别对资本充足率对信贷和经济的影响进行了实证和理论研究。刘斌（2005）运用我国 16 家商业银行的数据所做的实证研究表明，资本约束对不同银行贷款的影响程度不同，对于资本相对不足的银行，资本约束对贷款的影响程度较大。这一结果能从一个侧面表明资本监管在我国银行业的顺周期性，但不是直接针对顺周期的研究。孙连友（2005）对商业银行采用内部评级法等信用风险计量所造成的顺周期原因进行了分析，提出了相应的缓解措施，但只是根据国外相关文献对银行内部风险计量方法这一个顺周期来源的概述。滑静和肖庆宪（2007）对商业银行信贷行为与经济周期的相关性进行了实证分析，认为我国商业银行信贷具有明显的顺周期特征。石晓军和李孟娜（2007）在分析 1996~2004 年我国商业银行盯住市场的资本比率与宏观经济周期的关系后发现，盯住市场的商业银行资本比率能够解释宏观经济的变动。周欣、李玮（2010）研究了不同类型商业银行资本亲周期性特征差异，通过选取中国 30 家商业银行 2003~2007 年的面板数据，运用两阶段加权最小二乘法估计了对商业银行缓冲资本变动进行解释的计量模型，引入了区分不同银行规模的虚拟变量和经济周期的产出缺口变量，实证结果表明：规模不同的商业银行之间在资本的亲周期性特征上表现出明显差异；样本期间内中国商业银行资本亲周期性程度的变动还受到不良贷款率的影响，风险管理水平会影响商业银行最优缓冲资本的选择；商业银行既要根据经济形势适时调整缓冲资本的数量，更要积极加强风险管控；监管机构应该在对商业银行进行资本充足监管时了解不同资产规模商业银行的资本亲周期性特征的差异，制定不同的监管政策。刘百花（2006）引入 Bikker 和 Metezmakers 的分析框架，选取了 1993~2004 年新加坡等亚洲四国的季度数据，实证研究表明银行资本充足率与银行贷款增长率负相关，资本监管能够通过影响银行贷款规模进一步影响宏观经济增长率。杨雨等（2010）选取中国 15 家商业银行 2003~2007 年的年度面板数据，运用 GMM 估计了可能对中国商业银行缓冲资本带来影响的各种变量系数，并表明缓冲资本与经济景气程度呈反向变动关系，除经济周期外，影响商业银行的缓冲资本水平的因素还有前一期缓冲资本、银行规模以及不良贷款率；我国商业银行在样本区间的资本调整行为具有一定的惯性，且规模越大的银行在资本调整方面越趋于谨慎；商业银行的资本调整行为受到自身风险管理能力的影响，风险管理能力越强、不良贷款率越低的商业银行越敢降低资本充足率以追求更多的市场回报。

国际货币基金组织 2009 年 2 月发布的《危机的教训：未来的金融机构、金融市场监管和流动性管理》（IMF，2009）、欧盟委员会主席 Jose Manuel Barroso 委托国际货币基金组织前总裁 De Larosiere 先生主持的高层委员会于 2009 年 2 月提交的《欧洲金融监管报告》（De Larosiere，2009）、英国金融服务局主席 Turner 于 2009 年 3 月发布的《特纳报告：全球银行危机的监管应对》（FSA，2009）、意大利中央银行于 2009 年 4 月发布的报告——《金融体系顺周期性：危机的教训》（Panettaetal，2009）以及 Markus Brunnermeier、Andrew Crockett、Charles Goodhart 等撰写的日内瓦报告——《金融监管的基本原则》（Brunnermerieretal，2009）均对金融体系的顺周期来源及其与国际金融危机的关系进行了分析，提出了缓解金融体系顺周期性的相关建议。

二、银行体系亲周期性产生的原因

按照周小川（2010）的观点，亲周期性（procycliciality）是指金融部门与实体经济之间动态的相互作用。这种互相依存的作用关系会扩大经济周期性的波动程度，并造成或加剧金融部门的不稳定性。

（一）借贷双方信息不对称

借贷双方信息的不对称是导致银行亲周期行为的重要内生性原因。由于信息不对称，商业银行在经济开始出现疲软的时候更多考虑到信用贷款的偿付可能，更加倾向于紧缩信贷规模，使得那些无风险或低风险、能够获利的项目也难以获得融资规模，从而可能导致整个宏观经济的进一步紧缩（Katalin Mero，2002）。在经济处于上行期时，银行对经济前景预期良好，更乐意发放贷款，对抵押品要求放松，信贷评审标准也有所降低，企业更容易从银行获得贷款，宽松的信贷环境促进了经济发展。然而，经济上升时期发放的许多贷款很可能转化为经济衰退时期的不良贷款，从而体现出金融系统的"潮水效应"（唐双宁，2007），或者说造成金融体系"水落石出"（不良贷款在经济衰退时期加速暴露）的效果（周慕冰，2011）。

（二）信用评级业的垄断

全球金融体系在投资决策和风险管理时高度依赖于外部信用评级，穆迪、标准普尔、惠誉等几大评级机构几乎垄断了所有重要的评级服务，众多市场参与者使用三大评级机构的评级结果，并作为业务操作和内部绩效考核的依据，其叠加效应使全球金融市场不可避免地产生大量的"羊群效应"。评级机构本身在心理上也具有高度的顺周期性，如经济高涨时期评级机构曾给予很多次贷类产品较高的评级，后来当衰退来临时又在短期内大幅降低其评级。

（三）金融机构内部管理的趋同

金融机构在发展战略、风险管理模型和风险暴露方面的趋同性等，在一定程度上加剧了经济的波动。尤其是太多的金融机构的内控系统及其投行人士和交易员在内部评价、风险控制中所使用的技术线路模型是外包的，从而造成全球金融市场中风险管理体系及模型"千人一面"的现象。尤其是对于复杂的金融产品，大多数金融机构均使用了由少数金融工程师设计的模型，造成模型结果的高度相关以及建立在此基础上的投资行为的高度趋同。这些都不可避免地成为系统性风险的源泉。唐双宁（2010）曾指出，中国商业银行目前广泛存在着九大趋同：战略趋同、产品趋同、机构趋同、服务趋同、收入结构趋同、治理结构趋同、创新趋同、机制趋同和文化趋同。唐双宁（2010）进一步指出，这种趋同不利于我国银行业的科学发展，实际上，高度趋同正是银行体系顺周期性的重要原因。

（四）资本监管内在的亲经济周期性

按照资本监管的初衷，为维护宏观经济的稳定，在经济过热时期，应提高商业银行的资本充足要求，督促商业银行降低资产扩张速度；在经济下滑时期，应降低商业银行的资本充足要求，以支持商业银行扩大信贷规模。然而，事实情况却并非如此，鉴于2004年资本协议框架下金融机构广泛使用内部评级法对复杂产品定价并评估其风险，资本充足率计算方法具有强风险敏感性特征，且其资产的风险权重取决于债务人和债项的内部评级结果，资本约束反而会扩大经济周期的变化幅度，加剧宏观经济的波动。其作用机理如下：通货膨胀阶段，借款人财务状况改观，抵押品价格上升，内部评级结果普遍上调，银行资产质量好，计提的拨备、减值准备就少，按照资本充足率公式计算的资本充足程度就较高；同时，商业银行的资本积累能力增强，资本充足状况改善，可以支持商业银行从事更大规模的信贷扩张，这样反过来又推动宏观经济的进一步高涨。反之，如果经济周期进入下行时期，借款人财务状况恶化，还款能力下降，抵押品价格下跌，评级普遍下调，银行资产质量下降，计提的贷款减值准备增加，按照资本充足率公式计算的资本充足程度就较低；同时，经济衰退时期商业银行筹集资本的成本过于高昂，因而商业银行不得不压缩信贷规模，信贷规模的压缩将进一步加剧宏观经济衰退。经济衰退时期，银行盈利能力下降，甚至动用资本冲销损失，同时金融市场疲软导致外部筹资困难或成本上升，资本充足率下降；经济繁荣时期，银行信贷损失下降，盈利能力增强，并且容易获得外部资本的支持，资本充足率上升，因此实际资本充足率水平与经济周期呈同向变化。

（五）资本测算方法的亲周期性

在2004年出台的新资本协议框架下，商业银行资本需求取决于预期损失，而预期损失的高低则取决于违约概率（Probability Default，PD）、违约损失率（Loss Given Default，LGD）、风险暴露（Exposure at Default，EAD）值的高低。这三个数值在计算中会不可避免地受到经济周期的显著影响。一是违约概率（PD）的亲周期性。时点评级法（PIT）主要根据与债务人有关的当前信息，得到PD并进行评级；跨周期评级法（TTC）主要使用与债务人有关的长期信息估计整个周期内债务人的偿债能力。实际上，为了不影响当期利润水平，大部分商业银行都倾向于选择时点评级模型，这就加剧了PD测算值的亲周期性。二是违约损失率（LGD）的亲周期性。当危机来临时，系统性风险加大，市场流动性趋紧，债务人开始出现违约，抵押品价值会相应下跌，各种风险水平下的LGD则会大幅上升。三是PD和LGD相关性的顺周期波动。大量实证分析都表明，由于PD和LGD的决定因素在很大程度上存在趋同现象，因而两者之间存在着较高程度的正相关关系，从而加剧了两者尤其是在经济衰退时期的亲周期性。四是风险暴露（EAD）的亲周期性。经济衰退时期，对贷款依赖性强（Credit - Constrained）的债务人的流动性更加紧张，贷款承诺提取的可能性以及比例上升，引起EAD增加。这实际上会造成一种经济周期与EAD之间的逆向选择。

(六) 新国际会计准则中的公允价值原则

新的国际会计准则存在"随行就市"的特点（蒋定之，2008），即实行公允价值计量方式，在评估资产价值时以当前市场价值为依据，而不是历史成本。这种资产计量方法具有明显的"亲经济周期效应"。在经济繁荣时期，金融市场运转良好，公允价值计量方式会夸大金融机构的资产价值，从而加大经济运行中的泡沫。一旦金融市场出现危机，经济进入下行通道，公允价值计量方式又会使金融机构出现大量未实现且未涉及现金流量的"账面损失"。这些"账面损失"虽然仅具有会计意义，但是会在很大程度上扭曲投资者的预期，形成"价格下跌—资产减计—恐慌性抛售—价格进一步下跌"的恶性循环，给金融机构带来巨大的资产损失。尤其是当危机使得公允价值方法实施的前提——一个可用、活跃的金融市场已经事实上不存在的时候，滥用公允价值计量方式则更会对投资者产生市场误导，进一步加大金融机构的资产损失，甚至给金融机构带来灭顶之灾。我们并不建议完全抛弃公允价值的计量方法，但国际会计准则的制定机构应该对此进行改革，缓解其可能给金融机构带来的亲经济周期效应。公允价值较之于历史成本加剧了市场波动，公允价值较之于历史成本更加动态，更能反映资产和负债的实际价值，现有的国际会计准则（IFRS）和公认会计准则（GAAP）都要求根据资产负债的不同特征和管理者的持有意图对不同类型的资产负债进行混合计量。

(七) 拨备计提政策

贷款损失准备的确定主要基于贷款分类的结果和对贷款损失概率的历史统计。然而，鉴于贷款风险分类结果本身具有较强的顺周期性，拨备计提也进一步增强了银行体系的亲周期性。在经济高涨时期，不良贷款比率较低，商业银行会相应减少拨备，表现出更高的利润，从而提高放贷的积极性；而在经济萧条时期，贷款质量下降，银行需要计提更多拨备，放贷能力降低。新会计准则后顾式（Backward-looking）的计提方法进一步加剧了贷款损失拨备的顺周期性。该方法要求银行必须以业已发生的损失（incurred loss）为计提基础。为满足这个标准，银行倾向于在经济长期繁荣时期保持较低的损失准备水平，而在经济衰退期加大贷款损失准备的计提力度，其结果是加大银行体系的亲周期性。

(八) 激励机制

本轮国际金融危机表明，现有激励机制下高管人员的过度冒险行为是助长投机盛行和资产泡沫、加剧金融体系亲周期性的重要诱因。在高薪激励下，高管人员倾向于过分承担风险、使用过高财务杠杆比率和行为过度短期化，从而助长了银行体系的亲周期性。

三、关于银行体系亲周期性的争议

（一）银行体系亲周期性具有一定的内生性

一是近50年来信息经济学等所谓非主流经济学的发展已经证明，信息不对称不仅是金融市场的难题，而且是所有市场面临的制度难题，因而难以克服；二是商业银行的亲周期性行为与其趋利动机相一致，符合其利润最大化的经营目标，因而在制度上难以避免；三是有效消除亲周期性的前提是对经济走势的准确预测，而这需要大量信息和经验，超过人类有限理性的范畴，因而在技术上难以操作。

（二）确定合理的资本缓冲在技术上非常困难

主要表现为很难确定合理的逆周期乘数。逆周期系数的确定无非是基于模型和权威宏观经济数据的搜集，因而有可能再度滑入过于相信模型的误区，何况宏观经济数据的搜集也有难度，数据的准确性在较长时期内值得质疑。

（三）动态拨备对于缓解亲周期效应的作用缺乏发挥的基础

一是动态拨备作用的发挥，依赖于严格的以风险为本的贷款分类制度和有效识别贷款组合损失的能力。然而，部分银行贷款分类不准，损失识别能力不足，专项拨备不充分，因而动态拨备作用缺乏发挥的基础。二是动态拨备机制的建立，依赖于预期损失期望值的计算。然而，预期损失期望值的计算需要较好的数据基础以及合理的模型设计，这对于目前的商业银行来说均较有挑战性。三是动态拨备制度的实施，依赖于商业银行的自觉遵守和践行。动态拨备制度要求商业银行在经济高涨时期应提高对拨备的要求，在萧条时期应适当放松要求，从而实现"以丰补歉"。然而，这与银行家们的传统观念迥异，这些人往往是在高涨时期商业银行不愿意增提拨备，而是更愿意多做账面利润和增加分红。尤其是一些特大型银行和存在国家隐性担保的银行，这种情况可能会更加严重。

（四）改变公允价值计量方法并不能改变经济的实质

会计准则的调整，可以防止金融体系损失的过度夸大，缓解其亲周期性，暂时掩盖问题，但并不能改变经济处于危机或低谷时期的问题本质，反而在客观上会造成风险后移。也就是说，经济需要复苏，但仅仅依靠修改会计准则的"账面复苏"是远远不够的。换言之，会计准则只可能改变危机中"有毒资产"的账面价值，而不会改变其未来的现金流。

四、缓解银行体系亲周期性的政策工具

本轮危机之后，经济学家通常着重阐述宏观层面的顺周期性，然而对微观层面目前市场结构中存在的顺周期性特征却明显关注不足。事实上，亲周期性的缓解，恰恰在更大程度上需要在微观层面安排更多的逆周期机制。当然，其重点仍然是从监管政策角度出发，确保银行在经济上行时期积累充分的资本并在经济下行期释放出来，避免经济的大起大落。

（一）逆周期资本要求

作为微观审慎监管层面的资本监管规则，《巴塞尔新资本协议》过于考虑银行机构的个体风险，而相对忽略了系统性风险和宏观金融风险。危机之后，通过引入针对宏观系统性风险的逆周期资本要求，促使银行在经济上行阶段增加资本，以应对在经济下行时期的损失，已经成为国际银行业的共识。

（二）逆周期拨备要求

现行的国际会计准则采用已发生损失（incurred loss）模型计提拨备，使其具有明显的滞后性和顺周期性。因而，国际会计准则制定者应当改进拨备计提规则，使拨备能够反映更广范围的信用信息，以更早地识别贷款损失。在实践中，西班牙中央银行从 2000 年开始实施的动态拨备制度，在提高拨备前瞻性方面进行了有益的探索，值得各国借鉴。当然，采用逆周期拨备的最大难点在于该制度与现行国际会计准则之间的理念差异。逆周期拨备的出发点是从谨慎角度考虑，多提拨备，平滑经济周期对银行经营的影响，而国际会计准则的出发点则是客观、真实地反映企业的财务状况，为投资者的决策提供信息。如果对未发生损失计提拨备，则不但会影响商业银行财务报表的真实性和准确性，而

且会使商业银行倾向于操纵利润。

（三）逆周期信贷政策

逆周期信贷政策主要是指通过信贷政策调整来实现逆周期监管，主要是对某些信贷指标设置限额，并随宏观经济金融形势变化进行调整，以此实现宏观审慎监管的目标。最具代表性的是对个人住房抵押贷款规定贷款成数（loan-to-value，LTV）和贷款收入比（loan-to-income，LTI）上限，并随经济周期变动进行适当调整，以防止按揭贷款增减变化进一步放大经济周期。

（四）杠杆率指标

引入杠杆率监管指标，作为以风险为基础的资本充足率的补充，已经形成危机之后的国际共识。在微观审慎层面，杠杆率指标由于不具风险敏感性，因而能与采用《巴塞尔新资本协议》中的内部评级和内部模型形成有益补充和良好互动，缓解新协议的顺周期效应。在宏观审慎层面，鉴于金融机构的过度投机和高杠杆率是引发系统性风险的重要原因，杠杆率限额可以有效防止金融机构资产负债表的过度扩张和过度承担风险，控制金融体系杠杆程度的非理性增长和系统性风险的不断累积。按照二十国集团和金融稳定理事会的要求，巴塞尔委员会正积极对杠杆率指标及其监管政策进行研究。

（五）压力测试

由于能够模拟经济周期不同阶段的变化与转换对商业银行经营造成的影响，压力测试正在日益成为被各国监管当局所重视的监管工具。通过压力测试，监管机构可以设计某行业、某国家或某区域乃至于整个经济体系的不同压力情景，对主要商业银行的整体抗风险能力进行测试，从而提出因行而异的监管举措。

（六）保证金和折扣比率

当前，国际社会拟对证券融资和回购交易中的保证金和折扣比率引入逆周期调整系数，以缓解证券融资市场的顺周期性，降低去杠杆化带来的系统性影响。

（七）相机抉择的政策工具

上述监管政策都属于监管机构为应对系统性风险而日常必备的监管工具箱，

但是，由于经济形势变幻莫测，监管当局的相机抉择也必不可少。最具代表性的就是根据经济金融形势对商业银行提出额外的资本和拨备要求（surcharge on capital and provision）等。这实际上是和现代西方货币政策理论中的单一规则型和相机抉择型政策的选择是类似的。只有实现常备工具和相机抉择工具的有机结合，才能保证银行监管在宏观经济中发挥出较好的作用，确保银行监管的有效性和商业银行的稳健运营。

第二节 银行体系资本亲周期特征的实证研究

毫无疑问，本轮国际金融危机唤起了人们对银行体系资本亲周期性特征的高度关注。并且，商业银行资本不仅具有天然的亲周期特征，而且不同资产规模的商业银行表现出不同强度的亲周期特征，尤其是系统重要性银行的资本亲周期性更加需要特别关注。面对资本的亲周期性，缓冲资本对于商业银行尤其是大型银行来说，具有非常重要的意义，因为它既反映了商业银行抵御风险的能力，又体现了商业银行资产运作的策略。探讨中国银行业缓冲资本的决定因素，进而研究资本亲周期性特征，正是本节的核心内容。

一、指标选取与模型构建

本研究以 2004～2010 年中国商业银行的面板数据为基础，采用两阶段加权最小二乘法（Two - Stage EGLS）对面板数据进行回归分析，探讨我国商业银行缓冲资本的亲周期行为。

有学者（Estrella，2001）认为，商业银行缓冲资本受净资产收益率（$ROE_{i,t}$）、不良贷款率（$NPL_{i,t}$）和滞后一期缓冲资本（$buffer_{i,t-1}$）的影响。具体来说，净资产收益率越高，意味着商业银行持有资本的机会成本越高，因而商业银行往往倾向于持有尽量少的资本缓冲；不良贷款率越高，意味着商业银行发生破产的可能性越大，因而商业银行往往倾向于持有较高的资本缓冲；作为审慎经营的金融机构，商业银行缓冲资本的变动存在一定惯性（Juan Ayuso，Daniel Perez，Jeses Saurina，2002），在调整当期资本充足率时，一般会参考上一期资本充足率，如果上一期缓冲资本数量越大，意味着商业银行调整资本的成本加大，因而商业银行往往倾向于持有较高的资本缓冲。鉴于此，我们在模型中，选取缓冲资本（buffer）作为因变量，选取净资本收益率、不良贷款率分别作为解释变量。

宏观经济周期也是影响商业银行缓冲资本持有数量的重要因素。经济高涨时期,商业银行资产质量较好,对未来的预期较为乐观,所需资本下降,缓冲资本的规模自然会相应上升;经济萧条时期,商业银行资产质量较差,对未来的预期较为悲观,所需资本上升,缓冲资本的规模自然相应下降。因此,我们选取GDP增长率来反映经济周期不同,作为反映经济周期的变量。

资产规模也是影响商业银行缓冲资本持有数量的重要因素。资产规模越大,可持有的缓冲资本规模往往越少。一是非预期损失在一定程度上源自银行和借款人之间的信息不对称,大银行在信息获取方面具有规模效应;二是大银行拥有更好的投资和分散化机会,拥有实力更强的资本管理专才,拥有更强的资本管理能力和融资能力,抵御风险的综合能力较强;三是大银行对宏观经济的影响较大,且涉及公共利益,大银行在遭遇危机时很可能获得政府救助,即太大而不倒(Too Big to Fail);四是大银行在国际国内资本市场中拥有较高声誉,在发行普通股和长期次级债方面成本较低,更加容易被投资者所接受。这种情况在我国尤其明显,工商银行、农业银行、中国银行、建设银行、交通银行在国际资本市场上的形象和声誉是其他股份制商业银行所远远不能比拟的。出于分析资产规模对商业银行缓冲影响的目的,我们用Size表示银行资产规模。

根据上述假设,构建模型如下:

$$buffer_{i,t} = \alpha buffer_{i,t-1} + \beta ROE_{i,t-1} + \gamma NPL_{i,t} + \delta GDP_{t-1} + \eta SIZE_{i,t} + \varepsilon_{i,t}$$

其中,$i = 1, 2, \cdots, N$(N为银行数量),$t = 1, \cdots, T$(t为年份),$\varepsilon_{i,t}$代表随机误差项。

二、实证分析

本研究选取我国15家国有商业银行和全国性的股份制商业银行作为样本,样本考察期为2004~2010年。其中,大型国有银行5家,包括中国工商银行、中国农业银行、中国银行、中国建设银行和交通银行;全国性股份制商业银行10家,包括中信银行、光大银行、招商银行、民生银行、华夏银行、兴业银行、广东发展银行、平安银行、上海浦东发展银行以及深圳发展银行。这15家银行被银监会在有关监管信息披露中统称为"主要商业银行",且其资产规模和盈利能力均占据国内银行业的主流,因而,这种样本选择具有较为广泛的代表性。资本充足率、净资本回报率、不良贷款率、银行资产规模等数据均来自 BankScope 数据库，GDP 增长率来自国家统计局公布的历年《中国统计年鉴》。

表 2-1　　　　　　　　各变量之间的相关系数

	$BUFFER_{i,t-1}$	$ROE_{i,t}$	$NPL_{i,t}$	$GDP_{i,t}$	$SIZE_{i,t}$
$BUFFER_{i,t-1}$	1	0.45	-0.32	0.14	0.13
$ROE_{i,t}$	0.45	1	-0.18	0.03	0.23
$NPL_{i,t}$	-0.32	-0.18	1	-0.38	0.26
$GDP_{i,t}$	0.14	0.03	-0.38	1	0.05
$SIZE_{i,t}$	0.13	0.23	0.26	0.05	1

由表 2-1 可知，各解释变量之间不存在严重的多重共线性。

采用两阶段加权最小二乘法对面板数据进行回归，得到的估计结果如表 2-2 所示。

表 2-2　　　　　　　　回归结果表

解释变量	$BUFFER_{i,t-1}$	$ROE_{i,t-1}$	$NPL_{i,t-1}$	$GDP_{i,t-1}$	$SIZE_{i,t}$
预期符号	+	-	+	-	-
系数	0.6	-0.02	0.26	-2.12	-0.98
标准误差	0.07	0.01	0.04	0.29	0.16
t 值	8.85*	-1.34	-7.2*	-7.08*	5.53*
P 值	0	0.01	0	0.015	0.013
修正可决系数	0.79	DW 统计量	1.96		

注：* 表示在 5% 的置信水平下通过显著性检验。

根据表 2-2 的回归结果，得出如下结论。

结论一：商业银行缓冲资本与上年缓冲资本确实存在正相关关系，这体现了商业银行缓冲资本的策略惯性，实质上也表明了商业银行在资本管理战略上确实存在一致性。

结论二：ROE 的系数并未通过 t 检验，说明资本回报率并不能明显影响银行的资本缓冲规模。原因可能是当前我国商业银行资本的主要来源是外源融资，即从 A 股和 H 股市场上发行普通股以及从全国银行间市场上发行次级债券，内源融资即通过利润留存积累资本的能力较弱，进而导致我国商业银行在缓冲资本规模决策上对资本回报率因素考虑不够。

结论三：NPL 的系数显著为正。这说明资产质量已经成为我国商业银行在资本缓冲规模决策中的重要因素。资产质量越低，不良贷款越高，坏账对资本的潜在侵蚀能力就越强，银行资本的基础就越脆弱，因而，商业银行就越需要持有更高的资本缓冲。

结论四：GDP 的系数显著为负，这与假设不符合。这表明，事实上，商业银行缓冲资本的提取与宏观经济形势之间存在一种负向相关性。当经济景气时，商业银行倾向于扩张资产业务，从而增加风险加权资产，降低银行的缓冲资本；反之，当经济低迷时，商业银行又会紧缩资产业务，从而增加缓冲资本。

结论五：SIZE 的系数显著为负。这表明，规模越大的银行，持有的缓冲资本越少。这可能是因为我国五大国有商业银行均为国有控股商业银行，在国际资本市场上享有较高的声誉，在国际资本市场上的筹资能力较强，同时风险管理水平较高，财务实力较强，资本管理能力正在趋近于国际先进银行。相反，对于中小股份制商业银行而言，筹资能力远不如五大国有商业银行，风险和财务管理实力亟待提高，因而必须维持较高的资本缓冲。

三、结论

2004~2010 年，我国商业银行的资本调整行为确实存在亲周期特征，缓冲资本与经济景气程度呈现反向变动关系。当然，前一期缓冲资本、银行资产规模以及不良贷款率也会影响银行缓冲资本的水平。

第三节 逆周期资本监管

亲周期性实际上是指在时间维度上金融体系与实体经济形成的动态正反馈机制（Positive Feedback Mechanism）。在解决亲周期性的系列政策中，逆周期资本监管是其中的重点。从本轮国际金融危机后监管改革的实践来看，缓解资本监管的亲周期性主要有以下政策选择。

一、引入逆周期资本，开发逆周期系数

面对银行体系的亲周期性，尤其是新协议所具有的风险敏感性使其具有内在的顺周期性，迫切需要引入针对宏观系统性风险的具有逆周期特征的资本要求，促使银行在经济上行阶段增加资本，建立资本缓冲，供其在经济下滑、贷

款损失增加时使用（G20，2009；FSF，2009；IMF，2009；FSA，2009a）。逆周期资本的制度功效是，在经济上行期抑制银行信贷的过度增长，在经济下行期缓解银行信贷的收缩，从而在一定程度上减小银行信贷对经济周期波动的放大作用，同时进一步抵消新协议的顺周期效应。引入逆周期资本要求将是构建宏观审慎监管框架的一项核心内容。

在逆周期资本约束的具体设计方面，面临着是规则导向还是相机抉择的问题。危机之后的基本共识是规则导向优先，辅之以适当的相机决策。具体来说，就是首先由监管当局对逆周期资本规定简单、明确、容易理解和执行的规则，同时，监管当局可以根据对宏观经济金融形势的判断，决定是否需要额外增加资本，作为对逆周期资本规则的补充（G20，2009；IMF，2009；FSA，2009a；Brunnermeier 等，2009）。

但是，对于逆周期资本监管规则应当如何设计，目前却尚未形成一致意见。但具有代表性的看法是，应采用逆周期乘数的方法对新协议计算出来的资本要求进行调整，也就是在新协议内评法的输出端，用根据宏观经济状况确定的逆周期乘数对所得出的监管资本进行调整。Repullo et al（2009）运用西班牙中央银行信贷登记系统中的数据，针对银行业中的工商贷款，将新协议下由时点评级法计量的风险参数导出的资本要求，乘以根据 GDP 增长率对其长期均值的偏离度所确定的逆周期乘数，然后得出资本需求。其结果是，GDP 增长每偏离一个标准差，资本要求将增加或减少 7.2%。目前，关于逆周期系数，主流的看法是，在经济繁荣时期，信贷和资产价格增长，金融机构杠杆率也不断增加，逆周期乘数应当大于 1，即银行应当多提资本；而在经济衰退时期，逆周期乘数则应小于 1，银行可以将积累的资本释放出来，弥补不断增加的信贷损失，使银行保持持续放贷的能力。

中国人民银行（PBOC）行长周小川（2009）也赞同上述开发逆周期系数的方法。他提出，可以通过用基本的资本充足率乘以与系统性风险相关的逆周期系数确定超额资本。让负责整体金融稳定的部门定期发布季度景气与稳定系数，并从中导出逆周期乘数，金融机构和监管机构可以使用该乘数，乘以常规风险权重后得到新的风险权重。在此基础上测算出的资本充足率值就能够更加接近逆周期监管的需要。

2009 年 3 月英国金融服务局（FSA）发布的《特纳报告》（《对全球银行危机的监管回应》）提出，应在资本、会计、流动性监管方面作根本性改变，加入逆周期要素，特别是在经济繁荣时期增加超额资本（Capital Buffer），以备经济衰退时期之需，平滑资本充足率的波动。至于超额资本的水平，《特纳报告》提出，商业银行可以采取兼具跨经济周期评级法（TTC – ness）和时点评级法（PIT – ness）这两种模型特点的混合模型来预测 PD，在此基础上得出适当的超额资本水平。FSA 进而提出，在经济周期的顶峰，逆周期资本缓冲达到风险加权资产的 2% ~ 3% 是较为合理的水平。

巴塞尔委员会针对逆周期资本乘数的确定提出了三种方法：与银行收入挂钩的固定目标资本缓冲水平；信贷利差、信贷增长和信贷/GDP 等与宏观经济变量挂钩的动态目标资本缓冲水平；违约概率等与银行特定变量挂钩的动态目标资本缓冲。

二、使用跨周期的内部评级法，确保历史数据覆盖整个经济周期

与 1988 年资本协议相比较，新资本协议的风险敏感性大大增强，但随之也带来了较为严重的亲周期性问题。并且，亲周期性的具体程度取决于具体的风险计量方法，并与风险敏感性同向运动。在信用风险方面，新资本协议的内部评级法允许银行选用时点内部评级法（point – in – time approach，PIT）或跨周期评级法（through the cycle，TTC）进行评级。前者的评估目标是借款人在未来 1 年以内发生违约的可能性，而后者的评估目标则是借款人在一个经济周期中发生违约的可能性，因此，在亲周期性的程度上，前者比后者更高。为缓解新协议的亲周期性，巴塞尔委员会已经鼓励商业银行使用跨周期评级法估算 PD 和经济衰退期的 LGD。

关于 PD，内部评级法要求，无论采用何种方法，用于计算资本要求的 PD 应反映长期平均违约经验；虽然 PD 仅反映未来 1 年内债务人的违约可能性，但估计 PD 必须具备 5 年数据观察期，并且数据应覆盖包括经济衰退期在内的整个经济周期，如数据不能反映经济衰退期，商业银行应调整 PD 估算方法或结果。

关于 LGD，内部评级法规定，商业银行估计的 LGD 不能小于违约加权长期平均损失率；LGD 必须反映经济衰退时期的损失严重程度，以保证 LGD 的估计值在所有可以预见到的经济条件下都保持稳健和可靠；估计 LGD 数据应最好涵盖一个完整的经济周期，在任何条件下数据历史观察期不得低于 7 年。

关于 EAD，内部评级法规定，EAD 应是长期违约加权均值，银行应保守地确定估计值的误差范围；如果银行能合理预测出 PD 与 EAD 正相关，对 EAD 的估计必须留有较大程度保守调整的余地；若经济周期内 EAD 估值不稳定，经济

低迷时期的 EAD 应比长期平均数更保守，商业银行应使用经济低迷时期的 EAD。

关于风险权重函数输出值，在第二支柱框架下，监管当局根据经济周期阶段，可以用两种方法平滑风险权重函数的输出值（smooth output of capital function）：（1）向量自回归规则（auto regressive rules），使用时间序列过滤器平滑每个银行的监管资本要求；（2）反周期指数规则（counter-cyclical indexing rule），对风险权重函数附加一个随时间变化的乘数，经济扩张时期乘数大于1，经济衰退时期乘数小于1。

三、实施《巴塞尔协议Ⅲ》，提升对资本数量和资本质量的监管要求

作为国际银行业监管的主要准则，《巴塞尔资本协议》经历了较长的演进过程，主要经历了三个阶段的演进，此即所谓的《巴塞尔协议Ⅰ》、《巴塞尔协议Ⅱ》、《巴塞尔协议Ⅲ》。1988年巴塞尔银行监管委员会颁布的《关于统一国际银行的资本计算和资本标准的报告》，是《巴塞尔资本协议》的第一版。其特点有三：一是提出将资本分为核心资本和附属资本；二是明确将表内外项目规定为0、20%、50%、100%四个风险档次，并要求商业银行据此计算风险加权资产；三是要求银行资本充足率（资本与风险加权资产之比）必须达到8%。从1998年开始，巴塞尔银行监管委员会经过6年的努力，于2004年颁布了《巴塞尔新资本协议》，主要特点如下：一是确定了三大监管支柱。支柱一为最低资本要求，即以银行的风险加权资产为基础，并覆盖信用风险、市场风险和操作风险；支柱二为监管评估（也称监管约束），包括对银行的系统、内控和风险管理的质量进行评估，评估质量有可能导致对第一支柱下的资本要求进行向上或向下的调整；支柱三为市场约束，包括针对信息披露和透明度制定了更加严格的监管新规定。二是强调全面风险管理，不仅仅是针对信用风险提出资本要求，而且对操作风险、市场风险也提出了资本要求和计算方法。三是鼓励银行在资本计量中更多地使用内部评级体系进行风险评估，并为此建立了一套详细的最低标准，以确保这些内部风险评级体系的完整性和可靠性。并且，银行可以根据自身状况和本国金融市场的基础面情况自行选择最为适合的方法，可以选择使用"标准法"、"初步内部评级法"（仅允许银行测算与每个借款人相关的违约概率）或"高级内部评级法"（允许银行测算众多的风险要素）。

本轮全球金融危机后，巴塞尔委员会出台了一系列关于资本和流动性监管

改革的建议，其中关于资本监管制度的改革建议被业界称为《巴塞尔协议Ⅲ》。《巴塞尔协议Ⅲ》的主要改进如下：一是扩大资本监管的风险覆盖面。大幅度提高交易业务的资本要求，提高场外衍生品交易和证券融资业务的交易对手信用风险的资本要求，提高对再证券化（resecuritization）、资产支持商业票据（for short – term liquidity lines）的资本要求，提高对未证券化信贷产品新增风险的资本要求。二是修改资本定义，着力提高资本监管质量。恢复普通股（含留存收益）在监管资本中的主导地位。较优先股和次级债而言，普通股更能吸收亏损、保障银行的放贷能力，因此金融危机中应普遍强调有形股本权益（tangible common equity）的概念，大致等于股权权益扣除优先股和商誉。一级资本（Tier 1 capital）的主要形式必须是普通股和留存盈余。可被赎回的创新型混合资本（hybrid capital instruments），目前最多可占一级资本的15%，将不再被允许作为一级资本。引入严格的、统一的资本扣减项目，并要求从普通股中扣减，资本扣减项目包括少数股东权益、对金融机构的资本投资、商誉、其他无形资产、递延税资产等8项。三是引入强制转股安排，亦称救助机制（Bail – in）。即建议在银行风险加大或紧急时期将次级债或可转债转换为普通股用于吸收损失。四是要求建立超额资本要求，缓解亲经济周期效应。要求商业银行建立留存资本（conservation buffer），用于吸收严重经济和金融衰退给银行体系带来的损失；建立与信贷过快增长挂钩的反周期超额资本（counter – cyclical buffer），即在信贷高速扩张时期（盈利充沛时期）积累充足的经济资源，用于经济下行时期吸收损失，维护整个经济周期内的信贷供给稳定。此外，对大型银行提出附加资本要求，降低"大而不能倒"带来的道德风险。五是改进交易账户计提资本的方法。在市场风险方面，风险价值（VAR）模型由于数据的历史观察期过短（大多为1年），导致所计算的交易账户资本要求波动性显著，从而具有很强的顺周期性。为此，巴塞尔委员会在2009年7月正式公布的新协议修订稿中，采取了一系列缓解措施：规定市场风险内部模型法的资本要求应同时覆盖正常条件和压力情况下的VAR值，数据更新频率从3个月缩短为1个月；将交易账户的资本要求扩展至新增违约风险，解决交易对手的信用风险问题；对交易账户的资产证券化产品采用与银行账户一致的资本计量标准，避免监管套利。

在2010年9月首尔会议批准的《巴塞尔协议Ⅲ》框架下，资本监管要求被进一步划分为五个层次：一是最低资本要求。最低标准仍为8%，但其中普通股充足率最低要求从2%提高至4.5%，以及核心资本充足率最低要求从4%提高到6%。二是资本留存缓冲，应为2.5%。三是逆周期资本缓冲0~2.5%。四是系统重要性资本缓冲，尚未最终确定具体数量标准。五是发行或有资本工具（contingent capital instruments）。比如能在银行面临资本压力时自动转换为普通股的债券，这种债券被称为 contingent convertibles 或 CoCos。例如，当银行核心资本充足率高于5%时，CoCos 像普通债券一样定期付息；一旦核心资本充足率低于5%，CoCos 就自动转为普通股。或有资本工具是最早被付诸实践的金融改革方案之一，2009年11月英国 Lloyds Banking Group 的融资计划中首次应用了 CoCos。

四、引入杠杆率（leverage ratio）指标

此次危机之后，除了针对宏观系统性风险计提逆周期资本之外，也有越来越多的人建议引入杠杆率指标这一兼具微观审慎和宏观审慎目标的政策工具（G20，2009；IMF，2009；FSF，2009；FSA，2009a；Panetta 等，2009；Brunnermerier 等，2009；Wellink，2008）。杠杆率为资本与总资产的比率或者这一比率的倒数，其特点是简单、透明、不具有风险敏感性。在微观审慎层面，由于银行内部风险管理模型的准确性和可靠性受制于模型参数和假设前提的合理性，运用不具有风险敏感性的杠杆率指标，正好能与采用内部评级和内部模型的新协议形成有益的补充，弥补银行内部风险管理模型的缺陷，削弱新协议的顺周期效应。在宏观审慎层面，此次国际金融危机表明，金融机构的过度投机和高杠杆率既是系统性风险不断增加的一个重要指标，也是系统性风险发生的重要原因。因此，杠杆率限额本身就是一个重要的宏观审慎监管工具，可以防止金融机构资产负债表的过度扩张和过度承担风险，控制金融体系杠杆程度的非理性增长和系统性风险的不断累积，同时，还可以为金融机构和金融体系设置一个资本下限，确保随着金融创新的发展和可能出现的资本套利行为。

IMF（2008）提出从广义上理解杠杆率。比如，银行的去杠杆化可以体现在三个方面：一是在资产方，降低高风险资产的比重或者提高流动性好的资产的比重；二是在负债方，增加更加稳健可靠的融资渠道或者减少对短期限或批发行融资渠道的依赖；三是在股本权益上，增加股本权益相对负债的比例或者增加有形股本权益在整个股本权益中的比例。基于 IMF（2008）的观点，可以在广义杠杆率下统一理解三大金融监管工具——资本充足率要求、存款准备金要求和存款保险制度。资本充足率要求对控制杠杆率的意义是显而易见的，提高存款准备金要求，相当于要求银行在资产方拥有更多低风险、高流动性资

产——在中央银行的准备金。存款保险制度在保护存款者利益的同时，降低了银行在负债方的融资渠道。值得一提的是，存款准备金在传统意义上主要是货币政策工具，但随着不受存款准备金要求的影子银行系统在货币创造上起到了越来越大的作用，存款准备金要求作为货币政策工具的意义减弱了，作为银行监管工具的意义增强了。

世界银行的报告表明，德意志银行、瑞士信贷银行和瑞士银行3家主要欧洲银行在2008年底按新资本协议计算的核心资本充足率分别为10.1%、13.1%和11.5%，但杠杆比率却只有2.8%、2.9%和2.6%，相差高达8~10个百分点（World Bank，2009）。这从一个角度反映了以风险为基础的资本充足率指标可能高估银行的资本充足水平，或者说低估监管资本要求，从而凸显了采用杠杆率指标作为补充的重要性。Armstrong等（2009）认为加拿大采用的杠杆率指标有效地削弱了银行体系的顺周期性，是加拿大银行在此次国际金融危机中所受冲击较小的一个重要因素。二十国集团在2009年伦敦金融峰会后发布的《加强监管和提高透明度》最终报告中，已建议将杠杆率作为实施宏观审慎监管和降低新协议顺周期性的一项重要的政策工具。

目前国际上对于杠杆率尚无统一的计算口径，有的将其表示为股本占调整后总资产的比例，即杠杆比率，如美国规定杠杆比率不得低于4%；也有的将其表示为调整总资产为股本的倍数，即杠杆倍数，如加拿大规定杠杆倍数不得高于20:1。杠杆率与杠杆倍数互为倒数。杠杆率越低，或者杠杆倍数越高时，风险程度越高，反之则越低。

五、中国银监会在本轮国际金融危机之后加强逆周期资本监管的举措

资本监管一直是中国银行业监管的核心。由于银监会的监管本质上是以风险为本的监管，因而作为抵御非预期损失的工具的资本，一直是中国银行业监管最重要的抓手（监管工具）。目前已初步形成以资本监管为基础的银行业审慎监管框架。一是提高资本充足率监管要求。结合逆周期管理和系统重要性资本附加的要求，银监会率先在2009年底将五家大型银行（指中国工商银行、中国农业银行、中国银行、中国建设银行、交通银行）最低资本充足率标准提升至11.5%，与2010年9月G20首尔会议批准的《巴塞尔协议Ⅲ》不谋而合。二是注重资本质量监管。中国银监会[2009]号文规定，大型银行核心资本占比在75%以上，在计算资本净额时对银行之间互持的次级债进行扣减，次级债务资

本工具不得超过核心资本总额的25%。中国银监会为提升可转债、次级债券等附属资本的资本属性,专门作出如下规定:对可转债要在募集说明书中承诺将顺应监管部门的政策要求,把可转债转成普通股;对次级债、混合资本债券,要在募集说明书上明确其在风险加大或紧急状态时强制转为普通股的机制安排。三是加强资本约束。按季监测大型银行资本充足率变动情况,资本充足率跌破监管目标值即下发资本监管预警通知书,切实要求大型银行发挥资本对资产扩张的刚性制约作用。四是实行资本充足率的逆周期监管。通过允许商业银行在经济周期的不同阶段持有不同数量的资本,缓解资本监管的亲经济周期效应,促进商业银行的稳健运营。在经济繁荣时期,允许商业银行增加持有资本金,以应对经济下行时期可能出现的未预期损失,缓冲经济衰退给银行经营带来的冲击;在经济衰退时期,允许商业银行减少资本金持有量,增加贷款投放,从而刺激经济尽早走出低谷。应该说,中国银监会在2009年推出的一系列旨在提高对银行业资本数量和质量要求的监管举措在要义上与2010年下半年巴塞尔委员会出台的《巴塞尔协议Ⅲ》完全一致。

表2-3　2010年末我国五大银行与国际大银行资本充足率水平比较表

单位:%

行别	资本充足率	行别	资本充足率
瑞银集团	20.40	德意志银行	14.10
巴克莱银行	16.90	苏格兰皇家银行	14.00
花旗集团	16.60	工商银行	12.10
美国银行	15.80	农业银行	11.53
JP摩根	15.50	中国银行	12.53
三菱UFJ	15.40	建设银行	12.56
桑坦德银行	15.20	交通银行	12.36
汇丰控股	15.20		

资料来源:各银行2010年年报。

面对在考虑逆周期资本及系统重要性附加等因素基础上提出11.5%的资本监管标准,我国大型银行需要加速建立起资本补充和资本约束的常态机制。当前,为使商业银行能够及时、自主、有效地实现资本补充,从而在满足资本监管标准的基础上对我国经济增长提供持续信贷支持,须须进一步研究我国银行业资本补充和资本约束的路径选择。研究表明,按照"立足内源资本补充、合理安排普通股增发、适度实施债务资本工具补充、探索信贷资产转让渠道、强化风险加权资产约束"的原则,未来五年,我国银行业的资本补充需求基本能够得以满足，可望实现银行业资本需求和资本供给之间的平衡。由于按照《巴塞尔协议Ⅲ》的有关精神，普通股和留存收益是最有效的核心资本，因而内源资本补充和普通股增发应在整个资本补充和约束机制中发挥基础作用。

一是立足内源资本补充。内源融资是指商业银行运用经营活动产生的利润，在扣除现金分红之后用以补充银行的盈余公积、一般准备和未分配利润等核心资本的过程；外源融资则是指商业银行借助股票市场、债券市场进行资本补充的过程。由于内源资本的资金成本较低，且不会稀释原有股东对商业银行的控制权，有利于商业银行的长远可持续发展，因而内源融资在商业银行资本补充中应发挥主体作用。二是合理安排普通股增发。在我国商业银行今后的资本补充中，应按照"融资效率最优化、融资成本最低化、市场冲击最小化"的总体原则，明确普通股增发在A股和港股市场筹资总规模中的占比。三是适度实施债务资本工具补充。债务资本工具的品种包括可转债、次级债、混合资本债等。由于债券不会摊薄原有股东的收益，对资本回报率影响不大，其利息支出可以税前扣除，有良好的避税效应，并且其发行较为便利，审批程序较为简单，因而，债务资本工具也应成为商业银行资本补充的渠道。但是，由于债务资本工具所筹资本不能承担商业银行的最终风险，因而对于债务资本既要有总量的控制，又要有转换为普通股的要求。四是探索信贷资产转让渠道。信贷资产转让的核心是增强信贷资产的流动性。目前，除信贷资产的直接转让外，我国银行业信贷资产转让的主要表现形式就是资产证券化。资产证券化是指商业银行通过以贷款为基础发行资产支持证券，将贷款标准化、等份化后转让给投资者，从而达到有效控制贷款规模、节约资本占用、缓解风险的目标。在目前单纯依赖内源融资和资本市场筹资不能完全解决我国银行业面临的资本短缺问题的情况下，需要建设信贷资产证券化机制，限制衍生资产交易和资产规模扩张。五是强化风险加权资产约束。风险加权资产约束主要是指推动商业银行通过引入经济资本预算管理制度，深化资本约束理念，转变增长方式，强化资本对资产扩张的制约作用，从而优化资产结构、节约资本占用的行为。商业银行应合理把握信贷总量，尤其是要实施科学的信贷投放节奏，防范资本充足率因信贷过快增长出现的骤然下降；积极推行经济资本管理，健全内部资本充足评估程序，实现资本对资产的有效制约，综合考虑风险、收益、资本占用的平衡关系；调整资产结构，将资金投放到风险小、收益高、资本占用少的业务和项目上，提升资本使用效率；建立风险加权资产的并表约束机制，即将表外资产和附属机构的资产纳入商业银行加权风险资产的计量范围并计提资本，防范表外资产和附属机构风险资产加大而给本行资本充足率带来的冲击。

第四节 动态拨备监管

一、动态拨备产生的理论基础

大量的实证研究表明,拨备具有天然的亲周期性。Bikker 和 Metzemakers (2002) 对 29 个经合组织国家的 8 000 家银行近 10 年的年度数据分析显示,将 GDP 增速低于 3% 与高于 3% 的情况相比,前一阶段多提的拨备超过了 60%。Borio 等 (2001) 对 1980 年以来 10 个经合组织国家的研究也表明,拨备与经济周期表现出明显的负相关性。美国国民银行的贷款损失准备与美国的 GDP 增长率就具有较强的负相关关系。

(一) 拨备亲周期性的产生原因

具体来说,拨备的亲周期性主要源于以下两个方面的因素。

1. 现行国际会计准则中拨备计提规则的回顾性 (backward – looking)。现行国际会计准则所遵循的基本原则是,企业只能以实际发生的交易或者事项,不能以未发生的事项为依据进行会计确认、计量和报告,从而防止管理层采取非公开透明的方式调整资产负债表或操纵利润。所以,银行只能对引致损失 (incurred losses),即由已经发生的损失事件等客观、确切的证据表明未来可能发生并能有效估计的损失计提拨备,导致拨备计提具有明显的滞后性。在这种会计框架下,经济繁荣时期,贷款违约率和损失率降低,商业银行计提的拨备相应减少,利润增加,促使其扩大信贷活动,进一步推动宏观经济的上涨;经济紧缩时期,贷款违约率和损失率上升,商业银行不得不大量增提拨备,导致其缩减信贷规模,从而进一步加剧经济的衰退。有学者 (Cavallo 和 Majnoni, 2001) 认为,回顾型贷款损失拨备制度,放大商业周期和信贷周期的波动幅度,是加剧商业银行亲周期性的重要原因。

2. 银行信贷行为具有的内在亲周期性。Kindleberger (1978) 和 Minsky (1982) 认为,金融系统具有内在的不稳定性,经济上行期存在贷款积累过多的趋势,这种趋势会在经济衰退时期通过通货紧缩和经济危机得到矫正。实际上,信贷增长具有显著的亲周期性,其波动幅度甚至超过 GDP 的波动幅度。在这种情况下,经济上行期过于激进的贷款规模扩张会积累出比较严重的信用风险,而拨备提取仅仅依赖于当期不良贷款水平,并且,信贷质量的变化具有一定的滞后性,亦即贷款的不良开始出现往往要在贷款发放 3~5 年之后,因而,经济下行期商业银行的偿付能力一般是不够的。可以说,信贷增长具有的内生亲周期性对拨备的动态、跨周期提取提出了内在要求。

(二) 模型分析

本模型的主要目的是,假设不良贷款率具有随经济周期变动的特征,通过设置不同程度的前瞻性拨备制度,求解商业银行的最优信贷规模,以此分析出前瞻性拨备制度在缓解商业银行信贷行为亲周期性方面的功效。

假定:(1)商业银行的行为模式是利润最大化,且其只有到期后能滚动续期的贷款(L)资产,即暂不考虑商业银行同时有其他资产的情形;(2)贷款利率(R_l)为无风险利率 Rf、预期损失率 ELd 和风险溢价 Rk 之和,即 $R_1 = Rf + ELd + Rk$,其中预期贷款损失率 ELd 是整个商业周期的平均贷款违约率;(3)信贷管理成本被假设为一个二次函数,具有二次型成本 c_2L_2,其中 c 为成本参数,固定成本为 F;(4)实际贷款损失为 bL,主要是指已经识别且在贷款五级分类中被划分为"次级"及其以下的贷款的损失;(5)存款利率为 Rd,代表所有的信贷资金成本;(6)存在三种拨备规则,即零前瞻性、部分前瞻性拨备和完全前瞻性拨备。

基于上述假定,不同拨备规则及其对银行信贷行为的影响如下。

情形一:零前瞻性拨备。

$$\text{税前利润 } \pi = L[(Rf + ELd + Rk) - Rd] - bL - c_2L_2 - F$$
$$= L[(Rf + Rk) - Rd] - c_2L_2 - F + (ELd\, L - bL) \quad (1)$$

在情形一中,与预期损失相关的贷款损失拨备保持为 0(实际上就是一般拨备为 0)。贷款利率减去资金成本乘贷款存量表示利息收入,再减去运营成本和贷款损失,得到银行的税前利润。在法定存款准备金和资本约束的前提下,根据上述公式求解可得银行的最优信贷规模:

$$\hat{L} = [(Rf + Rk - Rd) + ELd - b]/c \quad (2)$$

情形二:部分前瞻性拨备。

假定贷款损失拨备是预期损失 ELd 的一定比例(P),那么,在经济上升期,实际贷款损失率较低时,银行提取的拨备(PELdL)必然大于实际坏账损失(bL),净拨备(PELdL - bL)为正,贷款损失准备(Loan Loss Reserves,

LLR)就会相应增加。在经济紧缩期,随着贷款损失率的上升,银行提取的拨备可能小于实际坏账损失,净拨备为负,贷款损失准备减少。值得注意的是,当贷款损失准备完全被消耗时,银行的利润等式和最优信贷规模就回到零前瞻性拨备规则的情况。

$$\pi = L[(Rf + ELd + Rk) - Rd] - c_2L_2 - F - bL - (PELdL - bL) \quad (3)$$

如果贷款损失准备为正,即 LLR > 0,

$$税前利润 = L[(Rf + Rk) - Rd] - c_2L_2 - F + (1 - P)ELdL \quad (4)$$

如果贷款损失准备为零,即 LLR = 0,

$$税前利润 = \pi = L[(Rf + Rk) - Rd] - c_2L_2 - F - (ELdL - bL) \quad (5)$$

根据上面两个等式,分别求解该行利润最大化条件下的最优信贷规模:

$$如果\ LLR > 0, L\hat{} = [(Rf + Rk - Rd) + (1 - P)ELd]/c \quad (6)$$

$$如果\ LLR = 0, L\hat{} = [(Rf + Rk - Rd) + ELd - b]/c \quad (7)$$

情形三:完全前瞻性拨备。

在理想的完全前瞻性拨备制度下,贷款损失拨备完全等于预期损失,也就是说,情形二中贷款损失准备为零的情形不会出现。

$$税前利润\ \pi = L[(Rf + ELd + Rk) - Rd] - c_2L_2 - F - bL - (ELdL - bL)$$

$$= L[(Rf + Rk) - Rd] - c_2L_2 - F \quad (8)$$

相应的,通过求导可得最优信贷规模:

$$L\hat{} = [(Rf + Rk) - Rd]/c \quad (9)$$

由式(9)可发现,在完全前瞻性拨备制度下,贷款预期损失不再是影响银行最优信贷规模以至税前利润的因素。也就是说,贷款质量的周期性波动,不再是导致银行经营及利润呈现周期性波动的原因,银行经营、财务及利润的稳定性和抗周期性进一步增强。

以上三种情形分析表明,如果能够实行前瞻性拨备制度,不良贷款的亲周期性就会难以对商业银行的资本、利润及经营行为造成较大的影响。事实上,在情形一(零前瞻性拨备)中,商业银行的信贷规模、利润和资本变动的亲周期性最强,在经济上升期,贷款损失率较低,信贷加速扩张,利润上升,资本累积;而在经济萧条期时,贷款损失率较高,信贷不断紧缩,利润下降,资本下降。在情形三(完全前瞻性拨备)中,由于净拨备(模型中的 LLR)在经济繁荣期增加得足够多,以至于在后来的经济周期变化中,信贷规模、利润和资本的变动比较稳定,不良贷款率的周期性变动不至于对银行的信贷、利润及资本造成重要影响,真正达到了监管部门所倡导的"平滑信贷周期"的功效。

(三) 拨备亲周期性的解决途径：动态拨备

对于拨备制度所导致的银行体系亲周期性，近年来，出于维护全球和区域性金融体系稳定的目的，各国银行监管当局都进行了认真审视和研究，探索了一系列旨在规避银行体系亲周期性的拨备监管政策。其中，西班牙自2000年开始实施的动态贷款损失拨备规则（Dynamic Loan Loss Provisioning Rule）被认为是这种探索成果的杰出代表，并在2009年被金融稳定论坛（Financial Stability Forum）推荐给全球银行业选择使用。

动态拨备规则的基本思想是以跨周期的平均资产损失作为提取拨备的主要依据，通过动态拨备的缓冲能力降低经济下滑期银行由于资本不足导致危机的可能性（Balla and McKenna, 2009）。动态拨备制度的运作机理是当经济形势较好时，实际贷款损失低于跨周期的平均贷款损失，此时专项拨备较低，动态拨备上升，动态拨备存量伴随着信贷增速较快而较快增长；当经济下滑、实际贷款损失的增加超过长期贷款损失时，此时利用在经济形势较好时累积的动态拨备存量吸收信贷损失。

二、西班牙的动态拨备制度

(一) 西班牙动态拨备制度的实施背景

1. 20世纪90年代西班牙信贷波动显示出的强亲周期性赋予该国快速实施动态拨备制度的必要性。20世纪90年代末期，随着欧洲货币一体化进程的加速和1998年欧元的发行，由于欧洲实行统一货币政策，货币政策过于宽松，银行过度乐观、降低借贷标准，导致了西班牙国内"史无前例"的信贷扩张和房地产泡沫（Fernandez de Lis, 2008），同时拨备不能跟上潜在信贷损失的步伐，贷款损失准备/贷款比率持续下降，令西班牙银行感到担心。与此同时，西班牙货币政策的独立性逐步丧失，前所未有的信贷扩张和信贷波动开始出现，宏观经济调控一时乏力，西班牙中央银行不能有效地控制本国的货币政策和汇率政策，因而难以应对信贷的周期性波动。正是在这种形势下，西班牙银行有内在动力从监管角度制定反周期的拨备规则，借此抵消货币政策独立性丧失的不足，抑制信贷的过快增长。

2. 西班牙银行的权力集中赋予该国快速建立动态拨备制度的可能性。由于动态拨备监管制度的实施,牵涉监管政策、会计和税收政策的调整,因而,动态拨备政策的正式确立实际上是一个各方博弈的过程。在西方发达市场经济国家,虽然银行监管部门从防范化解银行风险、保护存款人利益的角度出发,早就倡导在银行业中建立动态拨备制度,但是,由于证券监管部门、财政部门、税收监管部门当局从各自职责出发提出了反对意见,最终导致该制度未能建立。幸运的是,在西班牙,国内没有引入国际会计准则(1AS39),作为中央银行的西班牙银行集货币政策、银行监管和银行业会计准则的制定权力于一身,因而,西班牙中央银行有权对包括会计规则、拨备规则在内的宏观审慎监管政策进行统一决策,监管当局、会计和税收当局之间的博弈实质上并不存在,动态拨备制度在其他国家实施的障碍没有在西班牙形成。正是基于这个原因,西班牙是唯一一个在2000年初就引入动态拨备制度的国家。

面对信贷的高波动性,西班牙中央银行从2000年开始实施动态拨备制度,在提高拨备前瞻性方面进行了有益的探索(Fernandez de Lis 等,2000)。为反映对银行潜在信用风险的事前(exante)估计,该行在传统的一般准备金和专项准备金的基础上,引入动态准备金。动态拨备(Dynamic Provisioning)的原理是未雨绸缪、以丰补歉。动态准备金制度涵盖了对未来经济周期的预测,是潜在风险估计值与实际风险值的差额。潜在风险可以由银行运用内部模型法估算,也可以采用监管当局规定的标准法算出;实际风险值就是当期准备金。

(二)动态拨备的模型

1. 动态拨备原始模型。

西班牙最初的动态拨备由三个部分构成:一般准备、专项准备和统计拨备(Statistics Provisions)。在2004年之前,统计拨备是不可以进行税前扣除的。为了限制统计拨备积累的规模,统计拨备积累的最高额为贷款潜在损失的300%。其计提体系如下。

(1)一般准备(General Provisions)。

科目余额:$GP = g \times L$,其中 L 代表贷款总额,g 代表一般准备参数(0.5%~1%)。

每年计提的一般准备:$GP = g \times \Delta L$

(2)专项准备(Specific Provisions)。

科目余额:$SP = e \times M$,其中 M 代表不良贷款,e 代表准备金计提参数(10%~100%)。

每年计提的专项准备：$SP = e \times \Delta M$

（3）统计拨备（Statistics Provisions）。

潜在损失：$Lr = s \times L$，其中 s 代表贷款风险系数

每年计提的统计拨备：$StP = Lr - SP$，如果 $SP < Lr$，$StP > 0$，统计拨备得到积累；如果 $SP > Lr$，$StP < 0$，统计拨备得到消耗。

（4）每年计提的拨备合计。

$$AP = GP + StP = g \times \Delta L + SP + (Lr - SP) = g \times \Delta L + Lr$$

鉴于统计拨备计提的基础是贷款潜在损失（Lr），因此，贷款潜在损失的计提制度成为西班牙动态拨备制度的核心。西班牙中央银行规定，贷款潜在损失（Lr）的计算可以使用两类方法。一是内部模型法。即对于风险管理水平较高的商业银行，在银行监管部门的批准下，可以运用本行至少一个完整经济周期、内部积累且获得监管部门认可的历史数据和风险管理模型来确定贷款潜在损失。在全球银行业实施《巴塞尔新资本协议》的背景下，这种内部模型法的使用者一般都是银行监管部门认可、风险管理水平较高、对不同资产组合的风险识别能力较强的大型商业银行。二是标准法。即对于没有足够数据开发内部模型的银行，可以使用西班牙银行监管当局提供的标准法计算贷款潜在损失。这一方法将贷款分为六类，每一类都有相应的风险系数。标准法中的系数以1986～1998年的贷款数据为基础，数据范围基本经历了一个完整的经济周期。风险系数和风险暴露的乘积就是潜在风险值。其中六类贷款的风险系数分别为：第一类贷款是无风险贷款（0），主要是指对公共部门的贷款；第二类贷款是低风险贷款（0.1%），主要是指风险暴露低于抵押物资产价值的80%、借款人长期债券评级至少为A的贷款；第三类贷款是中低风险贷款（0.4%），主要是指金融租赁和其他担保贷款；第四类贷款是中等风险贷款（0.6%），主要是指其他各类中没有涉及的贷款；第五类贷款是中高风险贷款（1%），主要是指购买耐用消费品的个人信贷；第六类贷款是高风险贷款（1.5%），主要是指信用卡、经常账户透支。

2. 动态拨备现代模型。

为应对来自国际会计准则理事会（IASB）关于动态拨备制度有助于进行利润操纵、不符合国际会计准则的"公允"原则的批判，确保实施国际财务报告准则（IFRSs），西班牙银行在2004年对原始模型中统计拨备计算模型进行修改，将"统计准备"和"一般准备"合并为"新一般准备"，并将该准备的积累限定在贷款潜在损失（违约损失乘以违约概率）125%的水平。修改后的模型

于 2005 年开始在西班牙银行中实施，而且新一般准备不超过新增贷款 1% 的部分可以进行税前扣除。新模型的基本框架如下。

$$\Delta 动态拨备_t = \alpha \times \Delta C_t + \beta \times C_t - \Delta 专项准备$$

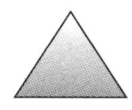
新发放贷款的内在损失

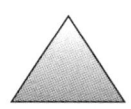
长期平均专项准备

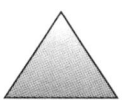
根据会计准则扣除的专项准备

其中，C_t = 贷款余额，α 为跨周期的贷款损失率，$\alpha \Delta C_t$ 类似传统意义上的一般准备，β 是长期平均损失率，α、β 可以采用内部模型法或标准法确定。$\alpha \Delta C_t + \beta C_t$ 实际上就是潜在的风险。在标准法之下，监管当局按风险程度将银行资产分为六大类，分别给出相应的 α、β 值。标准法下六类贷款准备金风险系数调整为：第一类贷款是无风险贷款（$\alpha = 0$，$\beta = 0$），主要是指对公共部门的贷款；第二类贷款是低风险贷款（$\alpha = 0.6\%$，$\beta = 0.11\%$），主要是指风险暴露低于抵押物资产价值的 80%、借款人长期债券评级至少为 A 的贷款；第三类贷款是中低风险贷款（$\alpha = 1.5\%$，$\beta = 0.44\%$），主要是指金融租赁和其他担保贷款；第四类贷款是中等风险贷款（$\alpha = 1.8\%$，$\beta = 0.65\%$），主要是指其他各类中没有涉及的贷款；第五类贷款是中高风险贷款（$\alpha = 2\%$，$\beta = 1.1\%$），主要是指购买耐用消费品的个人信贷；第六类贷款是高风险贷款（$\alpha = 2.5\%$，$\beta = 1.64\%$），主要是指信用卡、经常账户透支。

上述公式的运行机理是：潜在风险值与专项准备金的差额若大于零，商业银行应从损益账户中提取相应金额的动态准备；若小于零，商业银行就将其以收入的形式计入损益账户，同时相应调低动态准备金的余额。但是，西班牙中央银行规定，动态准备金累计金额不超过当期潜在风险值的三倍。事实上，在动态拨备框架下，每年提取的准备金为一般准备、专项准备金和动态准备之和。虽然动态拨备和专项准备会随着经济周期而波动，但每年计提的总拨备却始终等于（$\alpha \Delta C_t + \beta C_t$），其波动性大幅减小，因此具有明显的顺周期缓解作用。

为什么说动态拨备监管制度可以缓解银行体系的亲周期性呢？其主要原因是该制度将拨备提取与经济周期的阶段转换直接挂钩。具体来说，当经济处于上行期，基于国际会计准则计提的专项准备通常较少，公式的计算结果大于零，表明银行需要增加动态拨备，实际上就是多提取拨备，以供经济萧条时期新增贷款损失核销之需；当经济进入衰退期，基于国际会计准则计提的专项准备大幅上升，公式的计算结果小于零，表明商业银行可以减少动态拨备，经济上升时期积累下来的巨额拨备可供贷款核销之用。上述过程实际上就体现了"以丰补歉"、"未雨绸缪"的风险管理思想。

实际上，动态拨备监管制度与宏观经济运行之间存在着一种密切的相互作用关系：一方面，动态拨备监管制度是应对宏观经济周期性运行所导致的风险的需要；另一方面，动态拨备制度可以促进宏观经济的平稳运行，熨平经济波动。这种熨平作用可作如下具体描述：经济上升时期，多提拨备可以减少商业银行的资本金，从而通过资本约束紧缩信贷，缓解经济过热；经济下行时期，少提拨备可以增加商业银行的资本金，从而通过资本约束扩张信贷，推动经济走出萧条。

（三）对西班牙动态拨备制度的评价

相比逆周期的资本约束，前瞻性的拨备制度更能体现个体银行风险特征，更易实施，是优于逆周期资本充足率要求的措施及其有益补充（Landau，2009）。IMF 的 Caruana 认为动态拨备所体现的反周期原则比怎样实施更加重要。近 10 年来西班牙宏观经济金融运行的实践充分印证了动态拨备监管制度在熨平经济周期变动、提高银行风险抵御能力中所发挥的重要作用。具体来说，体现在以下方面。

1. 平滑拨备提取。动态拨备制度强调基于规则而非相机抉择的实施安排，相当于动态一般拨备规则，特别有利于平滑拨备的跨周期提取。国际会计标准委员会（International Accounting Standards Boards，2009）的研究报告认为，西班牙的动态拨备系统虽不能消除银行的顺周期行为，但相比欧美其他国家银行行为而言，该系统的作用在于能降低顺周期行为的程度，平滑了拨备的提取。2002 年 9 月至 2007 年上半年，西班牙经济处于上行期间，新一般拨备高于专项准备；2007 年下半年以后，该国经济开始进入衰退通道，贷款不良率急剧上升，专项拨备大幅提高，一般准备的数额开始降低。拨备结构的这种演变充分表明，拨备提取确实做到了"以丰补歉"，也做到了"跨周期"。最能够证明动态拨备的这种功效的是，1999~2007 年，随着西班牙经济的周期性波动，该国银行业的贷款拨备率也呈现了某种程度的波动，但这种波动程度远远低于 GDP 波动幅度。

2. 提升拨备水平。2000 年实施动态拨备时，西班牙国内的银行机构普遍反对该项监管制度,担心该制度会削弱其在欧洲银行市场的竞争能力。但是,随着 2008 年以后国际金融危机冲击的出现,动态拨备的重大功效开始不断显现,其给银行业带来的资本缓冲的重要性不断为银行业所认识。Fernandez de Lis 等(2008)认为,对资产证券化的限制和动态拨备制度的实施是西班牙银行业在危机中表现更好的两大政策性原因,尤其是动态拨备制度的实施,解决了西班牙银行业的拨备充足性问题,提高了该国银行业抵御风险的缓冲能力。西班牙从 2000 年 7 月 1 日开始实施动态准备金制度,到了 2004 年,大部分银行的动态准备金都达到了要求的最大值。2006 年,在这个全球经济处于上行期和下行期的转折点,西班牙银行业的拨备覆盖率水平(贷款损失准备/不良贷款)最高时达到 255%,是所有欧洲国家中最高的,比排名第二的瑞士(123%)高出一倍多,也远远高于欧盟国家银行的平均覆盖率(58.6%),也高于美国银行业 176% 的平均拨备覆盖率水平。更高的拨备覆盖率显著提高了西班牙国内银行应对危机的信心和表现。危机期间,西班牙最大的两家银行——BBSA(banco santander SA)和 BBVA(banco bilbao vizcaya argentaria)利用危机所带来的机会积极进行跨国并购,如 BBSA 并购了英国陷入困境的 Alliance 和 Leicester、Bradford 和 Bingley 以及美国 Sovereign Bancorp 银行 75% 的股权。

当然,对于西班牙动态拨备制度,目前也存在着一些争议,主要是体现在两个方面:一是违背国际会计准则。动态拨备制度是一种前瞻性的拨备计提方法,核心是根据贷款预期损失的计算值调整拨备数量,因而动态拨备结果不可避免地会加入商业银行自身对预期损失判断的主观性,降低财务报表的真实性,存在有失公允性和人为操纵利润的可能。然而,国际会计准则的原则是客观、真实地反映企业的财务状况,主张只对已经发生或者有确切证据表明可能发生损失的贷款计提拨备,因此,动态拨备制度在一定程度上与国际会计准则相背离。尽管国际会计准则委员会在 2009 年 11 月发布了《金融工具:摊余成本与减值准备》(征求意见稿)(*Financial Instruments*:*Amortized Cost and Impairment*),提出了预期损失模型(Expected Loss Model),对 IAS39 已发生损失(Incurred Loss)的模型进行了较大调整,但是,该委员会始终认为,动态拨备运用历史数据设定准备金水平,而非利用历史数据预测未来损失,不符合会计准则的基本要求。二是实施上存在技术困难。计算前瞻性的拨备,通常需要运用长期贷款损失率等参数,而这些参数的准确性和可靠性难免会受历史数据缺乏、模型存在不足和误差等多方面因素的制约。并且,金融稳定理事会(FSB)提出,损失准备金计提的方法应该不仅仅允许使用管理层的专家判断,而且应充分考虑一国的传统做法、法律框架和税收环境以及监管和外部审计的影响,以保证计提方法的准确性和前瞻性。因此,在发展中国家和新兴市场经济国家,数据积累的基础较为薄弱,风险管理模型建设也比较落后,尤其是法律框架和税收环境比较落后,动态拨备的实施必然在技术上会存在更大的困难。特别地,对于发展中国家来说,实施动态拨备的最大困难在于数据的充足性和有效性。为了有效实施动态拨备,需要足够的历史资产损失数据,西班牙利用了 16 年的数据,覆盖了两个经济周期,并在此基础上得出了商业银行资产的六大分类,给出了相应的对应系数,然而,在发展中国家,很难有足够历史时期的数据,有效的损失数据和相应系数难以建立。

(四)动态拨备制度在国际上的推广

当前,国际金融界正在掀起一股借鉴引入动态拨备制度的热潮。

2009 年 3 月,金融稳定理事会(FSB)在《关于应对金融系统中存在的亲周期性因素》中提出,在信用周期早期确认更高的贷款损失准备能够缓解已发生损失模型产生的亲周期性,并建议美国财务会计准则委员会(FASB)和 IASB 将所有可能导致贷款损失的因素包含在贷款损失准备计提判断中,改变现行的贷款损失准备计提方法,促进商业银行在信用周期的早期确认贷款损失。

2009 年 3 月 31 日,英国金融服务局(FSA)公布《Turner 报告》提出,财务报告中应包括一个能预期未来潜在损失的缓冲器,如可以建立"经济周期准备金"(Economic Cycle Reserve)。

2009 年 4 月 2 日,在 G20 伦敦峰会上,G20 领导人在联合声明中呼吁,会计准则制定机构包括 IASB 和 FASB 立即行动起来,与相关监管机构一起共同改善有关估值指引和贷款损失准备的会计准则,并形成一套高质量的全球化会计准则,完善贷款损失准备确认会计方法。

2009 年 8 月,巴塞尔银行监管委员会在公布的《关于更新 IAS39 的指导原则中》认为,根据跨周期的贷款损失数据对贷款损失生命周期的贷款损失进行估值,允许使用职业判断和组合计提准备,充分利用银行内部风险管理和资本充足率系统,保证准备计提方法的一致性。

虽然上述国际银行业监管机构也没有提出"动态拨备"的概念,但其改革动议的要义与前瞻性、逆周期性、跨周期性等动态拨备的精髓相一致。

三、我国的银行业拨备监管制度及改革前景

（一）我国银行业拨备监管制度的现状

自我国 1988 年正式建立贷款损失准备金制度以来，我国贷款损失拨备金会计政策主要经历了按单一比例提取（1988～2000 年）、按贷款质量分类提取（2001～2005 年）以及按贷款现值计量结果提取（2006 年至今）三个发展阶段。银行贷款损失拨备的计提政策及实务长期都是按单一固定比例或五级分类结果的一定比例计提，贷款损失准备长期不足。

2002 年中国人民银行发布《银行贷款损失准备计提指引》，规定贷款损失准备包括一般准备、专项准备和特种准备，其提取标准将不再仅依靠年末贷款余额的单一固定比例，而是取决于对贷款资产风险大小的判断，呆账准备金的提取比例也从 1% 放宽到受损资产余额的 100%。但由于历史原因导致的银行不良贷款率居高不下，该时期国内银行的拨备覆盖率仍非常低，不能有效反映拨备存量与贷款质量间的关系。

自 2003 年以来，中国银监会一直致力于强化拨备监管。在成立之初，中国银监会就确立了"准确分类—提足拨备—做实利润—资本充足"的监管路线图。在监管实践中，中国银监会紧紧依靠资本充足率、不良贷款拨备覆盖率、不良贷款率三大监管工具，不断增强银行监管的有效性。在不良贷款拨备覆盖率监管方面，主要是坚持以下三点：一是要求商业银行将不良贷款拨备覆盖率作为必须坚守的风险底线。中国银监会一直要求商业银行努力提高不良贷款拨备覆盖率，夯实财务基础，提高抗风险能力。截至 2011 年 6 月末，中国主要商业银行（含 5 家大型商业银行和 12 家全国性股份制商业银行）平均拨备覆盖率已经达到 165%。二是要求各行必须实施贷款的准确分类和真实核销，以确保不良贷款拨备的"有效性"。中国银监会强调，只有建立在准确分类和真实核销基础上的拨备，才是"有效拨备"，要严格防止贷款分类不准和"高拨备、高不良"并存而带来的无效拨备。三是推行未来现金流量折现法计算贷款减值损失。2006 年新会计准则的颁布意味着我国会计准则开始与国际接轨。在新会计准则下，资产减值损失有了明确的含义，也确立了贷款减值损失的未来现金流量折现法。这种制度被银监会所接受。

当然，尽管实施了新会计准则，银行拨备覆盖率也有了很大提升，持续处

于高位，但是，受历史问题和传统按比例计提方法的影响，目前国内银行的拨备提取主要依赖银行内部数据积累，根据贷款实际发生的损失计提，集中于解决拨备充足性问题，拨备提取方法过于简单和笼统，对经济周期因素的影响重视不足。

（二）中国银行业建立动态拨备制度的必要性及难点

1. 中国建立动态拨备制度的必要性。一是中国贷款增长具有较强的亲周期性。有研究表明，从1999～2009年贷款规模和GDP增长率发展走势来看，中国贷款总体具有亲周期性。相对于GDP的增长来说，贷款增长率更高，且波动更为剧烈。经验数据表明（Jimenez和Saurina，2006），在经济扩张期间信贷政策较为宽松，信贷增长和信贷风险之间存在直接但滞后的关系，贷款的快速增长会与随后不良贷款率提高正相关；而且，信贷扩张期内发放的贷款比信贷低速增长时期发放的贷款具有更高的违约率；经济扩张时期的贷款抵押比经济低速增长时期的抵押要求更加宽松。因此，如果充分考虑贷款高速增长背后潜在的巨大风险，目前商业银行在经济上行期间贷款过度增长积累的风险更加值得重视，实施拨备"以丰补歉"的迫切性更加强烈。二是虽然目前中国银行业金融机构在计提贷款拨备时需要同时遵循新企业会计准则、贷款损失准备计提管理规定、拨备覆盖率监管要求三方面的政策要求，但这三个规定都未全面考虑逆周期因素。按照会计准则计提的贷款拨备被美国次贷危机证明具有亲周期性；由于银行贷款不良率与经济发展周期具有相关性，因此按照五级分类计提的贷款拨备也同样具有亲周期性；只有银行监管部门的拨备覆盖率指标能够根据经济形势变化进行调整，因而具有一定的逆周期特征。但由于该指标主要考虑不良贷款，对于正常贷款风险考虑不够充分，而且对拨备覆盖率的确定缺乏明确的模型支持，不保证其能够完全消除拨备计提的亲周期性。基于以上两个原因，在中国银行业中，应加强动态拨备制度的建设。

2. 中国银行业建立动态拨备制度的难点。一是缺乏足够的数据基础。我国银行业关于信贷周期、不良贷款率、贷款损失率的历史数据积累很少，远远未能达到据此测算未来贷款损失类以及准备金提取数额的程度。西班牙已经积累了16年的数据基础，而我国真正有效的数据基础不超过10年。二是缺乏监管、财政与会计权利集中的部门。我国当前的贷款拨备和核销制度由银监会、财政部和税务总局三方共同制定，其中银监会负责贷款风险分类，财政部负责认定核销坏账政策，税务部负责贷款冲销的税务认定。多部门制定标准的现状，造成我国目前坏账认定与贷款风险分类脱节、坏账核销政策与贷款损失准备提取政策不匹配等问题。在西班牙，西班牙银行集货币政策、银行监管和银行业会计准则的制定权于一身，是动态拨备监管制度能够顺利实施的重要原因。

(三) 对中国建立动态拨备制度的政策建议

毫无疑问，中国银行业应加快实施动态拨备制度，做到拨备的"以丰补歉"，缓解经济周期不同阶段转换给银行经营带来的冲击，即在利润较为丰厚和信贷投放冲动较大的经济繁荣时期，商业银行要适当提高拨备水平，以增强银行在经济低谷时期抵御风险的能力；在利润较少和信贷资产下行压力较大的经济萧条时期，商业银行可以适当减少拨备提取数量。但是，由于诸多条件不太成熟，在中国银行业中实施动态拨备制度，需要特别审慎地分步推进，尤其要充分考虑下列因素。

一是选择相机决策型拨备监管制度。由于受数据基础限制，我国短期内全面推行动态拨备规则的条件并不成熟，但可以先使用相机抉择型拨备监管规则，监管当局可以利用自己对当期宏观经济金融形势的判断，适时作出相机抉择，要求银行提高拨备覆盖率水平，今后再择机逐步建立起基于规则的拨备体系。

二是审慎判断经济周期。由于专项拨备实际计提与经济周期总体相关，动态拨备的目标也正是解决银行体系的亲周期问题，因而，应推动商业银行建立起完整的经济周期指标体系，积极开发出精准的数理模型判断经济周期所处的阶段。在数理模型尚不完善的情况下，建议使用信贷与 GDP 之比作为判断经济周期阶段的依据。

三是完善数据基础。动态拨备实施需要加强对专项拨备和动态拨备的统计基础工作，需要历史不良贷款率等一系列风险数据，以真正实现拨备计提的前瞻性。尽管中国银行业已经初步积累了一定时期的不良贷款率等风险历史数据，但考虑银行转轨时期非常态化数据缺乏代表性，因此，商业银行应依据贷款风险分类细化、丰富和补充不良贷款回收数据的统计体系，完善和补充各类贷款损失数据的统计分析，将四家金融资产管理公司成立以来的不良贷款回收历史统计数据按照贷款分类进行补充完善，为动态拨备计提提供高质量的历史数据积累。尤其要注重风险数据的逐年累计调整，待经过一个完整经济周期之后相对固化，以确保历史数据经历一个完整经济周期的检验，进而具备较强的对实体经济的解释力。

四是慎用内部模型法。为提高动态拨备的适用性，有必要规定内部模型和标准法两种方法的使用范围。对于少数数据积累比较好、风险管理能力较强的银行，可以在经过银监会严格审查的前提下，允许利用内部数据计算动态拨备，但对于其他银行，应开发统一、简化的动态拨备模型。当然，监管部门应保留基于对银行风险状况的判断要求银行使用不同动态拨备"调整系数"的权力，从而实施差别化监管。

五是加强相关部门合作。针对我国当前的贷款拨备和核销制度由银监会、财政部、税务总局三方共同制定的现状，我国可参考国际上以银行为主导的做法，增强各主管部门的合作，有效协调会计标准制定者、税收当局和银行业监管者的目标冲突，逐步增大银行在贷款损失认定和坏账核销上的自主性，提升动态拨备制度早日出台的可能性。

六是加强信息披露。动态拨备可能使银行经营信息的透明度降低，进而导致利润操纵行为，致使投资者和税收当局难以评估银行的实际财务状况。鉴于此，我们可以借鉴西班牙的经验，增强对商业银行的信息披露监管要求，要求商业银行披露财务报表的同时披露预期损失和实际损失的内容，适当降低动态拨备监管制度的负面效应。

第五节　国际会计准则

一、公允价值会计准则是银行体系亲周期性形成的重要原因

所谓公允价值，是指在按市场原则进行的交易中，熟悉情况的市场参与者自愿进行资产交易或者负债清偿所形成的价格。现行国际会计准则（IASB）和美国公认会计准则（GAAP）都要求对交易类和可供出售类资产按照公允价值计价，对持有到期的投资、贷款和应收款按照历史成本计价。至于公允价值的计量方法，国际会计准则委员会规定了三个层次：第一层为有活跃市场交易的金融工具，其公允价值按照活跃市场的报价确定，也称盯市原则；第二层为不活跃市场交易的金融工具，其公允价值参考同类产品的近期交易价格或者采用可观察输入参数的估值模型确定；第三层为没有市场或市场流动性严重不足的金融工具，其公允价值也由估值模型确定，但使用的是不可观察的输入参数和模型假设。

公允价值的优点是贴近市场，能够即时对收益或损失进行反映，但是，由

于将交易类资产的公允价值变动直接计入损益、可供出售类资产的公允价值变动计入所有者权益,这种计价方式无疑会增加商业银行资产和负债的波动性。混合计价方式(mixed attributes model,即对交易类和可供出售类资产按照公允价值计价;对持有到期的投资、贷款和应收款按照历史成本计价)的现行会计准则,进一步增强了财务报表的波动性。

更为重要的是,公允价值计价规则会加剧金融体系的顺周期性。在经济上行阶段,资产价格持续上涨,以公允价值计算的银行资产、资本和收益均随之增长,商业银行扩张信贷的冲动进一步加剧,经济泡沫日益严重;而在经济下行时期,价格下跌会导致资产立即缩水,形成亏损并打击市场信心,加剧市场的恐慌性抛售和流动性紧缺局面,形成"价格下跌—市值缩水—资本减少—抛售—价格继续下跌—经济加速衰退"的恶性循环,使宏观经济进一步恶化。

Enria(2004)的实证分析表明,在公允价值准则下,来自房地产行业的危机将造成银行资产3.2%和资本与储备54%的损失;而在传统的会计准则下,损失则只有1.6%和26%。IMF(2008)采用16家美国、欧洲大型金融机构2006年底资产负债表数据所作的模拟分析,进一步证实了公允价值准则的顺周期性,并表明在流动性短缺的情况下,公允价值准则还会进一步放大资本的周期性波动。总而言之,从单个机构在正常的经济金融环境中运行的实践来看,公允价值原则确实非常合理、科学,但是,从宏观审慎的角度来看,公允价值准则所导致的亲周期效应可能损害整个金融体系的稳定(FSA,2009)。

进一步地,公允价值的亲周期性引发了人们对会计准则基本原则的讨论。DeLaro Siere等(2009)认为,会计准则既要客观、真实地反映企业的财务状况,又要适当兼顾维护金融稳定的目标,避免再次出现此次危机之前鼓励追求短期收益的激励机制。IMF(2008)也认为,会计准则、审慎监管和风险管理关于估值的理念和方法应当更加协调一致。G20(2009)则建议会计准则制定者和银行审慎监管者加强合作,寻找能够兼顾维护金融稳定与真实反映财务状况目标的有效解决方式。这也是各国今后建立宏观审慎监管框架需要解决的一个重要问题。

二、缓解公允价值亲周期性的监管制度选择

关于公允价值准则所导致的亲周期性,目前国际银行业较为统一的观点是:公允价值虽然在具体运用过程中产生了一些问题,但仍然是目前能够找到的最

恰当的资产计价方式。若改用历史成本计价，将会使很多会计信息失去意义，进一步增加估值的不确定性，降低金融机构的透明度，更不利于投资者进行决策和监管者实施有效监管。正是从这个意义上说，当前危机后改革的着力点，并不是废除公允价值准则，而是对现有的公允价值准则进行完善和改革，使其能够更好地服务于金融体系的稳定。

1. 明确对流动性不足的复杂金融产品的估值方法。从公允价值的定义来看，适用公允价值的应当是自愿、公平、有序的市场交易，但在此次国际金融危机中，对于很多流动性不足的复杂结构性产品，自愿、公平、有序的市场交易在危机前或危机中并不存在，其所形成的价格也并不符合公允价值的运用条件，但是，市场主体不得不按照极低的市场价格对之进行公允价值计量，进而导致夸大的账面损失，助推了亲周期效应。实际上，当前对金融产品的估值严重低估了流动性风险，确定合理的流动性风险溢价将是健全完善公允价值准则的首要任务。

2. 严格健全金融机构内部的估值机制。由于交易不活跃的金融工具需要参考同类产品或运用模型进行估值，估值模型的假设前提和参数的可靠性必然会在很大程度上影响公允价值的准确性，公允价值的结果将不可避免地带有较强的主观色彩。况且，依赖模型估值的第二、第三层次的金融工具在使用公允价值准则的金融工具总量中的比重正在日益增加。因此，健全金融机构内部的金融工具估值机制，提高公允价值的科学性，是当前的紧迫任务。据 IMF 统计，美国和欧盟金融机构适用公允价值的资产中就有 69% 为并不按照活跃市场价格估值的第二层次金融工具。据 BCBS 统计，在危机发生之后，采用第二层次和第三层次方法估值的金融工具比重又进一步增大。当前，亟须由监管机构和外部审计师对金融机构的估值方法、模型和程序进行严格检查，确保商业银行建立良好的估值治理结构和内部控制程序，使用可靠的来源广泛的估值输入信息，建立独立的估值验证机制，在银行内部并向利益相关者充分披露估值的不确定性。

3. 对使用公允价值存在困难的金融工具建立估值储备或进行估值调整。对于使用公允价值计价存在较大难度、估值不确定性很高的金融工具，特别是市场流动性不足、需要使用不可观察的参数进行模型估值的金融工具，可以考虑通过建立估值储备或估值调整的方式，防止在估值结果不确定时高估银行利润。有关监管组织提出，对于该类金融工具，可建立多元化的定价模型或方法，使用不同的输入变量或假设，对不同模型或方法得出的定价结果进行反复比较，并进行压力测试。但是，对于估值储备大小的确定或估值调整的具体做法、相关的内部管理程序和披露要求，还需会计标准制定者和监管当局进行深入研究并作出明确规定。

4. 增强对估值机制及结果的信息披露。考虑到对不活跃市场交易，特别是流动性不足的复杂结构性产品确定公允价值具有较大的主观性和不确定性，应要求会计主体对其采用的估值方法、模型、假设前提和参数在市场上给予更充分的披露，并进行敏感性分析，以便投资者自行判断其所用的公允价值是否合理。

三、危机之后全球改进国际会计准则所采取的举措

本轮国际金融危机之后，美欧各国都纷纷掀起了会计制度改革的热潮。2008年9月30日和10月10日，美国证监会和财务会计准则委员会分别发布了关于在不活跃市场情况下确定金融资产公允价值的指导意见，强调不能简单依赖不活跃市场的交易价格，允许金融机构更多地通过对价格下跌时间长短、跌幅和市场流动性的判断，并借助内部估值模型和假定条件，确定金融资产的公允价值。2009年4月，美国财务会计准则委员会（FASB）决定放宽按公允价值计价的会计准则，允许金融机构在证明市场流动性不足、价格不正常的情况下，可以用其他合理的价格估算方法估算自己的资产价格，给予金融机构在资产计价方面更大的自主判断空间和灵活性。2008年10月15日，欧洲议会和欧盟成员国政府决定修改欧盟的市值计价规则，以避免资产价值在市场动荡中被严重低估，帮助金融机构更好地渡过当前的金融危机。

最富有成果和建设性的改革当属国际会计准则理事会自2008年以来所启动的系列制度变革。

2008年10月13日，国际会计准则委员会（IASB）宣布修改会计准则的相关条款，允许会计主体在异常情况下对衍生品之外的金融工具重新进行分类。其中，将划为交易类的债券重新分类，意味着如果金融机构有意愿且有能力持有到期，可以按分类当天的市价入账而不必随波动的市值计算盈亏，也就是可以将亏损滞后反映。在市场持续下跌的情况下，这有助于改善金融机构的业绩，减轻金融机构补充资本的压力。

2011年5月12日，国际会计准则理事会（IASB）正式发布《国际财务报告准则第13号：公允价值计量》（IFRS13），进一步完善统一了公允价值定义、公允价值计量和披露要求，标志着全球高标准会计准则建设取得重大进展。其

内容主要体现在三个方面。

1. 建立公允价值估价层级，进一步明晰公允价值估值的信息基础。将对金融工具的估价信息明确为三个层级：第一层级信息为报告主体可以在活跃市场获取的资产负债价格信息，该价格信息对于公允价值计量最为可靠，除特殊情况外，无须调整即可直接用于公允价值计量；第二层级信息为除第一层级信息外可以直接或间接观测到的信息，资产或负债有特定期限的须为其完整期限可观测的信息，该层级信息在计量公允价值时需根据资产负债特定因素进行调整；第三层级信息为不可观测信息，仅在相关可观测信息无法获取的情况下方能使用，报告主体还需在考虑市场参与者假设和满足公允价值计量目标的情况下，运用可以获取的最佳信息对不可观测信息改进。估价层级要求优先使用活跃市场中的价格，尽量避免使用不可观测信息。

2. 健全公允价值的计量要求，进一步明确公允价值估值的机制安排。一是报告主体计量公允价值时应选择交易有序的主要市场，如果主要市场缺失，则要选择相对最有效的市场。二是公允价值估值一般不允许价格调整，但公允价值估值由于市场交易过程中考虑溢折价因素而使用溢折价的情形例外。三是对列入报告主体股东权益项下的金融工具估值时，应从持有该金融工具资产的市场方角度判断。四是对于目前市场上主要采取的市场价值法、成本法和收入法三种估值技术，报告主体在计量公允价值时应选择最合适的估值技术，且必须有充分数据支持，尽可能使用可观测数据。

3. 完善公允价值的披露要求，进一步严格公允价值估值的市场约束。当公允价值的计量主要使用不可观测信息（第三层信息）时，需披露估值过程、描述公允价值对估值依据信息变动的敏感性，尤其是存在多个不可观测估值依据信息时还需描述其信息之间的相关性，分析并披露该估值对某段时间内利润、损失或其他综合收益的影响。

第六节 压力测试

一、压力测试的概念及功效

（一）概念

近年来，压力测试越来越被公认为是抵御经济周期变动、削弱银行体系亲周期性的重要监管工具，重要性和可接受程度不断增强。从 2000 年开始，国际清算银行全球金融体系委员会（BCGFS）每年从全球选择大约 70 家大银行，对其进行压力测试的情况进行调查并发布调查报告。由国际货币基金组织和世界银行共同推动的金融部门稳定评估规划（FSAP）也对压力测试进行了诸多实践总结。巴塞尔银行监管委员会于 1996 年发布的《资本协议关于市场风险的补充规定》中已经强调了压力测试的重要性，2004 年的《巴塞尔新资本协议》进一步规定，在评估资本充足率时，采用内部评级法的银行必须建立其合理的压力测试过程。始于 2008 年的全球金融危机则进一步使监管部门意识到了压力测试的重要性，2009 年 5 月巴塞尔银行监管委员会发布的《稳健的压力测试实践和监管原则》强调提出，压力测试应独立于其他风险管理工具，并形成对风险价值与经济资本模型等其他风险管理工具的补充。

最早提出压力测试的国际证券委员会（IOSCO）指出，压力测试是假设市场在极端不利的情形下（如利率急剧升高、股市急剧下挫，乃至发生战争、自然灾害等情形），分析商业银行资产组合所受到的影响；IOSCO（1999）进一步指出，压力测试是将资产组合所面临的极端但可能发生的风险加以认定并量化的重要手段。根据国际货币基金组织的定义，压力测试（stress testing）是指利用一系列方法评估金融体系承受罕见但可能的宏观经济冲击或者重大事件的过程。有学者（Berkowitz，1999）提出，压力测试的特点是关注"尾部"事件对商业银行风险的影响。中国银监会发布的《商业银行压力测试指引》则指出，压力测试是一种以定量分析为主的分析方法，通过测算商业银行在遇到假定的小概率事件等极端不利情况时可能发生的损失，分析这些损失对商业银行盈利能力和资本、流动性带来的影响，进而对单家银行、银行集团和银行体系的脆弱性作出评估，并采取相应的风险防范措施。从方法上看，压力测试主要包括敏感性分析（sensitivity analysis）、情景分析（scenario analysis）、最大损失分析（maximum loss）和极值分析（extreme value theory）四种，在实际中前两者应用最为广泛。

通常认为，压力测试是传统的 VAR 风险管理技术的重要补充。较之于 VAR，压力测试具有以下优点：一是 VAR 模型只能在一定的置信水平下给出估计值，反映的是风险的日常变化状况，缺乏对最大可能损失的估计能力和对"尾部"分布事件的处理能力，而压力测试关注的对象正好是这些在非正常市场环境下被 VAR 所忽略的风险；二是以历史数据为基础的 VAR 模型无法衡量缺乏数据的新产品或未来的经济状况，尤其是类似金融危机这样的离散情况，压力测试则以其特殊的敏感性分析或者情景假设的方法对未来的市场情况给予理性的预测；三是VAR模型无法衡量各种不同风险之间的关系，而压力测试则可以对各种风险之间的关系和组合状况进行综合评估；四是VAR模型基于的部分假设并不符合市场的真实情况，如对于股价报酬率的正态假设，而现实中的股价报酬率往往出现"厚尾"现象，因此很多商业银行应用压力测试中的敏感性分析来修正VAR模型下的正态分布假设；五是加总的压力测试（aggregate stress testing）结果能够暴露出许多VAR模型无法识别的在单个经营层面并不严重的风险，并且压力测试能够处理传统VAR模型无法处理的具有非线性特征的资产风险衡量。当然，由于压力测试仅仅考虑了损失发生的各种背景，并没有给出与之相对应的发生概率。由于极端事件发生的概率往往都非常低，所以很多商业银行都质疑运用测试结果采取风险防范措施的可能性。

对于压力测试来说，有几点非常重要。一是有效的治理架构。董事会对压力测试整体项目负最终责任，高管层负责项目的实施、管理和监督。二是强有力的基础设施。商业银行应拥有稳健、强有力的基础设施，具备足够的灵活性，以开展不同层面的压力测试。该基础设施应能使商业银行快速加总某一给定风险因子、产品或交易对手的风险暴露，并能根据具体情况对方法进行修正。三是兼富前瞻性、动态性和多样性的压力测试方案。压力测试防范应该包括前瞻性压力情景在内的一系列压力情景（包含一系列事件情景和不同严重程度），能够充分考虑到各种因子和风险要素之间的相互作用和反馈效应，能够体现资产组合结构的变化以及以往传统的风险管理或压力情景所无法反映出的新风险可能性。特别重要的是，压力测试方案应提及那些能够对银行规模或是声誉造成极大损失和危害的事件。四是适当科学的频率。商业银行可定期开展常规压力测试，也可在特定情况下开展临时的专项压力测试。

（二）功效

压力测试作为银行内部风险管理的一部分，属于重要风险管理工具，在提供前瞻性的风险评估、完善流动性和资本规划程序、明确银行的风险承受能力等方面具有重要功效。

1. 全面风险管理的重要组成部分。压力测试应成为银行整体治理和风险管理文化的组成部分。压力测试应包括各个层次的风险管理活动，应与全面风险管理相结合，但同时又要独立于其他风险管理工具，并形成对其他风险管理工具的补充。压力测试应当包括从基于特定风险因子变化的简单敏感性分析到考虑压力测试事件中资产组合系统性风险因子之间相互作用的较复杂的测试。

2. 检测模型的稳健性和有效性。由于压力测试可模拟以前没发生过的冲击，所以，监管当局和商业银行可以借助压力测试评估那些反映经济金融环境发生可能变化的模型的稳健性和有效性。

3. 内部资本充足评估程序（ICAAP）的重要环节。压力测试应成为内部资本充足评估程序（ICAAP）的组成部分，并应在银行与监管当局之间的沟通以及银行内部交流风险状况方面发挥重要作用。

4. 监管者应对银行体系逆周期性的重要手段。压力测试是银行监管者应对银行体系亲周期性的重要政策工具，是监管当局对商业银行进行风险监管的有力手段。除自身开展监管角度的压力测试外，银行监管当局还要积极推动商业银行开展压力测试，并对商业银行的压力测试实施有效的监管。由于监管部门所做的压力测试偏重于宏观经济压力情景，与商业银行日常风险管理范式不同，是更广范围内对一国金融体系稳健性的评估，有助于银行监管部门更好地了解金融体系的脆弱性和单个商业银行的风险，进而维护整个金融体系的稳定。

二、压力测试监管的重点

作为监管部门，为应对银行体系的逆周期性，应重点针对压力测试实施以下方面的监管。

（一）监管治理架构

良好的治理结构是压力测试得以顺利进行的前提条件。监管当局应从以下几个维度对压力测试进行监管：一是评估商业银行是否符合巴塞尔银行监管委员会提出的有关稳健压力测试实践要求；二是核实商业银行董事会是否对压力测试切实负起最终责任，高管层是否积极参与压力测试项目；三是检查商业银行是否已将压力测试纳入银行内部资本充足性评估程序（ICAAP）以及银行流动性风险管理框架；四是评估压力测试分析对银行不同管理层决策行为的影响，包括对董事会和高级管理层的商业战略决策的影响。此外，监管当局最好还能要求商业银行定期向监管部门报告基于全行范围内的压力测试结果，并积极与高级管理人员就压力测试中的重大问题定期交流。

（二）监管模型及测试过程

监管当局应具备在数量模型构建、模型分析、数据质量检测等方面足够的技术水平，以评估压力情景假设范围的合理性和完备性，评判压力测试方案的严密性、前瞻性和针对性。

1. 评估主要假设的有效性。监管部门应能够审查压力测试所设定的主要假设，并考察在现有或潜在的市场条件变动下，假设是否仍具有一定的关联性和有效性。这些假设应与潜在压力事件出现的可能性、规模，与压力测试影响的严重程度、整个风险框架以及其他风险限制或风险缓释政策相匹配。

2. 评估情景模拟的有效性。监管当局应当评估并审查商业银行压力测试情景假设的范围和严密性。这些情景必须在理论上合理，在现实中与银行自身的风险状况以及业务结构相匹配。在此基础上得出的压力测试结果，如果影响过低或风险缓释措施不现实时，监管当局应回过头来对压力测试所采取的方法和情景进行深入检查。

3. 评估数据的有效性。监管当局应对压力测试中输入参数的取值进行监管，重点审视商业银行的压力测试是否具有良好的数据基础，是否恰当使用敏感性分析的输出值。

（三）将测试结果用于监管

在《巴塞尔协议Ⅱ》框架的第二支柱（监督检查程序）下，监管当局应审查银行压力测试结果，并将其作为银行内部资本充足性评估和流动性风险管理审查工作的一部分。特别是监管当局在评估银行资本和流动性充足性时，应将前瞻性压力测试结果考虑在内。因此，监管当局应重点评估以下几个方面：一是压力测试背景下银行未来的资本供给和资本需求状况，并据此评判商业银行现实及潜在的资本充足状况；二是评估压力测试结果下商业银行为应对资本不足所采取的补救措施的合理性和有效性；三是评估压力测试结果下商业银行的流动性需求和流动性充足性状况，以及为应对潜在流动性危机商业银行所采取的补救措施的合理性和科学性。

（四）实施监管角度的压力测试

监管当局应考虑实施基于普遍情景的压力测试，并推动其测试结果与商业银行自身压力测试结果之间的互补关系能够在商业银行中达成共识。由于监管压力测试被用于评估宏观层面的银行风险，且其设置的一般情景不能根据个别银行的单独特征进行调整，因而，单独的监管压力测试对商业银行来说是不够的，而仅仅是对银行自身压力测试方案的有效补充。只有两者的有效结合，才能真正发挥好压力测试的作用。

监管部门所做的宏观经济压力测试，主要包括下列三个主要步骤。一是情景选择和设定。主要是监管当局首先对宏观经济环境进行分析并确定在此宏观经济环境下压力测试下的极端事件，这些事件组成了单变量或多变量的情景。一般情况下，情景应设定在发生概率很小，但仍有合理性的范畴，况且即使已知损失大于某一设定金额的可能性很小，但当损失一旦发生，其后果足以牵涉银行能否永续经营的问题。一般包括下述情景：外部冲击触发房价的突然下跌；负的财富效应对消费支出的向下拉动作用，使得经济扩张突然终结；海外投资者对本国银行失去信心，汇率急剧下跌，资本账户下债务骤然增加等。二是情景分析模型化。这个阶段的主要任务是在选定的情景下，审慎选定模型，在此基础上将所设定的情景转化为一定时期内（如三年）的主要经济变量，构建并运行恰当的模型。三是估计模型结果。将情景模型化之后，监管当局与商业银行的工作是测试既定情景下，外部冲击对各银行利润、破产概率和风险承受力以及银行信贷资产组合等造成的不利影响。在估计银行利润变化时，主要分析对净利息收入、抵押贷款违约率、坏账损失等产生的影响，以及最终对商业银行偿付能力（流动性管理能力）所造成的冲击。通常情况下，监管当局可设定不同程度的压力，针对特定商业银行多次进行压力测试，从而更加准确地判断出影响商业银行偿付能力的因素，更加快速地找出防范化解商业银行风险的举措。

三、压力测试中的信息披露

压力测试是新资本协议中最为重要的风险预警工具之一，2009~2010年，美国和欧盟先后对银行机构进行了压力测试，对促进金融体系稳定、维护市场信心起到了积极的作用。但是，由于两者在信息披露方面的做法迥异，因而压力测试的效果呈现出较大的差别。

2009年2月至5月，美国联邦银行监管机构（包括美联储、货币监理署、联邦存款保险公司）在期间对辖下资产超过1 000亿美元的银行控股公司（BHCs）实施了压力测试。该测试假设了一个比预期走势更为恶劣的宏观经济环境，进而考察银行控股公司的资本能否支持其继续向具有信用能力的贷款人发放贷款。那些在评估中被监管者认为资本不足的机构，需要在公开市场或通过财政部的资本援助项目发行强制转换债券凑集并补足资本。该压力测试的实施过程是：第一步，监管机构给定基本环境假设和恶劣环境假设，前者为2009年2月对经济发展预期所达成的共识，后者设定为比基本环境恶劣得多的宏观经济。在这两种假定下，金融机构分别预测自身的损失、收入和贷款损失准备金情况。第二步，监管机构获得初始预测值后，对其加以审查和调整，并从金融机构收集大量有关其贷款与证券组合、交易账户、衍生品头寸等数据，据此对金融机构的未来收支以及准备金作出独立预测；之后，由150多名经济学家、金融分析师、律师、会计师等专业人士对最后预测值进行审查和分析。第三步，监管者把2010年设定为更为恶劣的经济环境，在此环境下利用最终预测值比较及计算金融机构资本的数量和构成，凡是一级资本总值低于风险加权资产的6%或者一级资本中的普通股低于风险加权资产的4%的机构都需要额外补充资本金。

美国监管当局在这次压力测试中一直非常重视信息披露，力求向相关各方提供充分的信息。一是及时公布测试计划。在政策推出时，美国联邦银行监管机构于2009年2月10日联合发布包括压力测试和资本援助计划（CAP）在内的金融稳定计划，公布了压力测试具体实施步骤，包括假设情景、估算指标、核对方式、弥补资本计划具体方式和上交时间。二是及时进行政策澄清。2月23日美国政府就具体的资本补充方式进行了说明，公布了资本援助计划细则，2月24日美联储主席伯南克明确向国会表示测试结果不能作为银行国有化依据。三是及时公布测试方法。在4月24日发布的白皮书中，说明了压力测试的模型构建、预计损失、资本缓冲、投入产出和具体方法。四是及时公布测试结果。在5月7日市场结束交易后公布了测试结果，美财长盖纳特就测试结果发表评论，认为结果好于预期。美联储风险分析部高级经济学家Pritsker特别强调了金融恐慌时期中央银行提供透明度信息的重要性。他认为，商业银行的信息透明度处在中间地带，压力测试中政府进行的横向水平化检查能减少银行的不透明度，增加投资者信心，同时不确定性的降低会减少流动性准备金和债务、存款担保等措施的成本，因此在危机期间应尽快组织实施压力测试。压力测试预测了银行未来的趋势，提高了投资者和分析师的信息量，从而潜在减少了恐慌。在保证压力测试全过程公正、操作得当、结论客观的前提下，压力测试透明度越高，越能够缓解市场对金融系统不确定性的担心，引导市场良好预期，重建市场对金融体系的信心，确保整个金融体系的稳健。

相反，2010年5月欧盟开始的压力测试从短期看对于提升欧元区的信心有一定成效，但由于信息披露不充分，从标准普尔500指数（S&P500）对美国压力测试和欧盟压力测试的反映可以看出，欧盟压力测试提振市场信心的效果明显弱于美国，市场对于压力测试结果的可靠性、欧债问题以及银行系统的抗风险能力仍然心存疑虑。这种披露缺陷主要表现在以下方面：一是援助计划细则一直未定。在测试过程中，欧洲各国政府一直未说明将如何处理未通过测试的银行，也未说明个别政府或欧盟是否提供额外资金援助，未向市场传递明确的信息，引发了市场疑虑。美国政府在测试之前就表明态度，即要求未通过测试的银行先自行到市场上融资，如果自主融资失败，需要以苛刻条款接受美政府注资。二是部分银行未披露其所持主权债券头寸。本次压力测试的主要目的就是释放主权债务压力，而包括德意志银行在内的6家德国银行和希腊ATE银行未照要求完全公布其与主权债务危机相关的财务信息。这不仅引发了市场对德国银行和希腊ATE银行隐瞒风险的担忧，还部分减弱了整个压力测试结果的可信度。三是未公布部分关键数据。各国主权债在银行的交易账户（trading book）与银行账户（banking book）之间的分布，银行对于国债及其他银行债的相互敞口数据等关键信息都未得到及时披露。

在吸取美国、欧盟压力测试信息披露经验及教训的基础上，笔者认为，压力测试结果作为监管举措的重要依据，其测试全过程的信息都应向监管当局披露，且披露的内容应至少涵盖以下方面：测试的参数、模型；采样的范围、采取的方法、测试的时间进程；测试结果，包括阶段性结果和最终结果。并且，压力测试信息要注重向社会的公开披露，全面提高压力测试的透明度，确保压力测试信息潜在价值的最大化。

四、压力测试的局限性

长期以来，宏观压力测试被视为一种令人满意的逆周期监管工具。但在危机爆发之前，一般都未能识别出显著的脆弱性。实践表明，在本轮国际金融危机之前，各国中央银行和IMF等国际金融组织都先后针对宏观金融的稳定性进行了大量的压力测试，但是，基本上这些压力测试都没有能够发现实体经济和银行体系潜在的重大脆弱性。在国际货币基金组织2005年到2007年上半年之间所做的金融部门评估规划（FSAP）中，三分之一的宏观压力测试结果，即便面临非常严重的不利情景，大部分国家的银行系统仍能保持稳健的表现。那么，是什么原因导致了压力测试的失效呢？主流的观点认为，主要存在三个方面的原因：一是模型失效，即压力测试模型的结构性假设与实际情况不符；二是情景失效，除非宏观经济在危机爆发之前就已经恶化，大多数基于历史数据的压力情景都不够严峻,远不如实际危机来临时可怕;三是关系失效,由于危机中的统计关系趋于崩溃,压力测试模型不够稳定。

(一) 模型假设不合理

压力测试的通常做法,是通过识别出一系列影响信用风险或市场风险暴露的风险要素,并针对这些风险要素产生的影响,建立起一个市场风险或信用风险模型。这些压力测试模型一般作出"国内实体经济的衰退是银行危机的重要原因和推动因素"的假设。然而,这个观点是非常值得商榷的。一是并非所有银行业危机都由实体经济的衰退所引发。虽然 Gorton (1988) 认为,银行业危机是由对基础经济的冲击驱动的,但是,Diamond 和 Dybvig (1983) 提出,即便是在良好的经济条件下,危机也可能会出现,经典的基于恐慌的银行挤提模型可能是最明显的例子;Minsky (1982) 和 Kindlegerger (1996) 进而认为,金融危机是不同时期冒险行为累积的结果,不一定非得以实体经济的显著冲击为前提。二是多数情况下,在一国银行业发生危机前,其国内宏观经济仍相当强劲。实证研究显示,在 75% 的情况下,在危机爆发前,宏观经济表现优于平均水平。在本轮国际金融危机中,很多从 2007 年开始进入危机的国家直到危机爆发后半年,其实际 GDP 增长率仍在 2.5% 左右波动,之后才开始出现急剧下滑,并在危机爆发两年后仍保持负增长。

(二) 情景很难真正模拟危机

情景选择的准则是严峻且有说服力的。一般而言,情景的构建都是基于历史数据,要么是简单复制历史压力事件,要么是以历史分布标准差的倍数表示风险因素的冲击。例如,英国在 FSAP 项目中选择的情景大致是某一变量偏离均值 3 个标准差,相应来说,统计分布则以英格兰银行宏观模型的误差变量为基础 (Hoggarth 和 Whitley, 2003)。当然,少数压力测试纯粹通过假设的方法构建情景,但即使在这种情况下的假设也是直接或间接以历史数据为基础的。

问题恰恰是以历史数据为基础构建压力测试的情景并不可靠。在接近 70% 的案例中,假设的压力场景的严重程度达不到实际水平。特别值得注意的是,在国际货币基金组织选取的 11 个经历了 2007 年危机的样本国家的压力测试中,测试结果都无一例外地比实际情况乐观。确切地说,如果危机发生前,宏观经济已经出现恶化,压力测试能够较为有效地估计危机带来的负面影响,而如果危机发生前经济保持着较高增速,超过 80% 的压力测试结果过于乐观。

出现这种结果可能有三方面的原因：一是使用的模型过于简单，无法获取宏观经济的反馈信息；二是无法获取为抑制银行业危机负面影响而采取的政策措施所带来的影响；三是所观察和所使用的数据的期限不够，就是说，应该进一步扩展数据的历史空间。Haldane（2009）的研究显示，对英国来说，就股票价格和 GDP 增长率而言，如果将视角分别扩展至 1693 年和 1857 年，这次危机与以往的危机并无很大区别，如果只考虑过去 10 年的数据，GDP 和股指的波动程度则非常显著。

（三）模型不具有稳定性

在任何预测或模拟实践中，模型的稳定性都是一个隐含的重要假设。对于压力测试模型，通常假设在预测的危机发生前，相关风险变量的统计关系在危机期间同样适用。然而，事实上并非如此，一旦危机发生，危机之前所假设的有关变量的统计关系通常会失效。在国际货币基金组织研究的 43 个样本国家中，28 个（占 65%）样本国家有关变量的统计关系在危机发生后失效，模型变得非常脆弱，缺乏对现实损失和危机蔓延程度的解释力。

出现这种模型失效的一个重要原因，就是模型所包含的方程的复杂性。一般来说，模型只考虑了一个变量，而前沿的压力测试模型可能包含上百个方程，且一个方程通常是在另一个方程的基础之上估计出来的。要让模型整体具备稳定性，必须保证所有方程都具有稳定性。显然，要做到这一点是非常困难的。更何况，根据行为金融学理论，大部分人还具有"从众心理"、"羊群效应"和"动物精神"，从而使得模型的稳定性和解释力进一步下降。

五、对我国银行业开展压力测试的政策建议

中国银监会自成立以来，就对压力测试高度重视，将之作为有效银行监管的一个重要手段来抓。自 2003 年开始，中国银监会就组织国内几家大型银行进行压力测试的实践，并指导其对信用风险、市场风险、操作风险、流动性风险进行初步的压力测试；2007 年中国银监会还专门颁布了《房地产贷款压力测试指引》；2008 年，中国银监会向广东、江苏、浙江、上海、北京、深圳和宁波等银监局发布了《关于开展重点地区房地产贷款压力测试的通知》，对上述区域的房地产贷款开展了压力测试。近 5 年来的实践表明，压力测试在房地产贷款风险监管中发挥了非常有效的作用，不但有效地促进了商业银行的房地产贷款风

险管控,而且在社会上引起了广泛影响,有力促进了国家房地产市场宏观调控政策的顺利实施。为进一步做好压力测试,我国银行业应注重以下几点。

(一) 压力测试应立足于有效监管

监管部门应对商业银行压力测试的方案设计、情景模拟、假设设定和模型选择等全方位过程给予严格监管,同时评估商业银行压力测试结果的有效性以及严重压力背景下资本及流动性危机补救措施的有效性和可行性。监管部门应通过严格监管,确保商业银行董事会对压力测试负起最终责任,高管层已经充分重视和介入压力测试,并已经将压力测试切实纳入全面风险管理框架和内部资本充足性评估框架。客观来说,由于对压力测试的全方位、全过程监管需要大量具有一定计量经济学功底和数学模型功底且有成熟市场经验的专业人士,因而我国银行监管部门当前在人才方面还需要加强。这对目前的中国银监会来说尚属挑战。

(二) 压力测试应着力于情景模拟

情景模拟是压力测试中最为重要的环节。当压力测试的影响很弱甚至不可信或者实施风险减缓措施不现实时,监管部门就应该对情景模拟提出相应的质疑。监管部门应重点评估风险情景模拟是否与银行设定的风险偏好相一致,必要时可要求商业银行采用监管部门设定的情景进行压力测试,而不是采用银行自身设定的情景开展压力测试。客观来说,目前,我国银行业压力测试的情景模拟还停留在较为初步的阶段。如信用风险的压力测试情景仅仅涉及宏观经济衰退、行业景气下降、房地产市场回落、外贸状况恶化和小企业经营萧条等方面;市场风险压力测试仅仅针对利率、汇率和资产价格变化的情景;流动性风险的压力测试仅仅涉及准备金率变化、主要公司客户退出等情景。情景的针对性和多样性迫切需要进一步提升。

(三) 压力测试应服务于风险防范

风险防范,既是压力测试的出发点,也是压力测试的落脚点。监管部门必须使商业银行牢固树立这个意识。商业银行应该充分利用好压力测试结果,根据严重压力背景下的资本及流动性危机状况,切实制订出有效的资本补充和流动性缓释计划,真正做到防患于未然,成功应对经济周期变化(宏观经济形势变化)给商业银行经营可能带来的负面冲击。当前,可以说我国商业银行压力测试工作已经做得比较好，但是，对测试结果的运用还远远不够，真正根据压力测试结果，建立起相应有效的风险防范措施（主要是流动性缓释计划和资本补充措施）尚待时日。这恰恰是最重要的，是商业银行进行压力测试的逻辑起点。

第三章 流动性监管

第一节 危机之后巴塞尔委员会对流动性风险管理的新政

流动性风险是指商业银行虽然有清偿能力,但无法及时获得充足资金或无法以合理成本及时获得充足资金以应对资产增长或支付到期债务的风险。流动性风险是商业银行日常经营中所面临的主要风险之一,直接影响着商业银行的清偿能力,能够对商业银行的支付能力和经营持续性产生直接冲击,因而一直备受国际金融界的高度关注。《巴塞尔新资本协议》第二支柱第一项原则即要求银行应具备评估包括流动性风险在内的所有实质性风险的程序和能力,巴塞尔银行监管委员会颁布的《有效银行监管核心原则》也提出监管当局应为银行制定流动性风险管理指引。此次金融危机中的英国北岩银行破产及美国国际集团、摩根斯坦利、贝尔斯登等大型国际投资银行的危机,更是一本揭示流动性风险极强的破坏力的生动教材,它深刻表明市场流动性状况可以在短期内急速逆转并维持相当长时间,再次凸显流动性风险管理对于金融市场稳健运行的重要性。鉴于此,加强流动性风险监管已经成为危机之后巴塞尔银行监管委员会加强金融监管的重点。

一、颁布《稳健的流动性风险管理和监管原则》

2008 年 6 月,巴塞尔委员会发布《稳健的流动性风险管理和监管原则》(征求意见稿),对其在 2000 年发布的流动性指引进行了重大修订,提出了关于流动性监管和管理的重要原则。这是危机后巴塞尔委员会针对流动性监管改革出台的第一个新政。其主要理念及措施如下。

(一)明确流动性风险管理和监管的基本原则

商业银行应建立有效的流动性风险管理框架,以确保银行保持充足的流动性,能够实现稳健经营。对于商业银行流动性风险的管理框架和流程,监管部门应定期给予评估;根据评估结果,监管机构应督促商业银行对其缺陷迅速予以整改,尽量限制该缺陷可以给宏观金融体系造成的负面作用,以保护广大存款人的利益,维护全球金融体系的稳定。

(二)明确流动性风险管理的治理架构

一是商业银行应明确与其业务战略及其在金融体系中地位相称的流动性风险容忍度。二是高管层应制定出基于该行风险容忍度的流动性风险管理战略、政策和措施,以确保银行具备充足的流动性。高管层应持续监查银行的流动性状况,并定期向董事会报告。董事会应定期检查和审批商业银行中与流动性管理相关的战略、政策和措施,督促高管层对流动性风险进行有效管理。三是商业银行在产品定价、绩效考核及业务创新中,应综合考虑流动性的成本、收益和风险,从而使各项业务所带来的激励能够与其相应造成的流动性风险相一致,切实防止流动性风险创造主体和承担主体的分割,降低外部性,增进激励相容。

(三)设定流动性风险的计量与管理原则

一是全面监测现金流。商业银行应建立健全一套针对流动性风险识别、计量和监测的程序,以确保其能够对各项业务所产生的现金流给予实时监测。二是强化流动性风险敞口管理。商业银行应积极管理流动性风险敞口及其资金需求,全面审视各法律实体、各业务条线对资金尤其是相应币种的需求,积极采取措施,确保各业务条线和下属实体的资金需求能够得以满足,流动性风险得以有效防范。三是实现融资渠道多元化。商业银行应建立起适当的融资策略,有效实现资金来源及期限结构的多元化。商业银行应定期评估本行快速筹集资金的能力,识别影响本行筹集资金能力的主要因素并对其进行密切监控管理,确保流动性风险不会爆发。四是实施即日头寸管理。商业银行应积极管理即日流动性头寸和风险,以确保其在正常和压力条件下均能及时满足各项支付和结算需求,从而坚决避免流动性危机的发生。五是强化抵押品管理。商业银行应加强抵押品管理,不但要按照是否具有留置权进行分类,而且要及时监控抵押品的持有实体及法律地位,审慎研判对抵押品的动用和处置。六是开展压力测试。商业银行应在设置不同压力情景的基础上定期进行压力测试，以识别潜在流动性压力的来源及程度，既确保当前的风险敞口能够与该行的既定流动性风险容忍度相一致，又确保该行在极端情形下产生的流动性风险能够在可控范围之内。根据压力测试结果，商业银行应适时调整流动性风险管理的战略、政策和流动性水平，制定出科学有效的流动性风险处置预案。七是应急融资计划。商业银行要针对不同压力环境下所产生的不同流动性风险，制定出相应不同的风险应对预案，特别是要设计出正式有效的应急融资计划，确保本行能够在流动性极为短缺的情形下顺利融资，避免发生因流动性危机而引发的破产。应急融资计划中，各相关责任主体的职责制度、报告线路和处理程序必须得以明确，并具有良好的可操作性。八是设置缓冲资金。商业银行应设置由一定数量、高质量、强流动性的资产所组成的缓冲资金，以满足随时可能出现的流动性危机，应对各类流动性风险的出现。

（四）要求建立流动性风险的信息披露制度

商业银行应建立起针对流动性风险的定期信息披露制度，使市场参与者能够在此基础上对商业银行流动性风险的管理策略及水平的科学性给予有效评估。

（五）重视监管机构在流动性监管和管理中的作用

一是监管机构应定期对银行流动性风险框架及水平实施整体全面评估，以判断、评估其流动性管理的能力是否与其在金融体系中的地位及其风险的实际状况相称。二是监管机构在银行流动性风险管理出现问题或流动性水平不足时，应适时采取合适的监管措施给予干预，确保流动性问题得以及时纠正和解决。三是监管机构应加强同国内外监管机构的合作，尤其是加强同东道国监管当局以及本国中央银行的合作，以提升其对商业银行流动性风险的监管能力，有效遏制各类流动性风险的发生。

二、颁布《流动性风险计量、标准和监测的国际框架》

2008年12月17日，在《稳健的流动性风险管理和监管原则》的基础上，巴塞尔委员会颁布了《流动性风险计量、标准和监测的国际框架》，其目的在于在《稳健的流动性风险管理和监管原则》的基础上，试图建立起全球一致的商业银行流动性监管标准，促进全球范围内商业银行流动性风险监管的国际协调，实现全球银行在流动性风险管理方面的公平竞争,并以此维护金融体系的稳定。其主要内容如下。

(一) 提出了新的流动性风险监管标准

可以说,新的流动性风险监管标准的提出,是危机之后巴塞尔委员会针对流动性风险作出的最大变革。

1. 流动性覆盖比率(Liquidity Coverage Ratio,LCR)。该指标的计算公式为高质量流动性资产存量与预期未来30天现金净流出量之比,监管要求是比值不得低于100%。该指标主要的目的是衡量商业银行短期应对流动性危机的能力,旨在促使商业银行尽量拥有充分、高质量流动性的资产,以确保该行至少能在30天内对这些流动资产及时变现,进而满足各种紧急情形下的资金需求,应对各种流动性危机的出现。所谓"紧急情形",一般是指以下情形:本行的公共信用评级出现重大下调、存款部分流失、未担保的批发融资出现损失、担保融资的扣减率大幅上升。该指标的参数,主要是紧急状态下高质量流动资产存量的价值和监管人员根据实际情况设置参数计算得出的现金净流出量。

针对流动性覆盖比率,巴塞尔委员会对以下几个问题进行了特别明确。

一是高质量流动性资产的定义和计算。高质量流动性资产指易转换为现金且无转换损失或转换损失较少的流动性资产,具有以下特征:信用风险和市场风险较低,价值易确定且得到公认,与风险资产相关性较低,在发达、公认的交易市场上市。一般来说,以下资产可被认定为"高质量流动性资产":现金,中央银行储备,符合风险权重为零、市场回购率较高、未通过银行或其他金融实体发行等标准的主权债券及中央银行、BIS、IMF等有价证券,政府或中央银行发行的债券。

二是预期现金净流出量的定义和计算。预期现金流出净额是指预期30天内累计现金流出量减去累计现金流入量后的金额,实际上是一个差额的概念。预期现金流出量包括预期储蓄存款支取、无担保大额融资债务的预期偿还、有担保融资债务(包括政府、BIS、IMF等机构债务)的预期偿还、其他补充债务应付款项的预期支付。预期现金流入量包括预期储蓄存款流入、大额融资流入、逆回购协议和担保融资及其他现金流入。以上要素的系数设置需根据实际情况审慎设置。

2. 稳定资金净额比率(Net Stable Funding Ratio,NSFR)。该指标为可支配的稳定资金额与该行所需稳定资金额之比,监管要求是大于100%。该指标的目的主要是督促商业银行在为其业务发展进行融资时,长期注重优先使用稳定性较强的资本来源,以提升其流动性水平及能力在较长时期内的稳定。

关于稳定资金净额比率,巴塞尔委员会特意对以下几个问题进行了明确。

一是"可支配稳定资金额"的定义和计算。可支配稳定资金包括资本金、到期日一年以上的优先股、一年后到期的负债、部分"稳定"的无限期存款和期限小于一年但可能延长的定期存款,组成及权重见表3-1。

表3-1　　　　　　　　　可支配稳定资金额的种类

权重	可支配稳定资金类别
100%	资本总额,包括巴塞尔资本标准的一级和二级资本 任何未纳入二级资本、一年或一年以上到期的优先股总额,但考虑所有明示或隐性期权,预期到期日不足一年 一年或一年以上到期的有担保或无担保的借款和负债(包括定期存款)总额,但不包括任何明示或隐性期权
85%	稳定的无限期小额储蓄存款和/或流动资金覆盖比率所定义的剩余期限不到一年的长期储蓄存款 稳定的无担保大额融资,小企业客户提供、流动资金覆盖比率所定义的无限期存款和/或剩余期限不到一年的长期储蓄存款。包括存款和借款机构的非金融小企业客户产生的其他派生资金,假设单户累计并表筹资总额低于100万欧元
70%	流动资金覆盖比率所定义的"较不稳定"无限期储蓄存款和/或剩余期限不到一年的定期存款 流动资金覆盖比率所定义的"较不稳定"无担保大额融资、无限期存款和/或由小企业客户提供、流动资金覆盖比率所定义的剩余期限不到一年的定期存款 流动资金覆盖比率所概括的,并由各辖区自主确定的较不稳定存款,包括未接受有效存款保险机制保障的存款、附加值较高的存款、熟练的个人投资者或净价值较高的投资存款,及网络存款等可能迅速抽走的存款和外币存款
50%	无担保批发融资,由非金融企业客户提供的无限期存款和/或剩余期限不足一年的定期存款
0	所有其他负债及上述资产类别之外的资产

二是"所需稳定资金"的定义和计算。"所需稳定资金"分为资产类业务所需稳定资金和表外风险业务所需稳定资金两种。组成和相关权重见表3-2。

第三章 流动性监管

表 3-2　　所需稳定资金的种类

资产权重	资产业务类别组成摘要
0	现金，货币市场工具 有效剩余期限不到一年的证券 有效剩余期限不到一年的金融机构贷款余额
5%	剩余期限一年及以上的可支配市场化证券，其权利主张对象可包括主权国家、中央银行、国际清算银行、国际货币基金组织、欧盟、非政府公共机构或多边开发银行，存在活跃回购市场的情况下，证券评级达到 AA 级或以上且按照新资本协议标准法的风险权重为零
20%	评级至少为 AA 级、有效剩余期限一年或一年以上并在深度活跃和高流动性交易市场交易的可支配公司债券（或有资产担保债券），且历史经验表明压力市场环境下具有可靠的流动资金来源
50%	黄金 列入大型资本市场指数并在主要交易所上市的可支配股本证券、有效剩余期限一年及一年以上且评级为 AA-级至 A-级并在深度活跃和高流动性交易市场交易的可支配公司债券（或有资产担保债券），且历史经验表明压力市场环境下具有可靠的流动资金来源；期限不足一年的非金融企业客户贷款
85%	期限不足一年的零售客户贷款
100%	所有其他资产
表外权重	表外类所需稳定资金类别
目前未提取部分的 10%	向自然人零售客户和法人客户（非金融企业客户，包括小企业、独资及合伙公司）以及其他法律实体客户包括金融机构（银行、证券公司、保险公司、多边开发银行等）、受托人、受益人、特殊目的实体、主权国家和中央银行、公共实体、银行附属实体和上述各类以外的其他实体
监管当局可根据本国实际设置所需稳定资金的权重	其他或有资金债务，包括如下产品和金融工具： 无条件可撤销的"可支配"信用和流动性工具 保证 信用证 其他贸易融资工具 非合同债务，如对银行资深债务或相关证券投资工具和其他类似融资工具的潜在资金需求、客户预期随时可交易的结构性产品，如浮动利率票据和可变利率通知票据（VRDNs）、以获得稳定价值为目标销售的管理基金，如货币市场共同基金或其他稳定价值的集合投资基金等

(二) 提出了一系列流动性风险监测措施

除了出台两个新的流动性风险监管指标外，巴塞尔委员会还提出了一系列流动性风险监测的指标，供各成员国监管当局参考。

1. 合同期限错配。该指标主要是要求商业银行定期开展合同到期合同错配评估，衡量本行因合同期限不匹配而需要进行期限转换的程度，从而使该行能够尽早处理可能由此导致的现金流量紧缺（可能的头寸缺口）问题，提升本行流动性需求和风险管理的有效性。指标计算过程中，应遵循"谨慎"（conservation）原则，即预期合同现金流出按最早期限计算流出，而合同现金流入按最晚期限计算预期流入。

2. 资金集中度。该指标主要反映商业银行资产项目的大额敞口，通过限定商业银行大额资金来源的集中度，以防止商业银行在资金来源上过于集中于某一交易对手、某一金融产品或某一货币，促使商业银行拓宽资金来源，实现资金来源的多样化，从而最终提升该行流动性风险管理的能力，防范流动性风险。一般来说，该指标有三个较为常用的监测值：每一主要对手方提供资金与银行资产负债表总额之比；每一主要产品或工具资金与银行资产负债表总额之比；每一主要货币的资产负债数额列表。凡是资金来源超过银行资产负债总额1%，均可视为"主要"。原则上来说，商业银行应将上述三个指标按1个月、1~3个月、3~6个月、6~12个月及12个月以上的时间段分别报告银行监管当局。

3. 自由可支配资产。该指标主要是指商业银行可作为担保品从二级市场或中央银行获得担保融资的自由可支配资产，用于衡量商业银行额外筹集担保融资以改善流动性的能力。原则上说，商业银行也应该将此指标定期上报监管当局。

4. 金融市场数据。宏观金融形势往往也是影响商业银行流动性风险的主要因素。本轮国际金融危机表明，市场状况深深影响着特定金融机构在危机中的资金筹措能力。正是基于该思路，巴塞尔委员会提出，应将一些反映宏观经济金融形势的市场信息也纳入监测体系。具体包括以下要素：股票市场、债券市场、外汇市场、商品市场中的资产价格指数及其走势；信用违约掉期息差、股价息差、货币市场交易价格、不同期限资金价格和周转情况、银行债券收益率及价格等金融市场数据；系统重要性金融机构的财务信息和经营资讯。

(三) 明确了流动性风险的监测措施及标准

巴塞尔委员会提出，流动性风险的监测和管理，应该进一步制度化和规定化,作为长效机制,在银行业中得到坚持,以持续提升银行业流动性风险管理的能力。具体包括以下要求。

1. 报告频率。商业银行应持续监控流动性风险,至少按月就流动性风险的管理策略、水平等关键要素向监管部门进行计量报告,并尽可能缩短报告时滞。

2. 实施范围。所有国际活跃银行(International active bank)应在并表基础上实施流动性风险的监测和管理。

3. 币种选择。商业银行应在并表基础上以统一货币报告,但应分别考虑每一主要币种的流动性需求,充分考虑危机情形下货币转换的压力和成本,防止低估流动性风险。特别需要强调的是,即使是正常时期能够自由转换的币种,银行或监管机构也不应想当然认为压力状况下能够实现转换。

4. 信息披露。各国针对流动性风险的监管措施和标准应尽量保持透明,给予公共披露,并注重从定量和定性两个层面给予披露。

第二节 美英国家加强商业银行流动性风险监管的政策举措

本轮国际金融危机之后,美国、英国监管当局纷纷认识到,流动性风险将是影响银行体系稳健经营的重要因素,加强流动性风险监管刻不容缓。自2008年以来,两国纷纷制定了加强流动性监管的政策举措。

一、危机之后美国加强流动性风险监管的政策举措

货币监理署、美联储、联邦存款保险公司、储蓄机构监理局、国家信贷联盟局和州银行监管协会等美国相关金融监管机构联合发布了《关于资金与流动性风险管理政策的联合声明》,内容涉及流动性风险识别、监测、报告、管理战略、应急融资方案与内部控制等方面规范性指导意见。主要的政策措施如下。

1. 对流动性与流动性风险的含义给予合理界定。美国金融监管机构认为,流动性是指金融机构将资产负债以合理价格顺利变现的能力;流动性风险是指当金融机构整体财务状况的安全性与稳定性出现不利变动时,单家商业银行无力或预期无力提供资金支持的风险。

2. 健全的商业银行流动性风险管理体制应包括以下八项关键内容:一是董事会积极参与流动性风险管理;二是建立合理的流动性风险管理与风险缓释策

略和程序；三是建立与业务复杂程度相匹配的流动性风险计量监测体系；四是积极管理日常流动资金头寸与担保状况；五是保证多种潜在资金来源；六是预留一定量、可在压力状态下自由交易的有价证券；七是建立全面的应急资金计划；八是具备完善的内控与内审机制。

3. 流动性风险管理需建立起有效的公司治理架构。董事会对机构流动性风险最终负责，应至少每年对本行流动性管理战略、政策与程序进行监督和审查。高管层应根据业务发展、流动性状况、资金策略等状况设定流动性风险容忍度，综合运用定性与定量方法制定流动性风险管理政策；在充分考虑流动性成本、效益与风险尤其是对重大业务活动进行流动性风险收益评估的基础上，编制流动性风险管理的战略规划和预算；根据授权确保流动性风险管理战略、政策与程序得到及时有效的执行，并向董事会定期报告流动性风险状况。

4. 商业银行应定期开展针对流动性风险管理的压力测试。压力测试的范围应兼顾本行的特有事件和市场整体性事件，测试频率与测试深入程度应与机构复杂程度和风险水平相匹配。测试结果可用于潜在流动性压力的识别量化，分析压力事件对现金流、流动性头寸、盈利及偿付能力的影响，确保当前风险敞口处于流动性风险容忍区间。压力测试结果应是流动性风险应急处置方案制订的重要依据。

5. 商业银行应建立合理的流动性风险监测及报告制度。一是商业银行应及时计算担保头寸，包括担保资产与总资产比例及可用于担保的资产数额，并在区分不同实体、不同辖区和不同货币风险的基础上分析可担保水平，按照日间、隔夜和长期分别进行系统监测。二是商业银行应对不同币种、法人实体和业务线的流动性风险敞口及资金需求进行积极监测和控制，并充分考虑流动性转移运作受限的可能。三是流动性集中度管理应与业务复杂程度和风险状况相匹配，确保并表范围和各经营实体层面均保持充裕的流动性。应同时在单一实体与集团层面进行流动性风险监控，并掌握限制集团内部流动性转移的因素。四是流动性风险报告应充分包括用于评估机构敏感性的信息，包括但不限于现金流缺口分析、资产及资金集中度、现金流预期的关键假设、早期预警与风险指标、资金来源、应急资金来源状况、担保状况及政府支持力度。

6. 商业银行应注重资金来源的多样化。一是商业银行应确保资金来源和期限结构多样化，并定期评估各资金渠道的快速筹资能力，确定并密切监测影响筹资能力的关键因素。二是商业银行应按照短期、中期和长期分别保持资金来源的多样化，尤其是中长期融资方案须考虑资金来源多样化，并与预算和业务规划保持一致。融资方案应考虑资金来源与市场状况的关联,避免资金过于集中、过度依赖单一资金来源。三是商业银行应加强对备选资金来源的识别,以提高应对流动性冲击的能力,资金来源包括但不限于以下要素:借款、存款增长、负债展期、发行债务工具、出售子行或业务条线、资产证券化、出售流动性资产;以流动性资产设定担保。

7. 商业银行应建立足够的流动性资产储备。流动性资产是多数机构进行流动性操作、获得流动性资金的重要来源,其规模应以压力测试所得出的流动性需求为基础,并保持与机构风险状况和风险承受能力相匹配。管理层应保证流动性资产的可支配性(availability),确保其未作为支付清结算机构的担保品。

8. 商业银行应制订科学的应急融资方案。应急融资方案的目标是确保商业银行在紧急状况下能够满足正常营业的流动性需求,同时对压力环境下可以利用的其他应急流动性资金来源给予事先明确。商业银行应制订可用于解决紧急状况下流动性短缺的应急融资方案,确定不同压力情形的政策、明确相关责任及执行程序,同时对其进行定期测试与更新。出现流动性问题时,商业银行应积极与交易对手、信用评级机构和其他利益相关者进行有效沟通,以降低潜在的声誉风险。与媒体交流较少的小型机构还要制订发生流动性事件的媒体应对方案。

二、危机之后英国加强流动性风险监管的政策举措

继 2008 年 9 月巴塞尔委员会公布《稳健的流动性风险管理和监管原则》之后,英国金融服务局于 2009 年 10 月 5 日公布了《加强流动性风险管理指引》,定义了金融机构流动性风险管理的新体系,并评估了新体系对英国金融机构的具体影响。其主要的政策措施如下。

1. 明确流动性风险监管的目标。FSA 认为,流动性风险监管的三个核心目标是:一是维护全球金融体系的稳定。金融体系中任一家银行发生的流动性危机,都可能会影响整个系统的稳定性,从而可能引发全球金融危机。从全球金融市场的情况来看,虽然像此次金融危机这样影响范围之广、影响程度之深的情形较为罕见,但是某个机构或市场出现流动性压力的事件极为频繁。商业银行制度固有的外部性则使得一家银行破产给整体经济带来的损失远大于其对该行管理层和股东造成的损失,商业银行本身没有足够动力保持充分的流动性。因此,有效的流动性监管,可以较好地防范全球性和区域性金融危机,银行监

管部门在维护金融体系的安全方面责无旁贷。二是保护本国存款人在跨境金融集团中的利益。本轮国际金融危机的教训表明，当一家全球性金融集团在某国的分支机构出现流动性问题时，母国监管当局或储备所在地当局可能会封锁其流动性资源，阻碍金融集团总部对分支机构实施流动性救援，以保护当地存款人利益。因此，FSA 充分认识到，对外国银行在英分支机构开展流动性监管极为重要，进而确保每一家机构都保持充分的流动性以满足经营要求，从而在其所属的国际金融集团出现问题时，英国的债权人和消费者不受影响。三是提升公众对金融体系的信心。通过要求银行加强流动性风险管理，提高银行体系抵御流动性风险的能力，将极大地增强金融消费者对商业银行体系的信心。

2. 英国流动性监管新政的核心内容。FSA 认为，从长远看，加强流动性风险管理的监管要求将极大地增强英国金融服务业竞争力。流动性风险管理能力是金融机构竞争能力的重要要素，这已被本次国际金融危机深刻表明。在对过去两年内全球金融危机中流动性风险管理所暴露出的问题进行深刻梳理的基础上，FSA 提出了一系列对流动性风险进行严格监管的举措，具体内容如下。

一是对流动资产进行了严格定义，要求金融机构持有高质量的国债、中央银行储备以及多边开发银行发行的债券，以此提高流动性缓冲工具的资产质量，确保商业银行在危机时及时获取资金。

二是对商业银行流动性管理的定量指标提出新规定：其一，要求任何一家银行均应保证流动性可以满足两周的资金纯流出的需求；其二，要求商业银行将授信额度中未提款部分以及信贷展期纳入流动性考虑范畴，以应对信贷规模扩张迅猛而引发流动性危机的情形；其三，要求商业银行尽量实施融资多源化，避免过分依赖短期信用敏感型批发融资市场和资产证券化市场进行融资的现象；其四，商业银行要注重提升其在巨额储户提款后的流动性恢复能力。

三是加强对外国金融集团在英分支机构的流动性监管，以充分保障英国存款人的利益。必要时，要求在英国的外国金融集团分支机构独立满足流动性充足与自足原则，同时 FSA 将加强母国与东道国之间的监管协调与合作。

四是强化流动性风险监测与报告制度。FSA 对金融机构提出了更为详细和频繁的报告要求，确保对商业银行体系流动性风险的监测与评估具备足够的数据基础，提升流动性风险的预警效率。

3. 流动性监管的定量要求。鉴于危机前的流动性定量指标体系无法确保商业银行在严重和长期的流动性压力情形下保持充足流动性，FSA 制定了一个量化、基于压力测试的单一机构流动性充足准则（Individual Liquidity Adequacy

Standards，ILAS）框架，其中包括单一机构流动性充足性评估（Individual Liquidity Adequacy Assessment，ILAA）、流动性监管流程（Supervisory Liquidity Review Process，SLRP）以及单一机构流动性指南（Individual Liquidity Guidance，ILG）。具体内容如下。

一是流动性监管流程（SLRP）。FSA 将根据银行的流动性风险水平，确定流动性监管频率。除检查银行的 ARROW 风险评估，以及包括资本充足率在内的其他与日常监管相关的事项外，FSA 还将检查银行的以下指标：最新的 ILAA；有关流动性风险管理系统与内部控制制度；内部压力测试与应急融资方案。

二是单一机构流动性指南（ILG）。在进行 SLRP 并完成内部确认流程后，FSA 将向银行下发主要包括银行的流动性缓冲资产数量和融资结构的单一机构流动性指南，向银行管理层通报其对该行流动性风险管理状况的判断。此外，商业银行还必须每日对其流动性风险管理实际状况与指南要求之间的差距进行动态评估，FSA 也将通过银行的相关报告对其流动性风险状况进行定期监控。

三是单一机构流动性充足性评估（ILAA）。FSA 规定，商业银行的 ILAA 应与其业务性质、规模和复杂程度相匹配，并保存评估的书面记录，以便在 FSA 有相应要求时提交。FSA 希望银行至少每年进行一次 ILAA，以确保评估发挥其应有的作用。一旦银行的业务、战略、经营性质和规模或经营环境发生变化，使得现有的流动性资源水平或压力测试假定不再充分时，银行应及时进行 ILAA。如果银行从属于某个大的金融集团，银行可以在进行评估时适当考虑其可从集团其他成员处获得流动性资源的可能性，但需要格外谨慎。FSA 指出，商业银行在进行 ILAA 时，应充分监测和分析以下风险：有抵押和无抵押批发融资风险；零售融资风险；当日流动性风险；集团内流动性风险；外汇流动性风险；表外流动性风险；特许经营期限风险；可售资产风险；非可售资产风险；融资集中度风险。

4. 流动性监管新政的影响。实施新的流动性监管制度将提升英国银行业的风险抵御能力，降低银行破产的可能性以及破产事件对股东、存款人和债权人造成的损失。即使银行在出现流动性问题时仍需要中央银行介入，但银行的大量流动性缓冲资产也能为银行及政府提供额外的宝贵时间，从而降低银行和政府解决流动性问题的成本。这样自然也会降低银行业危机可能给整个社会造成的巨大损失。

从 2007 年中起，FSA 至少每周对英国主要银行的流动性风险状况进行监测，有时甚至每日监测。作为监控工作的一部分，FSA 对金融机构在重度压力情景中的恢复能力进行测试。这些压力测试能够评估金融机构不依靠中央银行贴现窗口时承受流动性冲击的能力。FSA 的监控结果表明，新的流动性监管政策能够防止银行重蹈为追求短期利益承担过多流动性风险，银行的发展将更加健康。

第三节　危机后我国加强银行业流动性风险监管的举措

中国银行业监管部门一直高度关注商业银行的流动性风险管理，并将流动性监管置于银行监管指标体系的核心位置。通过整章建制，中国银监会对流动性风险管理提出了较为详尽的监管要求，并通过对存贷比例等一系列流动性监管指标执行情况进行日常监测、督促商业银行开展压力测试、引导商业银行优化信贷结构等方式，确保商业银行流动性充足。在监管部门的指引下，各家商业银行也积极探索出了强化流动性管理、保持流动性充足的好措施，积累了较好的流动性风险管理经验。但是，相关监管法规建设尚有待完善，对流动性风险管理的监管要求还不够系统，流动性风险监管的有效性亟须提升，同时，我国银行业流动性风险管理的技术、方法、制度体系与国际先进银行相比还存在较大差距，各商业银行流动性风险管理的水平也呈现出参差不齐的局面。本轮国际金融危机之后，中国银监会更加认识到流动性风险监管的重要性，出台了一系列强化流动性风险监管的新举措。其中，最具有代表性的措施，就是出台了《商业银行流动性风险监管指引》（以下简称《指引》）。《指引》的起草工作于 2008 年初启动，于 2009 年 9 月正式发布，并于 2009 年 11 月 1 日开始实施。该指引明确监管当局可在必要时提高商业银行的流动性监管指标要求，并有权根据商业银行流动性状况，调整各项流动性风险指标的计算方式。

一、《指引》的主要功能

《指引》是国际银行业流动性监管的良好做法与中国银行业实践相结合的产物。《指引》借鉴了巴塞尔银行监管委员会制定的《流动性风险管理和监管原则》以及美国、英国、德国、中国香港和新加坡等国家和地区的流动性监管指引，参考吸收了部分国际性商业银行在流动性管理体系、方法和技术等方面的先进经验和做法，特别关注了各国监管当局对此次金融危机的反思与制度改进。同时，《指引》也从中国银行业的经营和监管实际出发，努力将国际先进实践与中国银行业发展状况、风险管理状况、市场状况、外汇管理状况以及监管实践进行有机结合。

《指引》出台的目标是，推动商业银行坚持审慎性原则，充分识别、有效计量、持续监测和适当控制银行整体及在各产品、各业务条线、各业务环节、各层机构中的流动性风险，确保商业银行无论在正常经营环境中还是在压力状态下，都有充足的资金应对资产的增长和到期债务的支付。其功能主要体现在以下两个方面。

1. 指导商业银行的流动性风险管理。一是规范商业银行流动性管理的制度、技术与流程。商业银行流动性风险管理技术相对较为复杂，且流动性风险管理涉及商业银行的众多内设部门。《指引》通过借鉴国际先进经验并和中国实际相结合，清晰划分了商业银行内部流动性风险管理职责，规范了商业银行流动性风险管理的识别、计量、监测和控制等各个流程，要求银行通过加强资产负债管理、进行现金流量测算、压力测试和制订应急计划等措施，应对日常经营和极端情况下的流动性风险，引导和督促商业银行加强流动性风险管理，并为商业银行流动性风险管理提供指导和依据。二是为我国银行业流动性风险管理的变革指明方向。《指引》力求推动国内商业银行借鉴国际先进银行在流动性风险管理方面的经验，但是，也充分考虑了前瞻性和可行性。国际流动性风险管理实践设定的一些流动性风险管理标准比较高，国内银行短时期内较难达到要求，如现金流量测算、内部模型评估、多维压力测试等。为推动商业银行提高流动性风险管理水平，逐步与先进流动性风险管理实践相结合，《指引》一方面坚持高标准的政策导向，在注重制度可操作性的同时，明确具有前瞻性的审慎标准，同时允许商业银行暂时满足较低标准，并设定满足监管要求的宽限期，为商业银行提高流动性风险管理指明方向。三是赋予商业银行在流动性风险管理制度选择上一定的自主权。考虑到商业银行的差异性，《指引》规定商业银行可根据自身经营战略、业务特点和风险偏好，制定不同的流动性风险管理策略、政策和程序。在具体的流动性风险管理技术方面，也充分考虑银行风险管理的差异，给予银行一定自主的选择权。如原则上商业银行应将不确定到期日现金流出计入即期负债，但同时允许商业银行在证明所用测算方法遵循审慎原则并经监管部门审核批准的情况下对不确定现金流进行行为调整。同时，考虑到银行间差异以及成本和收益因素，《指引》也遵循了重要性原则，赋予商业银行在审慎基础上的部分选择权。如银行高级管理层可根据重要性原则选定部分现金流量极少、发生频率低的表内外资产及负债项目不纳入现金流错配净额的计算等。

2. 推动对流动性风险的监管。一是推动商业银行贯彻《巴塞尔新资本协议》。《巴塞尔新资本协议》第二支柱监督检查的原则要求银行根据流动性资产状况和市场流动性状况评估资本充足率，必须建立能够计量、监测和控制流动性风险的系统。《指引》与贯彻《巴塞尔新资本协议》其他指引一道共同构成中国银行业实施《巴塞尔新资本协议》三大支柱的指引框架，为指导、规范商业银行流动性风险管理作出了具体规定，也为银行在《巴塞尔新资本协议》第二支柱下根据流动性风险状况评估资本充足率提供了依据。二是为监管当局对流动性风险的监督检查提供标准。监管当局对商业银行流动性风险管理的有效性进行评估是《巴塞尔新资本协议》第二支柱和有效核心监管核心原则的要求，也是督促商业银行提高流动性风险管理水平的重要保证。根据《巴塞尔新资本协议》的要求，银行业监管当局应该投入足够资源对商业银行流动性风险状况和流动性风险管理水平进行评估、分析、监测和检查。《指引》确定的流动性风险管理标准为监管当局的监督检查提供了明确的标杆，有助于监管当局提高流动性风险监督检查的有效性、前瞻性和针对性。

二、《指引》的主要内容

1. 明确流动性监管的原则、程序及措施。《指引》规定了监管当局实施流动性监管时遵循的原则、监管程序、监管措施以及监管合作等内容。

一是监管部门应督促商业银行建立和完善与银行业务特点、规模及复杂程度相适应的流动性风险管理体系，并鼓励公司治理完善、信息系统先进、数据积累合格、管理水平较高的商业银行采用先进的流动性风险管理方法。

二是监管部门应采取以风险为本的监管模式，对商业银行整体流动性状况及流动性风险管理体系进行综合评价。

三是监管部门应与境内相关职能部门及商业银行的母国或东道国监管当局建立紧密协调和信息共享的监管合作关系，以提高流动性风险管理的有效性。

四是监管部门在必要时可提高商业银行的流动性监管指标要求，并有权根据商业银行流动性状况对各项流动性风险监管指标的计算方法、计算口径和计算频率等进行调整，可根据商业银行的规模及其在支付系统和金融市场的地位及风险状况等因素决定商业银行递交流动性风险监测报表和报告的内容和频率。

2. 规范商业银行流动性风险管理。《指引》在深刻吸取本轮国际金融危机教训和总结我国银行业流动性风险管理经验的基础上，对商业银行流动性风管理的制度、技术、流程进行了规定。

一是流动性风险管理体系是商业银行风险管理体系的重要组成部分，应与自身业务规模、性质和复杂程度等相适应。有效的流动性风险管理体系应包括董事会及高级管理层的有效监控；完善的流动性风险管理策略、政策和程序；完善的流动性风险识别、计量、监测和控制程序；完善的内部控制和有效的监督机制和完善、有效的信息管理系统和有效的危机处理机制等。

二是商业银行应根据政策的制定、执行和监督职能相分离原则，明确董事会及其专门委员会、监事会（监事）、高级管理层及其专门委员会、银行相关部门在流动性风险管理中的作用、职责及报告路线，制定适当的考核及问责机制，以提高流动性风险管理的有效性。

三是商业银行应从持续、前瞻的角度制定流动性风险管理策略、政策和程序，并在综合考虑业务发展、技术更新及市场变化等因素的基础上及时对流动性风险管理策略、政策和程序进行评估和修订。流动性风险管理策略、政策和程序应涵盖银行的表内外各项业务，以及境内外所有可能对其流动性风险产生重大影响的业务部门、分支机构和附属公司，并包括正常情况和压力状况下的流动性风险管理。商业银行流动性风险管理策略应充分考虑银行的组织结构、主要业务条线、产品及市场的广度和多样性以及母国及东道国的监管要求等因素。

四是商业银行应制定适当的内部控制制度，以确保流动性风险管理程序的完整和有效。有效的流动性风险管理内部控制体系应至少包括良好的内部控制环境，较为充分的用于识别、计量、监测和评估流动性风险的程序，完善的信息管理系统并能够根据业务发展和市场变化适时更新有关政策和程序等要素。商业银行应针对流动性风险管理建立明确的内部评价考核机制，将各分支机构或主要业务条线形成的流动性风险与其收益挂钩，从而有效遏制因过度追求短期内业务扩张和会计利润而放松对流动性风险控制的现象。条件成熟的银行可将流动性风险纳入内部转移定价机制。

五是要求商业银行建立集中度限额管理制度，针对表内外资产负债的品种、币种和期限等进行集中度限额管理，防止由于资产负债过度集中引发流动性风险。商业银行应通过计量、监测、控制现金流量和期限错配情况，及时发现融资缺口，防止过度依赖短期流动性供给，同时应以其融资能力和风险承受能力为基础从紧设定现金流期限错配限额。

六是商业银行应通过流动性压力测试分析银行承受压力事件的能力，并在此基础上提出流动性危机的处置预案。商业银行应针对单个机构和整个市场设定不同的压力情景，并可结合本身业务特点、复杂程度，针对流动性风险集中的产品、业务和机构设定不同的压力情景。《指引》要求，商业银行实施压力测试的频度应与其规模、风险水平及在市场上的影响相适应，但至少每季度应进行一次常规压力测试。在出现市场剧烈波动等情况或在监管部门的要求下，应针对特定压力情景进行临时性、专门压力测试。商业银行压力测试应在并表基础上分币种实施，并应针对流动性转移受限等特殊情况，对有关地区分行或子行单独实施压力测试。

七是商业银行应制订应急融资计划。商业银行应根据本行业务规模、复杂程度、风险水平和组织框架等制订应急计划，并根据经营和现金流量管理情况设定并监控银行内外部流动性预警指标，以分析银行所面临的潜在流动性风险。流动性应急计划应按照正常市场条件和压力条件分别制订，涵盖银行流动性发生临时性和长期性危机的情况。

八是明确流动性风险管理的方法和技术。流动性风险管理方法和技术包括资产负债管理、现金流量管理、压力测试和应急计划等。流动性风险管理是资产负债管理的重要组成部分，商业银行确定资产负债额度、结构和期限时需要考虑流动性风险管理，加强资产的流动性和融资来源的稳定性。商业银行应遵循分散性原则，制定具体明确的资产、负债分散化政策，确保资金运用与资金来源的基本匹配。

第四章 影子银行体系监管

第一节 影子银行体系及其监管

一、影子银行系统的含义

关于影子银行的含义，不同的专家和研究机构，从不同的角度出发，给予了不同的解释。

美国太平洋投资管理公司执行董事麦卡利是提出"影子银行系统"（The Shadow Banking System）概念的第一人。他认为，影子银行系统，又称为平行银行系统（The Parallel Banking System），主要是指行使商业银行功能，但却基本不受监管或仅受较少监管的非银行金融机构，包括投资银行、对冲基金、货币市场基金、债券保险公司、结构性投资工具（SIV）、私募股权基金、特殊目的实体公司（SPV）等非银行金融机构。他进一步指出，这些机构通常从事放款，也接受抵押，大部分属于通过杠杆操作持有大量证券、债券和复杂金融工具的金融机构。

继麦卡利之后，美国财长盖特纳（2010）提出"影子银行是指提供基础银行类服务但又不受传统银行监管的金融机构和金融业务网络的总称，是与传统银行体系并行的一个体系，又称平行银行体系"；美联储主席伯南克（2010）将"影子银行"定义为"除接受监管的存款类机构以外，充当储蓄转化为投资中介的金融机构"；金融稳定理事会发布的最新研究报告（2011）把影子银行定义为"在传统银行体系外的信用中介体系，包括组织实体和业务活动，其具有的期限转化功能、杠杆率和不恰当的信用风险转换特征易引发系统性风险和监管套利"。该研究报告对影子银行作了广义和狭义之分，广义是指所有的非银行信用中介，即传统银行系统以外的信用中介体系，既可以是连接最终资金供应者和需求者之间的单一组织实体,也可以是在这信用链上的多家组织实体;既可以是表内业务,也可以是衍生品和其他表外交易,以及与信用中介有关的金融工具,例如债券和结构化产品。狭义是指具有期限或信用转换功能的非银行信用中介,导致了不适当的信用风险转移和杠杆累积。

实际上,真正的影子银行体系可以分为以下两种类型。

第一类是非银行的信用中介机构。主要是指充当直接信用中介、在资金需求和供求方中调剂资金余缺的商业银行之外的金融机构。一是货币市场共同基金(MMMF)。它是影子银行体系中重要的资金提供者。货币市场共同基金产生于20世纪70年代,是美国银行业为规避《格拉斯—斯蒂格尔法案》关于银行存款利率上限规定而创新出的产品。货币市场共同基金通过购买公司或银行的商业票据和签署回购协议,可以绕开银行直接向企业提供资金,同时也可以向非银行信用中介机构提供资金。近30年来,美国货币市场共同基金发展迅速,资产规模从1977年的30亿美元到1995年的7 400亿美元,再到2008年的1.8万亿美元。二是投资银行和对冲基金。在20世纪80年代金融自由化浪潮之后,作为资本市场的重要主体,投资银行和对冲基金自身的资金难以满足其交易、对冲、套利等日常经营的大量资金需求,转而积极通过开展主动负债和提高杠杆率的方式在短期批发资金市场上筹集资金。这两类机构虽然也接受美国证券交易委员会(SEC)监督,但SEC并未对其全部活动设定统一的资本要求。三是私募股权基金(PE)。私募股权基金起源于20世纪70年代,作为资本市场上集合投资渠道和工具,主要投资非上市公司股权或杠杆收购已上市公司股权。其杠杆收购的杠杆率较高,私募股权基金杠杆收购的债务通常占到其收购价格的60%~90%,更有甚者达到95%。四是结构性投资目的公司(SIV)。该类机构类似于影子银行体系中的一种共同基金,其资金来源是发行资产支持商业票据,所筹资金主要投资于各类证券化产品。

第二类是结构性金融创新产品。主要是指作为信用中介链的一部分为信用中介发挥作用、提供便利的各类证券化产品、信用衍生品和结构化产品等金融创新工具。影子银行体系中资金来源方的主要产品是资产支持票据(ABCP)、再回购协议(Repo);资金运用方的主要产品是各类证券化、衍生品和结构性融资产品,如资产支持证券(ABS)、抵押贷款支持证券(MBS)、担保债务凭证(CDO)、信用违约互换(CDS)等创新产品。可以说,上述结构性金融创新产品将信贷市场与货币市场、资本市场连接在一起,加剧了风险传染,扩大了金融市场中的系统性风险。本轮国际金融危机之前,影子银行体系中的结构性金融创新产品发展极为迅速：2008年，再回购协议（Repo）超过4.5万亿美元，资产支持票据（ABCP）达到1.2万亿美元，商业票据1.02万亿美元，证券融资6 000亿美元，而同期的银行存款只有7.3万亿美元。

美国是影子银行系统规模最大的国家。截至2007年第二季度（危机发生前夕），以市场为基础的非银行金融机构资产规模16.6万亿美元（其中政府资助企业3.2万亿美元，GSE抵押贷款池4.5万亿美元，财务公司1.9万亿美元，证券经纪商2.9万亿美元，ABS发行商4.1万亿美元），大大超过银行业机构资产规模12.8万亿美元（其中商业银行10.1万亿美元，储蓄机构1.9万亿美元，信用社0.8万亿美元）。在20世纪80年代以前，商业银行一直是住房抵押贷款的主要融资机构。到2008年第一季度，以市场为基础的金融机构占据了总计11万亿美元的住房抵押贷款市场的三分之二。

二、影子银行体系的风险特点

在过去20年中，影子银行的发展壮大，使得美国和全球金融体系的结构发生了根本性变化，传统银行体系的作用不断下降。不单是在美国，而且在大部分发达金融市场中，影子银行的规模甚至均已经超过了传统商业银行。毫无疑问，作为银行体系的补充，影子银行通过商业票据融资、再回购协议等方式，从短期批发市场获得融资，再将这些短期负债所筹资金投资于资产抵押债券、股权等期限较长的资产，实现了同传统银行相类似的期限转换功能，对于提高金融效率、促进金融市场资源的最优配置发挥了重要作用。但是，在带来金融市场繁荣的同时，影子银行的快速发展和高杠杆操作给整个金融体系带来了巨大的脆弱性，并成为此次全球金融危机的主要推手。影子银行体系游离于监管之外，杠杆率水平和流动性风险都很高，信息也很不透明，且影子银行体系与传统商业银行业务盘根错节，又多通过跨境投资在全球范围内配置资产，很容易引发系统性风险。正是从这个意义上说，影子银行的风险尤其值得关注和审视。

1. 财务杠杆率高。高杠杆率是影子银行体系的最大特点。与拥有庞大的资产负债规模的传统商业银行不同，影子银行体系（典型者如中介机构）没有商业银行那样丰厚的资本金，只能大量利用财务杠杆举债经营，不但在资金筹集上更多地依赖于资本市场，其运作在更大程度上不可避免地受资本市场的影响，而且其改变杠杆率的方式非常多，无须提高或支付真正的股本，甚至仅仅是通过扩张和收缩自身资产负债表即可实现，致使其杠杆率始终呈现出非常高的特点。正是出于这个原因，影子银行通常被媒体形象地喻为"在刀尖上跳舞"。危机爆发之前的2007年，房地美和房利美两家公司杠杆率高达62倍，私募股权基金在收购兼并时的债务通常占收购总价的60%~90%。

对于影子银行体系而言，杠杆率的变动具有典型的亲周期性。就是说，在经济繁荣时期，市场普遍充满乐观气氛，影子银行体系的资产规模迅速膨胀，杠杆率也相应急剧上升；在经济衰退时期，市场情绪普遍低落，影子银行体系的资产规模迅速收缩，杠杆率也相应急剧下降。由于独立投资银行不仅扮演着传统的证券承销商和"市场做手"的角色，而且在信贷提供方面的作用也日益增强，因而，投资银行通常被视为整个以市场为基础的金融体系的"晴雨表"，亦即被视为典型的影子银行体系。从全美国5家独立投资银行（贝尔斯登、高盛、雷曼兄弟、美林和摩根斯坦利）的加权平均资产和杠杆率的季度变化分析可以看出，杠杆率具有亲周期性，当资产负债表规模增大时，杠杠率会增大，反之，杠杆率会降低。特别地，有实证研究支持表明，杠杆率的高峰总是出现在金融危机之中，金融危机总是发生在快速攀升的杠杆率之后。

值得指出的是，近年来证券化业务的发展，进一步提升了影子银行机构的财务杠杆率。在传统的商业银行体系中，连接储户和商业银行的存款总量即为借款人的对外全部债务。然而，由于证券化的诞生和蓬勃发展，借助发掘新的债权人为整个银行系统（包括商业银行和整个影子银行体系）募集资金开辟了新的源泉。大量的影子银行体系和商业银行可以从那些购买证券化债权的新债权人包括养老基金、共同基金、保险公司和外国投资者（如外国中央银行是美国住房按揭贷款的一个特别重要的资金来源）那里获得资金，从而扩大信贷资金的总量，造成不断扩大和不断膨胀的信贷市场，并反过来导致影子银行体系杠杆率的进一步提升。影子银行体系的融资来源主要有两块：一是银行系统自身的资本金，二是银行系统以外的债权人的资金。当影子银行体系从银行系统外的债权人处获得更多的融资时，就会尽可能多地提供给最终借款人信贷资金。换言之，银行资产的证券化极大地推进了杠杆化经营。由于信贷资金膨胀，必须寻找新借款人，信贷市场日益成为"买方市场"。在买方市场下，贷款标准的降低就势在必行，因为影子银行体系必须将其所筹集的信贷资金都投放进入实体经济体系，进而助推经济泡沫，潜藏下金融危机的隐患。当经济衰退来临之际，不良贷款就会在影子银行体系（也称大型金融中介机构）或其赞助的特殊目的公司（SPV）的资产负债表上立即出现，使得它们的资本金出现锐减。这已在2008年国际金融危机中得到证实。在本轮国际金融危机中，其中大约一半的潜在损失是由美国的金融杠杆机构如商业银行、证券公司和对冲基金承担。当包括外国杠杆机构时，金融杠杆机构承担的总和将上升到损失总额的三分之二。

2. 风险关联性强。作为平行银行体系，影子银行与传统银行体系的业务界限日益模糊，风险交叉传染的通道不断扩大。近年来，商业银行与影子银行的业务合作日益紧密：一是商业银行直接投资影子银行发行的金融产品和资产，二是商业银行为影子银行募集资金提供担保，三是商业银行直接向影子银行提供贷款，四是商业银行直接出资成立SIV或私募股权基金等影子机构。通过上述渠道，商业银行深度参与了投资银行等影子银行体系的资产证券化和结构性投资，其资产和运作虽然游离于资产负债表之外，但由于"防火墙"机制不完善和隐性担保等原因，风险并未实质性剥离。危机爆发时，规模巨大的证券化产品风险从影子银行倒灌回商业银行。比如，在本轮国际金融危机爆发前，花旗银行业务覆盖了传统商业银行、投资银行、证券、资产管理等，其本身已经成为影子银行体系的一个部分；在本轮国际金融危机中，花旗银行无法将规模巨大、风险极高的资产及时变现，转变为无法剥离的有毒资产，成为系统性金融风险爆发的重要诱因。

3. 流动性风险高。影子银行从短期资本市场获得融资，在资金来源过度依赖于短期货币市场，而投资于长期资产，因此存在难以克服的期限错配痼疾。本次金融危机期间，投资银行、对冲基金、私募股权基金等机构出现了类似于商业银行的挤兑。当这些影子银行机构为系统重要性机构时，其自身的流动性危机则会通过去杠杆化的过程演变为系统性金融恐慌。

4. 信息透明度低。由于影子银行的大部分资产价格均是建立在市场交易基础之上的，市场信息、市场情绪和短期流动性的变化均会导致资产价格的较大波动。然而，影子银行的产品结构设计却非常复杂，一般都在不透明的柜台交易市场进行交易，而且鲜有公开的、可以披露的信息。信息的高度不透明，带来了市场的高度不确定性，必然给投资者增加更多的风险隐忧，增加影子银行体系的风险。

5. 被监管的程度低。在成熟市场经济国家，普遍信奉自由放任的所谓市场经济的原教旨主义，缺乏对影子银行体系进行监管的哲学和举措，致使影子银行体系处于无监管的状态之下，实际上是一个监管真空。美国的例子可以为此提供很好的证明：美联储没有法定权力对已从事银行业务但属于非银行控股公司的主要机构实施资本要求，也无权监管投资银行以及开展抵押贷款、消费信贷、商业信贷的众多非银行金融机构；美国证券交易委员会（SEC）没有法定权力对投资银行全部活动设定统一的资本要求；美国储蓄监理署（OTS）对众多大型复杂的金融机构如 AIG 实施监管，但没有能力对这些机构实施有效的并表监管；当基金市场暴露风险时，没有任何一个监管机构有权采取措施对其进行限制。

6. 跨境风险高。许多影子银行通过跨境投资在全球范围内配置资产。它们受到外部冲击后，必然通过资产负债渠道、信心渠道等将风险传递给全球主要金融市场和金融机构。

7. 对货币政策的扰乱作用大。部分影子银行体系会像商业银行一样具有货币创造的功能，并参与货币乘数的放大过程。然而，世界上大部分中央银行尚未将影子银行体系纳入货币监控的范畴，影子银行体系对货币政策的扰乱作用迫切需要引起高度重视。

三、影子银行形成和发展的背景

自 20 世纪 80 年代末期以来，影子银行的规模和地位日益提高，既在近年来美国和全球金融市场的高度繁荣中扮演了重要角色，又在 2008 年国际金融危机的发生和蔓延中难辞其咎。从产生的背景来说，影子银行体系确实是美国和全球的金融结构变迁的真实写照，鲜活地反映了全球金融业经营制度演进的总体趋势。

第一，影子银行体系是自由放任型监管理念长期应用于金融业的结果。长期以来，自由放任型监管理念统治着整个欧美金融市场，一直将"有效的金融市场"等同于"不存在监管的市场"。美欧各国的金融监管者对市场制度本身的弊端和缺陷视而不见，反而自诩为"市场经济的原教旨主义者"，并沾沾自喜。正如 20 世纪 80 年代长期担任美联储主席的格林斯潘所讲的，"为稳定市场而产生的监管工作只能产生很多障碍，提升无效的政府工具。"这种理念在监管实践中形成的后果，就是《金融服务现代化法案》和《大宗商品期货交易现代化法案》的颁布。1999 年《金融服务现代化法案》颁布后，恢复了商业银行、投资银行的合法混业经营；2000 年《大宗商品期货交易现代化法案》颁布后，场外交易开始正式不属于监管当局的管辖范围。正是这两个法案的颁布，使通常在场外交易的影子银行体系彻底摆脱了发展的法律束缚，直接推动了诸如高盛、美林、雷曼、美国国际集团等大型金融机构和对冲基金等影子银行机构的蓬勃发展，资本市场、货币市场与信贷市场之间多年筑成的壁垒在瞬间被冲破。

第二，影子银行体系是"流动性泛滥"背景下全球金融体系日益非中介化的结果。影子银行系统产生的一个重要制度基础就是21世纪互联网泡沫破灭后，美联储连续降息，联邦基金利率由6.5%降到1%，实际利率持续下降，市场出现流动性泛滥的现象，并最终导致房地产市场、次级贷款市场、金融衍生品市场的过度繁荣。过于宽松的货币政策和过于泛滥的流动性，使得金融体系的主体日益成为以资本市场为基础的金融中介机构，商业银行的地位日益遭受挑战，资本市场日益参与信贷供给。在传统的金融体系中，商业银行是信贷的主要供给者，然而，影子银行体系使资本市场在信贷供给方面的作用日益重要，那些以市场为基础的金融机构——尤其是那些参与证券化进程的机构日益参与信贷发放和货币创造。正是出于这个原因，2008年国际金融危机之后，全球学术界趋向于将这种以市场为基础的信贷提供机构称为影子银行体系。在美国，它包括证券公司、对冲基金和政府资助企业如房利美和房地美，由于兼具放贷和杠杆功能，通常被认为是典型的影子银行体系。

第三，影子银行体系是现代金融市场和金融创新蓬勃发展的产物。影子银行体系最本质的特征是"市场主导"，即资金来源和运用都依赖于高度发达的货币市场、资本市场、场外交易市场（OTC）。20世纪90年代以来，美国金融创新的浪潮方兴未艾，金融市场的发展日新月异，为影子银行体系的发展提供了良好的发展环境。证券化热潮的兴起又为影子银行的发展提供了极其难得的历史性机遇。2000年美国《大宗商品期货现代化法》的通过，更为OTC市场的快速发展开了方便之门，将影子银行体系的发展推向新的阶段，成为影子银行体系变成现代金融体系主体的决定性因素。通过设计合适的证券化产品并投入场外交易，商业银行将二级市场（资本市场）的资金广泛吸纳进贷款发放的一级市场，使得资本市场成为整个国家宏观经济日常运行的核心枢纽，最终导致投资银行、对冲基金等同时栖息于资本市场、货币市场、信贷市场的影子银行机构，CDS、CDO等集中OTC市场交易的复杂衍生金融产品大量涌现，并逐渐成为现代金融市场的主体。

四、针对影子银行体系的监管改进

金融危机发生以来，国际金融组织和各国政府纷纷加强对影子银行体系的研究并陆续出台一系列旨在强化影子银行体系监管的法律法规和政策指引（见

表4-1）。概括起来，有以下几点。

表4-1　　　　　各国出台的影子银行体系监管法规

发布者	发布时间	报告或法规名称	主要内容
30人小组	2008年7月	金融改革报告：促进金融稳定的框架	对OTC衍生品市场加强监管，提高结构化产品市场透明度，改革评级机构
美国财政部	2009年3月	金融体系全面改革方案	监管覆盖金融衍生品和一定规模的私募股权基金和风险投资基金
英国金融服务局	2009年3月	特纳报告	适当的杠杆率监管以及监管范围的扩大有助于维护金融稳定
G20	2009年4月	复苏和改革的全球计划	将评级机构和对冲基金纳入监管
欧盟委员会	2009年4月	另类投资基金经理指令（草案）	加强对欧盟范围内对冲基金和股权基金的监管
欧洲议会	2009年4月	信用评级机构监管	加强对欧洲信用评级机构的监管
英国金融服务局和财政部	2009年12月	衍生品场外交易市场改革方案	加强对场外金融衍生生品的监管
美国财政部	2010年7月	2010年华尔街改革与消费者保护法	对资产证券化产品、场外衍生品、私募基金、评级机构提出监管要求
英国金融服务局	2010年8月	交易行为的审慎制度（讨论稿）	减少银行体系和其他金融体系之间结构性套利的机会

1. 扩大监管范围。各国金融监管机构纷纷将私募股权和对冲基金等影子机构纳入监管范围。美国规定私募股权和对冲基金投资顾问公司资本总额超过1亿美元的须在美国证监会（SEC）注册，资本未达到1亿美元的须在州注册并接受州监管。欧盟在2009年4月发布的《另类投资基金经理指令》（草案）中规定，管理资金超过1亿欧元的对冲基金、私募股权投资基金在欧盟范围内开展业务，需得到母国的许可并且需向东道国披露其风险暴露、业绩表现等情况。

2. 提高监管强度。一是根据各类影子银行机构的不同特点，引入资本、流动性、报告及信息披露监管。美国证监会颁布了新规则，加强货币市场基金行业的流动性、信贷标准和信息披露，对货币市场共同基金实施更高的标准。二是加强对冲基金监管。欧盟要求所有欧盟境内的另类投资基金提供证明其资质能力的报告以及内部治理、估值方法、资产安全方面的材料，并须满足最低资本金标准。美国要求私募基金保持记录，并向证券交易委员会报告。三是加强金融衍生品交易监管。美国授权商品期货交易委员会（CFTC）和证券交易委员会对场外衍生品监管，它们有权确定参与掉期交易机构的资本和保证金要求，限制其风险敞口，同时在交易系统上添加保护措施。英国大幅度强化了场外衍生品的交易对手风险管理，探索引入中央对手方清算机制。四是强化表外业务监管。巴塞尔委员会在2009年7月发布的《新资本协议框架完善协议》中，对债务抵押证券的再证券化赋予了更高的风险权重，加强对识别表外风险暴露和资产证券化业务风险的指导，并提高了证券化、表外交易活动和风险暴露的信息披露要求。五是加强回购市场监管，美联储被赋予建立一个更稳定的融资体系的权力，采取措施解决不稳定的短期回购市场的问题，并确保这些市场将来的运作更加审慎。六是引入杠杆比率指标，加强对影子银行体系杠杆率的监管。瑞士、加拿大等国金融监管当局已经出台明确措施，金融稳定理事会已高度重视这个问题，巴塞尔银行监管委员会已就此出台专门规定。七是推进场外衍生品进场交易。美国要求场外衍生品交易转至交易所交易并进行中央清算。英国要求衍生品标准化，探索引入中央对手方清算机制。

3. 建设风险隔离机制。针对影子银行体系与传统银行之间交叉感染风险的问题，各国金融监管机构纷纷推动风险隔离机制的构建。一是按照"沃克尔规则"（Volcker Rules）要求，原则上禁止商业银行拥有或投资私募股权基金和对冲基金。例外情形下其投资总额不得超过银行核心资本的3%，也不得超过私募基金资本的3%；并要求银行将自营交易和类似的投资活动从加入存款保险体系的银行机构中分离出来，将信用违约掉期（CDS）等高风险衍生品剥离到特定的子公司，银行只保留常规的利率、外汇、大宗商品等衍生品。二是针对证券化业务，积极加强基础资产和结构的信息披露，通过利益留存等要求，约束发起者与投资者的责任和义务。美国要求以商业银行为主体的证券化产品发行人必须将至少5%的风险资产保留在其资产负债表上。

4. 建设危机处置预案。主要是要求系统重要性私募基金与对冲基金等非银行金融机构建立危机自救方案。美国要求有系统重要性的非银行金融机构和大型银行控股公司向监管部门提交一份在发生严重财务困难时快速、有序的自救处置方案。英国强调具有系统重要性的大型私募基金及对冲基金应通过事先明确压力情景和破产情况下可以采取的行动来约束机构行为，避免其破产影响金融稳定和被迫使用纳税人资金。

5. 加强风险监测。监管部门既可以在对金融行业资金流或资产负债表进行认真持续评估的基础上，审慎监测影子银行金融资产的规模及增长率，从宏观角度把握影子银行的总体风险；也可以利用具体的调查数据、媒体公开信息和集团内部交易数据等资料，对特定影子银行机构或金融资产规模进行监测评估，从微观角度监控好具体影子银行机构的潜在风险，并及时予以化解。

总体来说，在国际金融机构和各国金融监管机构的努力推动下，危机影响正在逐渐消除，相应地，影子银行系统也正在去杠杆化的过程中持续萎缩。然而，预计未来，作为现代金融市场上的重要一环，影子银行系统并不会就此消亡，而是逐步走出监管的真空地带，在新的、更加严格的监管环境下实现有序发展。

第二节　加强对冲基金监管

自 1949 年阿尔弗雷德·琼斯（Alfred Jones）以 10 万美元设立第一只对冲基金开始，作为典型的影子银行体系，对冲基金无论是在数量还是在资产规模上都实现了大幅增长。无论是在东南亚金融危机还是本轮国际金融危机中，对冲基金都发挥了重要的推手作用，其对全球金融体系运行的负面影响已经非常明显。然而，截至目前，大量对冲基金仍处于监管真空状态，绝大部分国家尚未有明确的机构对其实施监管。幸运的是，本轮国际金融危机促成了全球金融业对对冲基金监管的重视，全世界范围内的立法者、管理者、投资集团、行业代表及其他利益相关者正在纷纷呼吁将对冲基金纳入监管范围，有关要义甚至已经被载入 G20 峰会的决议。

一、实施对冲基金监管的主要原因

众所周知，对冲基金与最大的商业银行和投资银行均有重要合作关系和业务来往，是资本市场的主要市场主体。之所以对之实施监管，主要有以下原因。

1. 控制系统性风险。由于对冲基金控制着众多资产，与重要的商业银行和投资银行均存在风险关联，但不接受任何有效监管，投资者也不需要向监管部门报告基金的实际价值，不必进行相应的信息披露，且大部分交易在场外交易，因而，公众难以对对冲基金的估值表现进行评判，交易对手无法对其风险进行辨认，监管部门也将视为内幕交易的重要嫌疑对象和引发系统性风险的主要原因。对冲基金的系统性风险主要体现在以下方面：一是对市场的整体冲击大。由于对冲基金不受制于杠杆作用和多元化要求，其经理人更容易通过杠杆融资而集中持仓以影响市场，对资本市场造成很大的风险冲击。比如，一只或多只基金可以被同一经理人投资到同一项目中。二是交易对手风险明显。作为资本市场的主要参与者，对冲基金是交易对手风险的来源之一，而且在其杠杆作用和不透明的影响下这种风险可能被放大，其交易对手难以对对冲基金的风险实施压力测试等其他手段的风险评估。三是内幕交易频繁。鉴于对冲基金及其投资项目的高度不透明性，且其交易多为场外交易，SEC一直认为对冲基金是内幕交易的主要从事者。而且，近年来，美国证券交易委员会（SEC）发现涉及对冲基金的内幕交易案例确实正在不断增长。

2. 保护投资者利益。对冲基金之所以在较少甚至没有监管的情况下运作，其默认规则是对冲基金仅与超级富豪进行私人交易，可以不受监管。通常认为，真正有经验的投资者在处理个人投资生意时应清楚自己需要谈判的条款，如果投资失败也会承担相应损失。然而，在本轮国际金融危机中，数以万亿计的财富付诸东流，超过1 500只对冲基金被清算关闭。并且，还出现了一些筹集现金能力有限的基金提高撤回投资门槛，迫使投资者无法从基金撤回投资的现象，投资者利益严重受损。本轮国际金融危机表明，迫切需要通过加强对冲基金控制重建市场纪律，像超级富豪这样的投资者也需要美国证券交易委员会等监管部门的保护。

3. 促进案件治理。加强对冲基金监管，是扭转近年来基金案件数量急剧上升趋势的重要手段。美国证券交易委员会发现，近年来对冲基金引发的案件数量正在快速增加。在2009年的前4个月里，美国证券交易委员会已经发现25个案例，而2008年才19个。这些案例涵盖偷窃、欺诈、利益冲突、内幕交易、误报资产价值和未履行尽职等多个方面。

二、对冲基金监管的原则

加强对对冲基金的监管已经成为危机后国际银行监管行业的主流共识。比如，欧盟委员会提出将资产达到1亿欧元的对冲基金和所有私募股权投资基金管理人纳入监管；美国财政部长蒂莫西·盖特纳（Timothy Geithner）证实将针对对冲基金采取更有力的监管措施；美国国会提出了至少6个要求监管对冲基金行业的议案，要求对冲基金的投资顾问在证券交易委员会注册，大型基金的投资顾问还要接受联邦储备金监察小组的额外监督。业界认为,有效的对冲基金监管制度应该遵循下述原则。

1. 风险控制和业务发展相结合。出于对冲基金行业规模、复杂性和市场影响力的考虑,未来监管应该既全面又灵活。既要严格对对冲基金进行监管,又要为对冲基金的健康发展创造政策环境,实现效率与公平的并重。

2. 证券监管部门和银行监管部门共参与。鉴于证券监管部门在投资公司、投资顾问和经纪人等监管领域拥有较高的专业知识和技能,在对对冲基金实施监管的过程中,证券监管部门必须发挥主导作用。当然,证券监管部门应加强与银行监管部门的协作,力争通过灵活、高效的合作监管方式,有效应对对冲基金给市场诚信和投资者保护带来的负面影响。

3. 基金监管和基金顾问齐纳入。不仅要加强对基金本身的监管,对基金顾问也应强化监管,这已经成为本轮国际金融危机后业界的共识。一般认为,资产超过2 500万元的对冲基金投资顾问应该向监管部门注册,接受监管部门的监管。

第三节 加强信用评级机构的监管

评级公司的改革在宏观审慎政策框架中也有所涉及。目前国际社会已初步达成共识,即"要减少对评级公司的依赖",具体包括减少监管标准和法律法规对信用评级机构(CRA)的依赖;减少市场对CRA评级的依赖;中央银行应该对在公开市场操作中获取的证券资产作出自己的信用判断,银行不能机械地依赖CAR评级评估资产的信用状况,投资经理和机构投资者在评估资产的信用时不能机械地依靠CAR评级;市场参与者和中央对手方不应把对手方或抵押品资产的CAR评级变化作为自动触发器,大幅任意地要求调整衍生品和证券融资交易的保证协议中的抵押品;证券发行人应全面、及时地披露有关信息,使投资者能够独立作出风险判断。目前,发达国家主要通过进一步完善信用评级立法对信用评级机构实施监管,立法内容主要集中在资质认可、评级执业行为规范、利益冲突监管、信息披露和保密要求等方面。

一、信用评级机构的概述

(一)内涵及现状

信用评级机构是评估公司和金融产品(例如债务证券、货币市场工具)资信的组织，其评级结果直接影响投资者买入或卖出证券的决定。信用评级机构向评级结果的使用者收取两类费用：一是发行人、赞助商或承销商（发行安排人）付钱获得对其自身或其发行证券的评级结果；二是投资者支付费用订阅部分或全部信用评级机构发行的资料。在最近20年，伴随着金融创新浪潮的风起云涌，评级机构的规模和盈利能力快速增长。比如，从2002年到2007年，穆迪营业额和利润翻了一番，分别从2002年的10.23亿美元和2.88亿美元到2007年的22.59亿美元和7.10亿美元，其2007年市值为100亿美元但资产只有17亿美元。

表4-2　　　　　　　　　三大评级机构的主要数据

	总资产（百万美元）	营业额（百万美元）	净收入（百万美元）	营业毛利（%）	市价总值（百万美元）	业务模式	公司治理	员工人数
穆迪						发行商付费	公众持有	
2002年	630	1 023	288	28.15	6 899			2 100
2007年	1 714	2 259	701	31.03	10 063			3 600
标准普尔						发行商付费	私营	
2002年	n/a	1 700	n/a	n/a	n/a			5 000
2007年	n/a	2 750	n/a	n/a	n/a			8 500
惠誉						发行商付费	私营	
2002年	n/a	505	59.8	11.84	n/a			1 502
2007年	n/a	561	62.1	11.06	n/a			1 661

数据来源：标准普尔网站、穆迪k-10、OSIRIS、Hoover's。

在当前发达市场经济体的金融市场中，信用评级机构的评级结果对投资者有着深刻的影响，享有很好的信誉。在最近的一项对美国及欧洲资产管理经理的调查中，只有21%的受访者是因为监管要求而使用评级，而59%的受访者是因客户委托使用评级；有些受访者因追求良好的投资战略而信赖评级（25%）；几乎所有的基金经理都在客户指南中引用穆迪、标准普尔和惠誉作为信用评级机构。

（二）信用评级机构的功能

当前，在金融市场中，信用评级公司主要具有以下三项功能。

1. 信用价值评估。根据国际证券委员会组织（IOSCO）的定义，"信用评级是评估发行商能否及时履行金融债务的能力"，实际上就是对发行人信用价值进行评估的过程和结果。遵循 IOSCO 的思路,三大领先的评级机构均对自己的评级作出了解释。穆迪评级是"对个别债务或者某发行商的总体信用状况的信用质量的看法";标普信用评级是"结合考虑一项特定的财务债务、一定特定种类的财务债务或者特定的财务计划,对某个义务方的信用状况的当前看法";惠誉信用评级是"提供对一个实体履行其金融承诺(例如利息、优先股利、偿付本金、保险赔付或者向交易对手的负债)的相对能力的看法"。

2. 降低信息不对称。过去的 20 年中,国际金融市场的发展离不开信用评级机构。过去的 10 年中,信用评级机构设计了一套简单易懂的评价体系,消除信息的不对称性,并方便投资者对他们并不太熟悉的国际证券进行投资。有效的信用评级能减少有价证券发行商和购买人之间的信息不对称。由于信用评级机构有获取发行商专有信息的渠道,能够核实这些债务人履行债务的经济能力。特别是一些缺乏资源建立大型研究部门的小型投资公司和经验不足的投资者,可以从大的信用评级机构规模经营中得到实惠。

3. 降低委托代理成本。信用评级能通过降低监督成本来减少委托代理问题。比如,鉴于基金经理往往倾向于过度承担风险,投资者为约束其过度投机行为,就可以强行要求基金经理在资产组合的大部分权重选为评级债务或者高于 BBB - 及(标准普尔和惠誉)以及 Baa3(穆迪)评级的投资级证券。

(三) 信用评级机构的监管定位

信用评级机构需要接受金融监管。一方面,由于准入门槛高,自律监管和市场纪律对信用评级机构无法作用,为弥补天然的准入门槛和广泛的利益冲突给评级质量带来的损害,应该引入金融监管。另一方面,信用评级结果在一定程度上属于准公共产品,因而需要接受监管。准公共产品必须具有两个特点:非竞争性和不可排除性。非竞争性是指对某产品的消费不会降低其他人对该产品的可获得性;不可排除性是指没有人可以完全被排除在使用该产品以外。鉴于近 20 年来,伴随着信息技术的进步,信用评级的结果几乎可以无成本地复制、传播,几乎所有的投资者都可以无成本地享用信用评级结果。根据经济学理论尤其是所谓的"公共地悲剧",信用评级机构必须接受来自政府部门的监管。也许正是出于这个思路,美国在 1930 年将信用评级机构纳入监管,欧盟在 21 世纪初将信用评级机构纳入监管。

关于信用评级行业的运行,存在着两种观点:"信誉资本"(reputational capital)与"监管许可"(regulatory license)。信誉资本论认为,评级行业是存在竞争并且是声誉导向的：排名前三位的信用评级机构由于其高质量的评级结果而赢取投资者的高度信任，在全球评级市场上居于垄断地位；声誉机制的存在，使评级公司重视评级质量，始终以维护投资者信任和市场份额为第一要务。监管许可论认为，由于监管明确要求市场要对金融产品进行评级，因而有的时候即使评级结果没有意义但它仍然为投资者所需要，也就是说，评级实际上深深地被植入监管之中，信用评级机构出售的不是信息而是监管许可。

笔者认为，实际上，以上两种观点是不矛盾的，关键是在监管许可和声誉资本两者之间寻求平衡点。理想的信用评级机构运行模式是：在强化监管的前提下，通过降低准入门槛，提高透明度，可以建立一个竞争的、信誉为本的信用评级行业。监管的主要内容是对信用评级机构设立最低要求，以防范投资者和信用评级机构的双向逆向选择行为。监管的存在机理是：当评级市场上出现明显的竞争并引致利润率降低时，信用评级机构通常会为维护市场声誉和市场地位而不惜降低价格和评级质量，引导投资者低估对金融产品的违约风险乃至对整个金融体系风险的判断，从而使金融稳定潜藏威胁，这就呼唤着有效监管的出现。

（四）信用评级机构存在的主要问题

21 世纪初安然和世通事件发生后，信用评级机构开始受到广泛批评，2008 年国际金融危机更使人们深切认识到信用评级机构存在很多缺陷，乃至成为诱发国际金融危机的重要原因。彻底改革信用评级机构，强化对信用评级机构的监管，已经显得非常迫切。

1. 业务模式不合理。对于信用评级机构而言，最广受批评的问题就是其基于发行方付费（issuer-pays）的业务模式。从 20 世纪 70 年代开始，信用评级机构就从以前的消费者付费模式改变为发行方付费模式。这种"发行方付费"模式，容易导致经济学上的利益冲突，即使得信用评级机构过度重视利润而忽视评级质量。由于信用评级结果的使用、购买对象就是付费者本身，因而就有可能出现信用评级机构的评级结果屈从于付费者的现象，从而导致道德风险。21 世纪初世通和安然的轰然坍塌，使市场参与者更加清醒地看到这个问题。可以说，只要发行方付费的问题得不到解决，就无法规避信用评级机构为保持市场份额而夸大信用评级结果的现象，利益冲突的问题就不可能得到解决。

2. 评估技术上有待完善。由于足够基础设施和评估方法的欠缺，信用评级机构的评级结果在技术上存在短板，结果往往会有失公允，从而误导投资者，进而引发金融风险。一是由于足够历史数据的缺乏，信用评级机构难以在现有的评级模型下计算出危机时期债券发行人的违约情况以及由此带来的各类投资者的损失。二是信用评级机构很少对从发行商处获得的信息进行尽职调查。一般来说，信用评级机构不审查它们获取的信息，它们是在假设所获数据真实的基础上对证券进行评级。比如，2001 年标准普尔和穆迪基于安然公司高管的误导对安然的评级均为投资级，直到这一能源公司宣布破产的前 4 天。三是信用评级机构所运用的模型在很多情况下都是主观臆断的结果，无法合理解释、揭示结构性衍生金融产品在金融危机时期的真正风险态势。一个具体的例子就是，对于结构性金融衍生品，信用评级机构所使用的统计模型建立在样本严重不足和对违约可能性过度乐观的基础之上，并且没有发布关于其流动性和波动性风险以及高度复杂证券定价不确定性的相关信息，从而最终给市场提供"AAA 级的高等级 CDO 和 AAA 级企业债券风险程度相当"的非公允信息。

3. 缺乏透明度。当前，信用评级机构运营的一个重大问题就是透明度不够，信息披露不够充分。提高透明度，可以直接增加金融市场力量对信用评级机构的约束，让广大评级结果的用户和投资者对信用评级机构的运营进行监督。因为，信用评级结果的用户可以利用已披露的信息（如评级所依赖的程序、关键建设、数据基础和模型）对信用评级机构进行监督，客观认识信用评级结果，防止对信用评级结果的过分依赖与盲从。具体来说，让信用评级机构披露关键信息，一是可以让用户检验评级程序是否公正、科学；二是可以让用户判断模型的科学程度，进而确定对评级结果的相信和运用程度；三是可以帮助用户理解评级的可能缺点；四是可以鼓励用户在已知信息的基础上自行研究所持金融产品的风险状况，提高内部评级能力。

4. 缺乏竞争。当前的全球信用评级市场属于典型的寡头垄断型，竞争严重缺乏。穆迪、标准普尔和惠誉三大评级寡头控制了全球 94% 的市场。竞争的缺乏与评级业务的内在特点息息相关。评级业务的专业性和技术性非常强，难以为一般的市场参与者理解和掌握。评级结果的理解和识别成本非常高，以至于投资者对信用评级机构存在着高度依赖。这种现象自然就会使得声誉机制在信用评级市场上发挥至关重要的作用，投资者甚至不惜为获取高质量、声誉卓著的信用评级机构的评级结果而支付一定的风险溢价。由于信誉的建立和维护需要足够的时间和事实支持，评级行业在准入上存在"天然"的门槛，从而自然就会抑制有效的竞争市场的形成。

二、金融危机前的全球信用评级机构监管

从监管主体看,信用评级机构监管不外乎两种模式:行业自我监管和国家对私营信用评级机构监管。从国别角度来看,信用评级机构的监管主要有美国模式和欧洲模式。

针对21世纪初安然和世通事件中信用评级机构存在的问题,2004年,国际证券委员会组织(IOSCO)发布了信用评级机构的基本行为准则。其内容主要是围绕有关方面制定了一系列的法规制度:评级监测;确保适当的内部程序和分析师的独立性,以避免利益冲突;确保评级方法透明以及必要时评级结果的毫不迟延地修正;正确处理保密信息;公开信用评级机构遵守本准则的程度。IOSCO发布的这个信用评级机构基本行为准则,是目前美国和欧洲所有信用评级机构监管制度的基础。

(一)美国监管模式

作为对1929年股市崩溃的反应,对信用评级机构的监管在20世纪30年代开始纳入金融监管的范畴。1931年货币监理署(OCC)颁布了第一项将信用评级纳入法律范畴的法令,随后联邦储备委员会又分别在1935年和1936年颁布了监管信用评级机构的法规。20世纪30~70年代,对信用评级的监管基本上没有出现大的制度变革。20世纪70年代信贷危机之际,美国证券交易委员会(SEC)于1975年修订了有关法规,提高了关于交易商和经纪商的资本要求的风险敏感性,并首次引入"全国认定统计评级组织"(NRSRO)的概念。从此,在金融市场(包括证券业、养老基金、银行业、不动产和保险领域)上,美国监管当局和美国金融市场开始出现对评级的高度依赖。沿着这个路径,被NRSRO认可的四家信用评级机构逐步演变成三大信用评级机构,导致事实上的国家许可的寡头垄断市场格局。

引入NRSROs的制度后,信用评级机构如果达到美国证券交易委员会(SEC)的有关规定,就可以正式注册成为全国认定统计评级组织(NRSROs)的成员,进而接受美国证券交易委员会(SEC)的全面审查。以IOSCO(2004年)颁布的行为准则为基础,美国证券交易委员会针对信用评级机构制定并负责实施一系列翔实的监管法规。特别需要强调的是,IOSCO准则的一些条款在这些法规中得到了充分的遵循,致使该准则在美国的强制力远胜于在欧洲。

在美国，对信用评级机构监管法制化的道路上，2006年信用评级机构改革法案发挥了极其重要的作用。2006年信用评级机构改革法案认为，加强信用评级机构登记和监督是有必要的，因为它有助于增加透明度和竞争，有益于评级质量的提高，抑制潜在的利益冲突。该法案的主要精髓如下。

1. 强化对信用评级机构合规情况的监管。法案最成功之处，就在于授予美国证券交易委员会必要的权限，以监管以前不受约束的信用评级业。法案明确强化了NRSRO的准入标准，规定任何一家评级机构若想成为NRSRO，就必须向美国证券交易委员会申请，并提供以下信息：评级能力；评级的计算方法和过程；保密政策；组织架构；职业道德规范；利益冲突；前20大客户；载明代表"合格机构买家"申明已使用该评级机构最少三年的书面证明。如果信用评级机构不再满足最初申请的标准或者滥用非公开信息及违反利益冲突规定，美国证券交易委员会可吊销或暂扣其许可证。如果NRSRO不能提供充分的金融和管理资源，美国证券交易委员会实施制裁。NRSRO一旦发生改变，还应提交更新的信息以及年度报告，以证明这些信息的准确性。该法案还要求每个NRSRO任命一名合规主任，并向美国证券交易委员会提供保密的财务决算报表。

2. 确保信用评级机构的独立性。该法案明令禁止美国证券交易委员会颁布有关评级的实质性和方法性的规定，且"不管任何其他法律是否有规定，SEC及任何州（或政府部门分支机构）均不得规定任何国家认可信用评级组织的评级事实基础、评级程序和评级方法，并以此影响评级的确定"。

3. 确保信用评级市场的公平运作。法案规定，为实现防止非公开信息滥用、利益冲突以及不公平、胁迫或诽谤的竞争行为，美国证券交易委员会可以指定有关监管法规。

在2006年信用评级机构改革法案授权的基础上，美国证券交易委员会在2007年提出了进一步加强信用评级机构监管的规定。其主要内容为：一是确定了信用评级机构申请成为NRSRO的过程细节，并规定NRSRO应保留评级行为、内部文件、审计材料、内外部交流材料的记录。二是要求NRSRO及其员工不能将保密信息用于个人盈利，还应制定必要的政策和流程，以管理和披露利益冲突。三是为提高和确保信用评级的公允度，防止内幕交易和道德风险，规定NRSRO应遵守以下两项原则：如果某家公司的业务占该信用评级公司净收入的10%，则不应为其评级；如果NRSRO或其涉及评级结果的员工拥有评级目标公司的股份，则不应为其评级。

（二）欧洲监管模式

金融危机爆发前，欧洲信用评级行业基本上不存在严格的监管，所谓的监管实际上是基于2004年IOSCO准则形式的某种自我评估。2005年，欧洲证券监管委员会（CESR）建议欧洲委员会暂且不在欧盟层面监管信用评级机构行业，而是在评级机构自愿的基础上评估并公布IOSCO准则的贯彻落实情况。与此同时，欧洲证券监管委员会发布了欧洲信用评级行业运营的基本政策框架：一是所有信用评级机构应向欧洲证监会（CESR）提交并向社会公布年度报告，并且要在报告中明确阐述对国际证监会组织（IOSCO）准则的遵循情况，说明本机构与该准则要求的任何偏离。二是欧洲证监会（CESR）与信用评级机构举行年度例会，讨论任何与贯彻落实国际证监会组织（IOSCO）准则有关的议题。三是信用评级机构要向其本国的证券监管委员会承诺，若其重大发行人（主要付费方）发生重大变故，信用评级机构应向其本国的证券监管委员会就该变故作出解释。该政策框架还规定，出于审慎的目的，一个信用评级机构的评级方法只有在达到以下七项要求后，才能被监管者认可：（1）评级必须客观——评级方法的使用必须是系统性的，且能够经受某种形式的检验；（2）评级过程不受政治影响和经济压力；（3）评级结果至少每年进行一次复核；（4）评级方法的基本信息必须备案并公开；（5）监管者必须能够监测评级方法修订的频率；（6）用户认可评级结果真实可信；（7）能够供所有机构在同等条件下，在合法的情况下使用。

尽管没有进行正式监管，但欧盟委员会一直密切监控着信用评级业。特别是在2004年安然事件后，欧洲议会要求欧盟证券监管委员会（CESR）在可能的情况下尽量监管信用评级机构。但欧盟证券监管委员会（CESR）仍然认为没有实施正式监管的必要。2006年1月，欧盟委员会同意了欧盟证券监管委员会关于放弃监管的意见，但仍然要求欧盟证券监管委员会（CESR）提交信用评级机构实施国际证监会组织自愿行为守则（IOSCO code of conduct, IOSCO 2004）情况的年度报告。

三、金融危机后信用评级机构的监管措施

（一）国际证券监管组织对IOSCO准则的修订

金融危机使监管者们意识到IOSCO准则的不足，从而在2008年对其作了重

要修正，主要变动如下。

1. 进一步保障信用评级过程的质量和完整。禁止信用评级机构的分析师对评级的结构性金融产品提出设计方面的建议或推荐；信用评级机构应确保评级所需信息的质量，并告知使用者相关的评级局限性；信用评级机构要定期审查信用评级机构所使用的方法和模型，确保评级的决策过程客观，确保评级分析师具有一定知识和经验；信用评级机构要为审查新结构评级的可行性制定程序，并且当结构性产品的实质改变了资产的风险特征时，还要确保这些决定结构性产品信用评级的方法和模型是适当的。

2. 进一步防范信用评级过程中的利益冲突。信用评级机构应公开披露所有被评级产品的相关信息；不管客户账户是否超过信用评级机构年收入的10%，信用评级机构都要对所有的评级信息进行披露；信用评级机构要审查离开该机构的分析师之前所做的所有重要工作；审查信用评级机构的薪酬政策，以确保信用评级过程的客观性。

3. 进一步明确信用评级机构对公众投资者和发行人的责任。信用评级机构应发布其评级意见的表现的历史信息；信用评级机构应说明所有评级结果的风险属性和使用范围；信用评级机构应该向投资者提供足够的信息，以便投资者能够理解信用评级的基础，进一步对评级结果作出公允评判；信用评级机构要公开披露信用评级的主要方法或使用的方法版本。

(二) 金融危机后美国的信用评级机构监管

本轮国际金融危机之后，美国财政部、证券交易委员会连同总统的金融市场工作组，在对当前金融市场中对信用评级结果的依赖性进行认真研究的基础上，积极修改有关法规，尽可能减少必须借助评级参考的金融产品种类，以逐步降低信用评级机构赖以存在的"监管许可"基础。2009年9月，美国证券交易委员会（SEC）批准了旨在加强信用评级机构监督、加强信息披露和提高信用评级质量的系列提议。9月，美国众议员Paul Kanjorski发布了一份立法讨论草案，以加强信用评级机构法案的责任和透明度。这提案和草案的重点内容如下。

1. 减小利益冲突，强化内部控制。一是评级机构和会计师事务所等其他类似专业服务机构一样，不得同时向一个公司既提供咨询服务又提供评级服务。二是制定回溯条款，即若评级机构职员受雇于发行者，且该职员之前年度负责发行者的评级事务，则评级机构需要对发行者的评级进行审查以确定是否存在利益冲突，必要时应对评级进行调整。三是强化内控，要求每个评级机构指派评级督导官，该督导官直接向董事会或高级执行官报告，对内控执行情况负直接责任。督导官不得参与任何评级、市场营销、报酬设计等活动，并需要向美国证券交易委员会（SEC）提供年度报告。

2. 加强信息披露，提高透明度。一是要求评级机构对因业务关系、分支机构及其他原因引起的利益冲突加强披露和管理。信用评级机构要特别披露证券发行者为特定评级所支付的费用，以及前两个年度发行者支付给评级机构的费用总额。二是要求发行人公开来自不同信用评级机构的所有初步评级，使投资者了解"选购评级"的情况。所谓"选购评级"，就是指目前证券发行者通常在要求不同的评级机构对其进行初步评级后，购买并公布评级机构对其发行的证券给予的最高评级。三是要求信用评级机构对结构金融产品使用不同的标识，以区分结构性衍生金融产品的特定风险，披露对结构性衍生金融产品进行附加评级的结果。四是要求每个评级报告都应包括数据可靠性评估、违约可能性评估、发生违约时的最大损失评估等详细的风险信息。这种信息披露的目的是让投资者更简便地在不同的证券和机构间进行数据对比，从而更加审慎地认识和把握各类投资风险。五是要求全国认定的统计评级组织（NRSROs）对所有发行方付费模式的信用评级机构的历史评级信息进行延时披露。

3. 明确监管机构，强化监管职权。一是明确美国证券交易委员会（SEC）为专门的信用评级公司的监管机构，并建议在SEC设立专门办公室，专司对评级机构的监管。二是要求对所有的信用评级机构实行强制登记，将所有的评级机构纳入金融监管体系。三是要求证券交易委员会对所有评级机构的内部控制、尽职情况及评级操作等进行定期现场检查和非现场审查，确保其合规性，并将其结果向公众进行披露。四是进一步强化监管。这主要包括增加评级机构操作的透明度、加强评级业绩的披露、禁止违背公众利益的做法、加强报告和记录的职责等内容。目前，美国证券交易委员会（SEC）已设立监管分支机构，专门对评级机构进行监督检查。

（三）金融危机后欧洲的信用评级机构监管

2008年全球金融危机使欧洲深刻认识到对信用评级机构进行严格监管的必要，抛弃自我监管的模式已经时不我待。2008年11月，针对信用评级机构的监管，欧盟委员会提出了正式的法规提案；2009年4月，欧洲议会全会通过欧盟委员会提出的旨在加强信用评级机构监管的立法。在遵循IOSCO准则精神的基础上，该法案结合欧洲信用评级行业的具体特点，对信用评级业出台了详细的监管规定。该提案以法规形式，制定了信用评级机构监管的四大目标：避免或至少充分解决利益冲突；改进评级质量和方法；提高透明度；有效注册登记和监管。该法案的重点如下。

1. 信用评级结果的使用范围。信贷机构（商业银行）只能使用"用于监管作用的评级"，该评级通过在欧盟注册的评级机构或条例规定的同类性质的评级机构发布，而不能采用广义范围内对金融业有利的评级结果。通过要求发布与监管目标相一致的评级结论，使得信用评级机构的市场范围更加明确。

2. 信用评级机构的注册和监管。根据该法案，信用评级机构今后在欧盟市场开展业务必须统一登记注册，由欧盟27国代表组成的欧洲证券管理委员会将负责此项事务。信用评级机构在注册时需要提供以下信息：主体资格；地址和联系人；评级过程和方法；辨别和处理利益冲突的政策；雇员相关信息；补偿安排；协助性的服务。该法案还规定了评级机构的监管机制，评级机构的监管由信用评级机构所在国的监管部门负责，欧盟各分支机构的监管则由欧盟成员国代表组成的欧洲证券管理委员会负责此事务。

3. 信用评级机构的公司治理。信用评级机构应具备足够的独立性和良好的公司治理机制。任何批准进行评级的分析师和个人在评级机构发布评级结果前，不得对结构性金融产品的设计提供"正式或非正式"咨询服务。分析师在一定期限内不能就其评级向市场表明自己的立场。评级机构的监事会或董事会必须有不少于2名的独立董事，他们的工资与评级机构业绩无关。至少有1名董事必须是证券化和结构性金融工具的专家。

4. 信用评级机构的合规运营。信用评级机构应当避免任何利益冲突，确保其员工具备必要的专业知识和技能，同时禁止分析师与被评级个体商定酬金；信用评级机构要建立轮岗机制，防止评级中的舞弊行为；信用评级机构要根据宏观经济情况审查评级，对获取的信息进行尽职调查，并记录所有调低评级的行为及其理由；信用评级机构或其雇员不得对拥有其股份并作为评级目标的公司评级和提供咨询服务；信用评级机构应保持经营记录5年，确保雇员不滥用保密信息。

5. 信用评级机构的撤销注册和过渡期安排。如果信用评级机构所在国的监管者撤销该机构的注册，这将有一个过渡期，在此期间，该评级机构对任何投资者或实体的评级仍可被银行用于监管需要。这个时期一般定为10个工作日，在此期间投资者和实体的评级同时通过其他注册的评级机构进行；但是，如果存在某种潜在市场混乱或金融不稳定的情况，该过渡期也可以由欧洲委员长会延长至 3 个月。

6. 信用评级机构对结构性融资评级的额外重视。结构性融资工具由于衍生链条众多，结构层次复杂，因而其内在的风险非常高，迫切需要引起信用评级机构的特别重视。法案规定，信用评级机构应该披露有关履行尽职调查的有关信息，包括不良贷款分析、现金流量分析，关键性假设以及它们承诺的压力测试情况。同时，在评级机构没有掌握充分可靠的信息、面临结构异常复杂的创新性衍生金融产品或者是评级机构能否提供可靠的信用评级将会对市场造成重大影响的情况下，信用评级机构应避免对该结构性衍生产品作出评级或撤回现有的评级结果。

7. 信用评级机构的信息披露。评级机构必须及时披露评级模型、方法及关键性假设，并证明其评级是在取得可靠来源资料基础上进行的；及时披露与评级结果相关的假设信息、参加的人员、有关的方法论和限制条件；及时披露评级方法的变化，根据新的评级方法审查并重新评定已作出的评级；及时披露业务超过其年收入 5% 的实体企业的信息；以不同的评级种类区分被动评级并公开被动评级政策和程序；公开评级行为的详细信息；一年一度的透明度报告还必须公布详细的财务数据。此外，信用评级机构还应将发生利益冲突时的解决条款、其协助服务的定义和补偿机制、最大 20 家客户和对公司发展影响最大的客户情况等信息逐一披露。

四、信用评级机构监管的未来发展方向

综观本轮国际金融危机后美国和欧盟出台的关于加强信用评级机构监管的法案，我们不难发现，下一阶段，信用评级机构要得到顺利发展，监管部门和广大市场参与者必须共同致力于解决好以下三个问题。

（一）解决好"发行人支付"制度下的利益冲突问题

在"发行人支付"的模式下，市场竞争可能导致信用评级机构夸大评级结果，因为发行方可以自由选择信用评级机构。虽然美欧改革后的法案都针对这项制度出台了相关减少利益冲突的法案条款，但究竟怎样在根本上解决该问题尚需审慎研究。即使是在"投资者支付"模式下，也确实存在一个"搭便车"问题，每一个中小投资者都会寄希望于大的投资者付费，自己坐享其成，而且

市场这只"看不见的手"确实很难解决这个问题。这确实是一个两难境地，需要审慎研究。

（二）解决好评级中的亲经济周期效应问题

本轮国际金融危机的实践表明，信用评级结果具有明显的亲经济周期效应，会加剧市场恐慌，助推金融机构的流动性危机。这种亲经济周期问题的解决，根本途径应在于减少法规和监管实践对评级的依赖。只要金融市场对信用评级的过高依赖性得不到真正改变，信用评级结果这种放大金融市场波动程度的现状就不可能得到真正改变。在降低信用评级结果的亲周期性方面，国际货币基金组织（IMF）提出的建议值得借鉴：第一步，投资决策者应该能较好地把握信用评级的潜在风险；第二步，投资决策者需要一个有用的方法来测量评级存在的潜在风险，一旦风险暴露，可以通过监管部门和机构对其资产负债表和表外业务的压力测试来降低风险；第三步，易受评级突然下降影响的系统重要性金融机构，应该持有更多的资本或流动性资产，建立起足够的风险缓冲机制，以平滑评级结果突然变化而带来的影响。

（三）解决好降低对信用评级结果的过高依赖问题

在金融市场上，投资者应积极寻求替代的方法，以评估金融产品的质量和违约风险，减少对评级的依赖。最重要的是，金融产品的发行方要切实提高内部风险管理能力，借助内部评级水平的提高降低对外部评级的依赖，致力于培育出比外部评级更加审慎的内部评级体系，以降低发行方在风险评级骤然降低后可能出现大规模促销、资产减值准备使用和额外资金需求的可能性。

第四节 我国影子银行体系的现状及监管

一、我国影子银行体系的现状

可以说，影子银行体系在我国早已有之，并一度是我国金融风险的重要来源。最为典型者可追溯到 20 世纪 80 年代末 90 年代初我国出现的中国农村合作基金会。20 世纪 90 年代，以"乱集资、乱批设金融机构和乱办金融业务"为内容的金融"三乱"，实际上也是影子银行业务一时泛滥的体现。与西方国家流动性泛滥作为影子银行体系发展的基础所不同，在我国，影子银行体系的大规模发展，往往伴随着"通货膨胀持续走高、银行紧缩银根、中小企业资金饥渴"的特征。

当前，我国的"影子银行体系"主要包括以下四大类型。

1. 以"地下钱庄"为代表的民间融资。这部分机构主要是为规避金融业的利率行政管制而滋生的灰色融资地带（也称为"非正规融资方式"）。这部分机构作为非正规融资方式，具有极强劲的利润冲动，且属于"监管真空"，基本上不接受金融监管部门的监管，一般是违规运作，从而不可避免地加大系统性金融风险，形成社会不稳定因素；由于其融资不在国家的统计监测范围之内，因而会扰乱货币政策效应，给货币调控增加难度。该类机构具体包括地下钱庄和各类投资公司、担保公司、典当行等。该类机构中，部分有主管部门进行管理，如典当行由商务部、公安部管理；部分没有主管部门管理，但和一般企业一样按照《公司法》等规定在工商部门注册登记，接受工商部门年检等监督管理，如各类投资咨询公司；更多的则是根本就没有监管和管理部门。

2. 以"银信合作"为代表的表外业务。这部分业务主要是为规避金融监管和信贷规模控制而滋生的表外业务。该类业务名义上是表外业务，不占用资本，在资本、拨备、信息披露等方面不接受商业银行标准的审慎监管制度，但实际上就是贷款业务，基本上所有的风险都由商业银行承担，实际上属于监管套利，因而是当前银行风险的重要隐藏地带。并且，银信合作产生的贷款不计入中央银行的信贷规模之内，使中央银行的货币统计数据失真，削弱宏观调控政策效应。该类业务的典型代表就是"银信合作"，即商业银行通过信托理财产品的方式"隐蔽"地为企业提供贷款，具体包括人民币个人理财业务、委托贷款、信托贷款、受让信贷或票据融资、附加回购或回购选择权的投资等方式。银信合作的风险当前应引起高度重视。据有关统计数据显示，2010 年，人民币个人理财资金 1.5 万亿元，同比增加 56%；委托贷款余额为 1.13 万亿元，在社会融资结构中的占比较 2002 年高出 7 个百分点；信托贷款余额为 3 865 亿元，在社会融资结构中的占比较 2002 年高出 2.7 个百分点。

3. 以资产证券化为代表的金融创新业务。自 21 世纪以来，金融创新的蓬勃发展，使我国金融市场上出现了一些较为复杂的结构性衍生金融产品，极大地丰富了我国"影子银行体系"的种类。最典型的为资产证券化。资产证券化业务在我国存在"虚假出售、附带回购条款、不计提风险准备"等诸多问题，风险一直是监管部门监管的重点。自本轮国际金融危机以来，我国金融监管部门曾一度放慢了审批资产证券化业务准入资格的步伐。自2005年12月资产证券化第一批试点开始，截至2010年6月末，我国共有11家金融机构累计发行了17单证券化产品，发行金额为667.83亿元。此外，利率和外汇衍生品交易也是创新业务的一个重点。截至2010年6月底，利率互换市场名义本金交易总额合计达到4 847亿元，信用衍生品刚开始起步。

4. 以私募股权基金为代表的股权投资工具。近年来，伴随国内中小企业、创投企业、重点产业的大量发展，作为集合投资渠道的各类股权投资基金和产业投资基金开始出现，且已经初具规模。由于创业板市场的推出，各类PE因其项目的高成长性正在成为投资市场上的"热门选择"，也正在成为中国资本市场上一道更为亮丽的风景。但是，毋庸讳言，股权投资基金的高回报伴随着高风险，其投资方式一定程度上类似于火中取栗。

表4-3　　　　　我国各类影子银行机构的规模

业务品种	业务规模
资产证券化	2010年7月末，11家金融机构累计发行17单证券化产品，金额667.83亿元
信托	2011年3月末，信托资产3.3万亿元，银信合作余额1.53万亿元
租赁	2010年融资租赁交易额约4 200亿元
财务公司	2011年3月末，共投资约2 000亿元
典当	2009年9月末，共有典当行3 662家，累计发放当金1 028亿元
担保公司	2011年5月末，6 030家担保公司，融资担保余额8 930亿元
小额贷款公司	2011年4月末，3 146家小额贷款公司，贷款余额2 537亿元
场外金融衍生品	2010年7月末，利率互换市场名义本金交易总额5 829亿元
私募基金	2010年上半年，募集总额约1 200元，管理资金存量9 000亿元
民间借贷	2008年3月末，民间借贷余额2万亿元至2.5万亿元

据中国人民银行调查统计司的初步统计，2002年新增人民币贷款以外融资1 614亿元，为同期新增人民币贷款的8.7%；而到了2010年，新增人民币贷款以外融资6.33万亿元，为同期新增人民币贷款的79.7%；截至2011年6月末，中国社会融资规模为7.7万亿元人民币，银行贷款仅占51%。据英国《金融时报》2011年4月8日报道，中国影子银行年度资金流动达到2万亿元；野村国际（香港）曾对中国内地的影子银行作过调研，按照其公布的数据，2010年影子银行贷款余额为8.5万亿元，等于当年银行贷款余额的17.8%、当年GDP的21%。

根据中国人民银行的公开信息披露（见图4-1和图4-2），2006~2010年；虽然银行贷款的份额从79%下降到56%，下降幅度近30%，但是影子银行体系在我国融资结构中占比仍然较小，风险在可控范围之内。

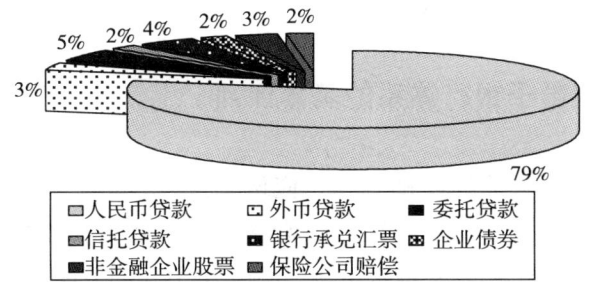

资料来源：人民银行网站。

图 4-1　2006 年社会融资总量结构图

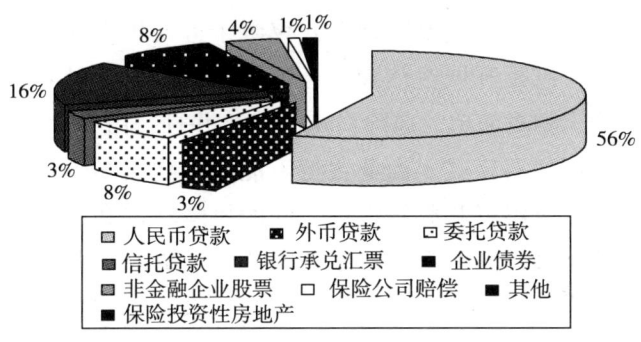

资料来源：人民银行网站。

图 4-2　2011 年社会融资总量结构图

实际上，针对目前的影子银行风险，监管部门已开始尝试出手化解。一是督促商业银行严格按照时间表，做好银信合作表外转表内工作。为确保成本对称，坚决禁止监管套利，对信托贷款计提风险资本，提取信托赔偿准备金。2011 年初，银监会发布《中国银监会关于进一步规范银信理财合作业务的通知》，要求各商业银行需在年底前将银信合作业务从表外转入表内，受存贷比的限制；未转入表内的，信托公司则应按 10.5% 的比例计提风险资本。5 月，中国银监会表示，要重点防控平台贷款、房地产信贷和影子银行风险。二是督促商业银行在银行业务与银信合作业务之间建立起清晰的"防火墙"，实行严格的风险隔离。三是按照国务院要求，加强对所有影子银行问题的调查研究和跟踪分析。四是有关部门齐抓共管，加大对非法金融活动的打击力度，坚决防止金融"三乱"重蹈覆辙。应该说，上述监管政策符合我国影子银行体系运营现状，比较具有针对性,如果实施到位,必将显现出较强的政策效应,对于防范和化解相应金融风险起到重要作用。

二、对我国影子银行体系的基本评判

对我国影子银行体系风险的判定,应该坚持一种辩证、客观的态度。一方面,虽然近几年来我国金融市场的广度和深度均有较大程度的发展,但西方典型意义上通过连接货币市场和资本市场充当信用中介的影子银行体系还未成型,与发达国家相比,我国影子银行体系发展还处在起步阶段。在我国,商业银行仍然是主要的融资渠道,一些如私募股权基金的集合投资渠道才开始起步,且其杠杆率和期限错配的特征尚不明显,而建立在对冲、套利基础之上的对冲基金还没有。影子银行体系的主要表现形式仅限于近几年发展起来的私募股权基金、私募投资基金,以及开展银信理财合作的投资公司、民间借贷机构等,规模较小,产品结构也相对简单,风险尚未凸显。并且,由于我国坚持分业经营、分业监管的有限牌照经营模式,商业银行不能直接购买影子银行资产或者直接贷款给影子银行,商业银行和影子银行之间的风险转嫁和传递能够得到有效控制。另一方面,近年来,人民币贷款以外的社会融资总量获得快速增长。这些银行体系之外的社会融资,基本是由影子银行体系制造和提供的。因而我国影子银行体系的风险不可小觑,已经严重影响我国宏观金融体系的运行。对此,我国金融监管部门应吸收危机教训,及时采取措施,加强对影子银行体系风险的监测、评估,逐步将之纳入监测、评估和监管的框架。

有学者(杨家才,2011)提出,中国影子银行体系形成的原因可概括为"四非":一是资金利率的非市场化,即利率非市场化的资金价格体制滋生了规避管制、寻求高回报的灰色融资地带,以名目繁多的民间融资为代表,典型者如投资公司、担保公司、贷款服务中介机构;二是金融监管的非统一性,即由于对银行的监管相对非银行机构的监管更为审慎,一些市场主体出于监管套利的目的,绕开贷款规模管制,规避审慎监管,典型者如银信合作中的委托贷款、信托贷款;三是投资动机的非理性,即为追求高回报,不惜成本的非理性借贷行为,典型者如地下钱庄中的高利贷;四是企业融资条件的非对称性。在中国,大部分大型国有企业可以以低廉成本从商业银行融资,而广大中小企业却长期面临"融资难"的局面,这就迫使从正规渠道难以获取融资的大量中小民企普遍通过地下钱庄融资,由此造就了影子银行体系在我国某些区域的发展壮大。

对于金融体系的稳定而言，我国影子银行体系具有较大的破坏作用：一是加剧金融风险传染，放大银行风险。资产证券化和银信合作中，存在大量的商业银行隐性担保或信用增级行为，风险未实质剥离，并且，商业银行对影子银行本身就存在大量授信或拆借，部分影子银行的资金甚至间接来源于信贷资金。二是违规开展业务，扰乱金融市场秩序。典当、私募基金、民间借贷等部分影子银行体系缺乏法律规范，并且未纳入监管范围。特别是一些私募基金和民间借贷，资金来源散户化，事实上已经出现非法集资的倾向和苗头。三是扰乱货币政策，削弱货币政策的宏观调控效应。影子银行创新的工具以及隐秘的融资渠道，让资金流动量极大增加，但不易被中央银行察觉和统计监测，这在很大程度上必然会令收紧银根的金融紧缩政策效果大打折扣。

对于我国影子银行体系的出路，也要客观、审慎决策。虽然影子银行体系蕴涵较大的系统性风险，但是，影子银行对于丰富我国金融产品、提高资金配置效率方面也发挥过一定程度的正面作用。因此，对于我国存在的民间融资和担保公司、典当行等非银行融资渠道，需要合理引导，既要坚决打击"地下钱庄"、非法集资等违法违规行为，又需要引导和规范合理的民间融资行为，发挥其在中小企业和"三农"金融服务中的积极作用；对于股权投资基金、产业投资基金、资产证券化产品则需要在充分借鉴金融危机教训的基础上，促进其稳健发展。

三、对下一步监管的政策建议

具体来说，在影子银行体系的运营与监管方面，我国与以美国为代表的发达国家存在着诸多不同之处，迫切需要引起重视：一是监管法律完善度不同。美国有《证券法》、《证券交易法》、《投资顾问法》、《信托契约法》等专门法律规范投资银行；而我国只有《证券法》和《证券投资基金法》，还需要出台相关的法律来填补投资银行的监管盲区。二是中美两国影子银行与商业银行的类似度不同。美国的投资银行、对冲基金等非银行金融机构所发挥的融资中介作用与一般意义上的银行极为类似，只是监管要求不同；而我国的投资银行、股票基金等金融机构在资产证券化的发展过程中所起的作用很有限。三是两国投资银行的经营风险和杠杆率差异较大。自 2000 年以来，除了贝尔斯登在个别年份之外，美国其余四大投行的利息和股息收入都占总收入的 50% 以上，交易性损益约占 10%，且收益与金融衍生品有着紧密的联系。2007 年，只有高盛的杠杆率（总负债/净资产）低于30倍，雷曼兄弟、美林证券以及摩根斯坦利均超过30倍。我国投资银行目前的收益大部分来自股票承销发行以及中介费用，并且杠杆率远远低于美国投行。四是两国影子银行所处的发展环境有差别，资产证券化率差别很大。我国的信贷资产证券化始于2005年，截至2010年7月末我国信贷资产证券化的总规模有667.83亿元；而截至2008年7月末，美国仅抵押债务凭证（CDO）的证券总价值就已经超过了9万亿美元。鉴于此，我们要在对中国影子银行体系发展实践科学研判的基础上，得出中国影子银行体系监管的有效政策选择，不能盲目照搬影子银行监管的"美国模式"。

下一步，我国影子银行体系监管应把握以下几个重点。

（一）加强金融创新监管

金融创新只能转移和分散风险，并不能消除风险，而且其基础产品的质量是维持金融体系稳定的关键所在。随着衍生品创新的程度越来越高，其累积的风险程度也会越来越高。美国正是由于资产证券化的过度创新导致金融风险不断累积，才引发了波及全球的次贷危机。因而，在"风险可控、成本可算、信息可披露"的前提下稳步推进金融创新，是防范和化解影子银行体系风险的首要政策选择。特别地，鉴于信息不对称性是导致影子银行体系风险日益系统化的主要诱因，因此迫切需要提高影子银行系统的信息披露程度，降低银行和投资者之间的信息不对称。

（二）加强政策法规建设，完善法制环境

目前，应尽快完善影子银行相关的法律法规，降低影子银行体系运营中的不确定性。一是在对银行、保险公司、证券公司等传统金融业态的法律制度进行完善的同时，加快对各类投资基金、典当、融资租赁、小额贷款、担保公司等新兴金融机构的立法进程，明确其监管主体和监管方式。二是清理目前已经出台的有关资产证券化、股权投资基金、金融衍生品交易管理的一系列规范性文件，提升立法层级，通过制定法律或者部门规章的形式，系统全面地提出管理措施，增强权威性，促进其在法律的框架下健康发展。三是修订相关法规，对金融衍生品基础产品的标准和影子银行体系的融资来源作出严格规定，避免其负债和资产的期限错配现象，提高影子银行体系的流动性风险抵御能力，增进市场信心。四是明确提出杠杆率监管标准。影子银行体系的资本金比率很低，业务规模却非常大，杠杆率一般极高，容易引发系统性金融风险。并且，高杠杆率的顺周期效应很严重,对金融体系的危害非常大。因此,应该在相关法律规章中严格限制我国影子银行体系的杠杆率,保证一定比例的自有资本,确保其稳健运营。

(三)加强影子银行机构的日常运营监管

一是加强对各类基金的监管。本着风险监管为本的监管理念,建立对股权投资基金、产业投资基金、资产证券化产品等机构和业务的风险评估和监管体系。二是加强对典当行、担保公司、小额贷款公司的管理。主管部门和工商管理部门应加强对此类机构合法合规性的日常监管,坚决杜绝和打击其违法违规行为,使其回归其正常合法的经营范围和经济功能。三是加强银信合作监管。重点加强对银行监管套利行为的监管,加大风险监控的力度。严格禁止银行向投资银行、股权投资基金、小额贷款公司等机构的备用信用支持承诺。对于银行和信托公司、资产管理公司等机构的表外"合作"谋取监管套利行为,要强化其资本、拨备等监管要求,提高经营成本,削弱银行和信托公司从事此项业务的内在动力。

(四)加强对影子银行体系的监测评估

一是从宏观角度,充分借助社会融资总量或行业资产负债表等公共信息,评估影子银行体系金融资产的规模及增长率,并且与 GDP 和货币供应量等宏观经济指标进行分析对比,在此基础上掌握影子银行体系对整个金融体系风险的影响。二是从微观角度,通过日常监管和媒体公开信息对不同影子机构和业务进行统计和监测,分析评估具有系统重要性的影子银行机构的风险。

第五章 系统重要性金融机构监管

第一节 系统重要性金融机构的含义

一、系统重要性金融机构的定义

根据国际货币基金组织、国际清算银行和金融稳定理事会的定义,系统重要性金融机构(SIFIs)是指在金融市场中承担了关键功能,其倒闭可能给金融体系造成损害并对实体经济产生严重负面影响的金融机构。美国波士顿联储主席埃里克·罗森格伦(Eric S. Posengren)认为,系统重要性金融机构可分为两类:一是大型高度杠杆化机构,其资本损失对经济产生放大影响;二是拥有大量的对其他金融机构和金融市场交易对手风险(counterparty exposure)的金融机构,其倒闭会对国内和国际交易对手产生极大的"多米诺骨牌效应"。FSA认为,一般而言,系统性金融机构往往具有下面的某些特征:一是规模大,可能是公司的绝对规模大,也可能该机构在特定金融市场或产品方面在市场上占据主导地位;二是系统的相互关联性强,即通过银行间同业拆借、资本工具交叉持股、支付系统、市场主要对手等途径,该机构和金融市场中的大部分交易主体建立了很强的风险关联性。

系统重要性金融机构问题在很多文献中被称为"大而不能倒"(too big to fail)问题。对于一家普通中型银行的倒闭而言,典型的解决途径包括拆分、出售、接管。在这种机制下,债权人、高级债券持有人以及未保险存款人享受不同的清算额和受偿顺序,几乎所有的出资者都可能承受损失。然而,对于系统重要性金融机构而言,正如巴塞尔银行监管委员会所指出的,鉴于负外部性为其本质特征,其风险会给其他金融机构乃至整个金融体系带来不利影响,容易引发系统性金融风险,政府往往不愿意让这些金融机构倒闭,而是尽最大努力,通过中央银行再贷款或者直接的财政资助,帮助金融机构度过危机,以避免由此引发的宏观金融风险以及社会稳定。在问题的解决途径上,国家只能采取整体救援方式,以保证整个银行体系安全稳健。在这种机制下,股东虽然因为资本稀释蒙受一定的损失,而其他出资者和债权人的权益却得到了保护。国家对于系统重要性金融机构的这种监管策略有时被称为"监管宽容"。由此,系统性金融机构问题在很多情况下被称为"大而不能倒"问题。

全球金融危机之前,全球银行体系的集中度越来越高,系统重要性金融机构在宏观金融稳定中的重要性日益凸显。2006 年底,全球最大 5 家银行、最大 10 家银行、最大 20 家银行和最大 100 家银行占全球银行体系总资产的比例分别达到了 15.4%、26.1%、41% 和 77.3%,在全球信贷市场上扮演着越来越重要的角色。同时,以股本回报率表示的大型商业银行的盈利能力逐步提高,2003~2007 年全球前 1 000 家银行的股本回报率分别高达 17.56%、19.86%、22.7%、23.37%、20.02%,达到前所未有的水平。在本轮全球金融危机的演变蔓延过程中,雷曼兄弟、华盛顿互惠、高盛、摩根大通等国际活跃大型金融机构更是扮演了关键性的角色。

除系统重要性金融机构(SIFIs)外,2010 年 10 月召开的金融稳定理事会会议提出了全球系统重要性金融机构(G – SIFIs)名单的概念,并拟订了名单,提出所有 G – SIFIs 应当实施更加严格的监管政策。由国际监管机构高级官员组成、执行 G20 公报的金融稳定理事会拟订的全球系统重要性金融机构(G – SIFIs)原始名单包括:美国的高盛集团(Goldman Sachs)、摩根大通(JP Morgan Chase)、花旗集团(Citigroup);加拿大的皇家银行(Royal Bank of Canada);英国的汇丰银行(HSBC)、巴克莱银行(Barclays)、苏格兰皇家银行(Royal Bank of Scotland)、渣打银行(Standard Chartered);瑞士的瑞士联合银行(UBS)、瑞士信贷(Credit Suisse);法国兴业银行(Societe Generale)、法国巴黎银行(BNP Paribas);西班牙的桑坦德银行(Santander)、西班牙对外银行(BBVA);日本的瑞穗银行(Mizuho)、三井住友(Sumitomo Mitsui)、野村证券(Nomura)以及三菱 UFJ 银行(Mitsubishi UFJ);意大利的联合信贷银行(Unicredit)、联合商业银行(Banca Intesa);德国的德意志银行(Deutsche Bank);荷兰国际银行(ING)。但一些法律专家认为,日本的瑞穗银行、三井住友以及三菱 UFJ 银行可能会从名单当中剔除,监管权仍留给本国监管机构。

目前,在巴塞尔银行监管委员会内部,主要由宏观审慎监管工作组(MPG)负责相关工作。2011 年,金融稳定理事会在听取各国监管当局意见的基础上,将与巴塞尔委员会、全球金融体系委员会、支付结算体系委员会、证监会国际组织、国际保险监管协会进行磋商,利用一套定量和定性指标确定、进一步识别各国的 G–SIFI,并于 2011 年中之前决定哪些机构率先实施金融稳定理事会关于 G–SIFI 的政策建议。

二、研究系统重要性金融机构问题的意义

政府对于系统重要性金融机构的"监管宽容"可能会导致以下问题。

(一)引发市场主体的逆向选择

由于巨额损失一般都最终由政府买单,所有无保险债权人事前也相信银行"规模大而不能倒闭",缺乏对系统重要性金融机构的必要监督,因而大型金融机构容易出现道德风险,将政府救助所投入的财政成本和损失社会化转化为股东和高级经理人的巨大私人收益,在此基础上甚至出现逆向选择行为,即热衷于从事高风险的经营业务,成为金融市场中的风险爱好者(risk lover)。

(二)破坏市场竞争

监管者容易对系统重要性金融机构和非系统重要性金融机构执行极端不同的监管政策。系统重要性机构的困境将对非系统重要性机构的生存造成消极影响,并且,任何一家系统重要性金融机构破产之后,金融市场中其他非系统重要性机构破产的可能性随之增加。因而,对系统性金融机构,往往出现监管的"极端宽容";然而,由于认为整体上非系统重要性金融机构的生存概率将会更高,会对其执行更严格的监管措施,对非系统重要性金融机构的监管政策将出现监管的"极端压抑"。最为典型的例子是,由于有政府的特殊支持,相对于非系统重要性金融机构,系统重要性金融机构可以获得较为充分的资金来源和较低的融资成本,从而在激烈的市场竞争中处于优势地位,因而市场竞争将在客观上有失公允。根据国际货币基金组织的测算,政府的隐性支持使大型复杂金融机构的资产收益率平均提高约 20 个百分点。

(三)引发市场失灵

在"监管极端宽容"的市场环境下,市场参与者也产生了对系统重要性金融机构不会倒闭的预期,因而,即使这些金融机构能够对市场进行适时、适实

的信息披露，市场也不会很快地运用"用手投票"和"用脚投票"的机制对金融机构的高风险行为给予约束，金融市场将这些系统重要性机构视为"永不沉没的金融航母"。由此，市场中的优胜劣汰机制将在一定程度上失效。

（四）损害社会效率

由于系统重要性银行的破产代价过于高昂，其破产也将损害监管者声誉，因而，监管者可能会更偏向过度容忍，实际上使包括广大存款人、金融消费者和证券公司、保险公司、基金公司在内的全社会、全市场分担了这些系统重要性金融机构的破产成本，从而损害全银行业乃至全社会的经济效率。换言之，对系统重要性金融机构的一时"监管宽容"，可能带来极端的社会低效。极端的情形是，一旦某些国家银行相对于母国过于庞大，就会发生政府对该系统重要性金融机构无法援救的危险，从而引发整个国家的金融危机甚至经济危机。这种危险在2009～2010年的冰岛就曾经成为现实。当大型银行负债总额占国家GDP比重非常大时，理论上这种风险就可能发生。

正是因为系统重要性金融机构问题对于宏观金融稳定具有上述重要意义，巴塞尔委员会认为，对于系统重要性金融机构的监管应达到以下四个目标：一是减少系统重要性金融机构倒闭的可能性；二是减少负外部性的规模和冲击程度；三是若需政府救助的话，减少公共资金的投入和纳税人的负担；四是维护公平的市场竞争，防止系统重要性金融机构利用"大而不能倒"地位获得不公平利益。

三、系统重要性金融机构的识别标准

评估系统重要性的主要标准是其对整个金融系统和实体经济的潜在影响。评估标准应包括直接影响和间接影响两个方面：直接影响与金融机构的规模（size）和可替代性（substitutability）替代程度有关，而间接影响的大小取决于关联度（interconnectedness）。规模是指特定金融机构提供金融服务的总量，关联度是指其与金融体系其他要素的关联程度；可替代性是指在该机构倒闭后，其他金融机构在多大程度上可以提供相同或至少是相似的服务。从历次金融危机的教训来看，应该说规模仅仅是系统重要性金融机构的一个方面，更为关键的是商业银行的关联度和可替代性。

（一）规模

在评估系统重要性的所有因素中，金融机构的规模是首先被考虑的因素。

因为它最重要,也最显眼,容易被观察和衡量。当然,要以宏观的视角审视金融机构的规模问题。要注意到,规模的相关性也取决于特别的商业模式和集团结构。机构越复杂,规模与系统性风险的相关性就越强。

(二) 可替代性

掌握一家机构或一个金融市场在金融服务中提供具体独有的市场贡献度是很困难的。简单的集中度指标,可以帮助衡量特定细分市场的替代程度。其中一个指标是赫希曼—赫芬达尔指数(the Hirschman – Herfindahl Index),它建立在所有市场参与者/服务供应商市场份额分配的基础上。

(三) 相关联性

主要是指金融机构通过金融市场和金融工具而和其他金融机构之间建立起的风险关联度。市场是交易工具、交易对手(市场参与者)和交易基础设施如规则、公约、结算流程和信息的结合。市场和工具的相关性是指其彼此之间以及与机构之间的相互依存度。例如,机构在调整投资组合时,依赖于资金市场、证券交易市场、风险管理和对冲市场以及流动性评估市场。相反,市场依赖机构承销新证券和提供流动性。

衡量相关联性,不仅需要关注特定机构的金融风险,而且需要关注不同市场、机构之间的风险关联,具体包括银行和非银行金融机构之间、市场与市场之间以及市场与机构之间的风险关联。由于在许多情况下个别金融机构双边接触的全面资料有限,评估以上相互风险联系的信息是一个挑战。当然,相互联系的程度也可通过市场指标提取信息确定,如信用违约掉期利差和股票价格相关风险。

在具体方法上,巴塞尔委员会宏观审慎监管工作组(Macroprudential supervision group,MPG)建议采用指标法(indicator – based approach),即通过选取反映银行规模、关联性和可替代性的指标,对各个指标进行赋值,再采取相应的加总方法形成对系统重要性的评估结果。除此之外,还应考虑相应金融机构的国际活跃程度,这个指标可用跨境业务比重、对全球银行业的关联度度量。

定量评估方面,在规模和关联度方面分别采用总资产、银行间资产、银行间负债等数据,通过加权平均得到一个量化的基本指标(benchmark indicator);同时,在关联度、可替代性和复杂性方面选取一系列补充性的定量和定性指标(ancillary indicators)。此外,监管者可以在日常监管结果的基础上提出其定性判断意见。金融机构的系统重要性将主要根据基本指标确定，补充指标和监管意见则用于对由基本指标所衡量的"系统重要性"进行上下调整。具体来说，规模的主要衡量指标为调整后的表内外总资产。关联性主要包括以下指标：金融体系内资产和负债、交易业务的规模；批发融资占总负债的比重；场外衍生品的名义价值。可替代性可以由支付清算业务和托管业务的市场份额、承销和做市商业务市场份额、非银行金融业务收入占总收入比重、跨境资产占总资产比重等指标来衡量。

表 5-1 系统重要性和关联风险的基本指标

金融机构		金融市场和金融工具	金融基础设施
主要指标	次要指标		
规模		规模	规模
金融中介		金融中介、风险管控	清算和结算系统
• 总资产和总负债占 GDP 比重 • 分支机构数量及职工人数 • 合同债务和债权市场份额 • 做市商在债务、股权、外汇、大宗商品以及衍生品市场的市场份额 • 银行间业务、保管箱业务及信托管理业务市场份额 • 不同市场间的集中程度——如赫希曼—赫芬达尔指数 • 消费、抵押、公司类贷款市场份额 • 银团贷款、贷款发起、服务以及证券化的市场份额 • 国内外股票、债券承销、企业重组的市场份额 • 交易商和经纪人业务所占市场份额，包括对冲基金和机构投资者	• 行业或区域性贷款、存款以及其他合同债务债权占 GDP 比重 • 以外币计价的资产及负债占 GDP 比例 • 存款和短期负债占总负债的比重 • 总资产（包括净敞口和表外项目）占总股本的比例（杠杆率） • 在险价值（VAR）或者经济资本占总股本的比例（基于风险的杠杆率）和资本充足率 • 不同业务条线的收益、资产和净收入（贷款、交易、主要投资和佣金、管理费）的集中度	• 家庭、企业（包括金融和非金融企业）以及政府持有资金的市场份额 • 股本、总市值、证券及衍生品公开利率占 GDP 比重 • 证券（金融中介）及衍生品（风险控制和管理）数量、交易日、交易量占 GDP 比重 • 平均日换手率、平均交易价值和证券、衍生品的平均交易量 • 新上市价值、私募证券以及发行人数量占 GDP 比重 • 投资者组成情况（财务公司、机构化的投资者等） • 补交保证金的通知变动次数及抵押品构成 • 证券（金融中介）和衍生工具（风控和管理）的复杂性和标准化程度 • 交易发起和执行的时滞 • 资金和风险管理市场中机构的集中程度	• 清算和结算交易的总值占 GDP 百分比的平均值和最高值 • 清算市值占 GDP 比重 • 通过系统处理的支付价值和支付次数的平均值和最大值 • 大额支付和指令支付份额 • 自身和第三方清算和结算业务份额 • 风险控制和管理 • 可用信贷业务条线和抵押池价值占总清算和结算债务的比重 • 结算系统要求的抵押品类型和水平 • 信用交易占系统总支付的百分比 • 未确认备付金 • 通过系统进行的交易份额 • 交易发起和开始的时滞 • 其他清算系统的交易份额

续表

金融机构		金融市场和金融工具	金融基础设施
主要指标	次要指标		
规模		规模	规模
风险控制和管理 • 发行的或有资产和负债（期货、衍生品、担保等）市场份额 • 信用强化（债券保险等）市场份额 • 基金市场份额 • 可出售和交易账面类资产与总资产比例 关联性 • 境内外子公司资产占总资产份额 • 集团内部风险敞口占总资产和负债的比重 • 交叉持有其他金融机构资产和负债风险敞口 • 国际性债权 • 跨境衍生品风险敞口（包括离岸金融中心）占外资总量的比例 • 国家风险敞口 • 信用违约互换和股票相关市场的联系 • 在中央银行、清算和结算余额所占份额 • 支付交易市场份额 • 自有和第三方交易份额	• 衍生品总值（包括资产和负债）及占总资产比率 • 以金融工具担保的卖方净头寸占监管资本的比例 • 与监管资本到期日不匹配的流动性资产占短期负债比例 • 未实现收益或未确认损失占核心资本比率 • 未确认备付金 • 离岸的和国外子公司占总利润的份额 • 国外子公司占所在国金融行业份额 • 信用价差、债券价差和市净率 • 跨境监管资本衍生品净敞口 • 国家净风险敞口占总股本的百分比 • 缓释风险抵押品占总资产百分比	关联性 • 主要市场参与者的头寸 • 衍生品市场名义价值占潜在现金市场份额的比例 • 不同市场间价格和价差的相关性	关联性 • 与其他系统联系的类型和数量 • 系统支持的机构和市场的规模和性质 • 交易类型（外汇、货币和资本市场等） • 以基础设施为基础的金融机构和金融市场类型

表 5 – 2　　　　　　　　　　　风险度量和系统性风险

	联系	以市场为基础	
		单变量	多变量
定义	金融机构关联模型	采用市场参与者违约概率对金融工具进行定价的方法	
使用校准	会计数据和盯市数据	市场价格：股票、信用违约互换溢价、债券价格和股票期权	股票期权、信用违约互换溢价和股票价格
输出	具有较高系统性影响的节点	单个机构违约概率	集合违约概率，单一违约触发的连锁违约概率，条件违约概率
是否对评估市场风险有帮助	是	否	是
优点	提供有关系统关联性的详细信息 为采取审慎政策提供依据	前瞻性 高频率 直接性 市场敏感度	前瞻性 高频率 直接性 市场敏感度 为风险管理提供决策依据 了解机构间的直接和间接联系
缺点	数据要求较多且缺乏规范的历史数据，在实践过程中，仅有清算机构和中央银行的风险敞口数据	仅适用于流动性状况良好的市场，且评估结果依赖于市场状况 政府实施注资或购买政策的潜在影响 无确切目标的市场评估，对采取审慎政策没有帮助	

四、系统重要性金融机构的评估方法

近年来，有学者对评估潜在系统重要性机构更复杂的方法进行了持续完善。最著名的有以下三种方法。

（一）网络分析法

这种方法和相关配套措施可以用来描述金融系统内各要素的相互关联程度，从而评估系统重要性的各个组成部分。网络分析的基础是机构风险矩阵建设（国内和跨国），关键要素包括节点的分布、强度和节点之间的连接等。多数网络分析主要集中用于银行信贷市场，有助于分析发放贷款及分析银行资产负债表的风险的重要性。由于实际操作中风险数据变化过于迅速，因此，网络分析法的结果有效性可能有限。

（二）基于市场数据的投资风险组合模型

证券投资组合方法适用于机构系统性风险"组合"的计量。在判断共同风险因素，跟踪一个机构如何在困境可能会影响他人，衡量个别机构对全系统风险的贡献度方面，这些方法比较完善。这类方法的魅力在于其可以运用证券及衍生工具市场价格公开数据完成分析，这类方法目前有几种，既可以从单变量的角度（一个机构一定时间），或多元方式（一个机构对金融体系中其他机构的影响）进行评估；也可以用"自下而上"的方法（例如，金融系统整体脆弱性反映金融机构的个体脆弱性），或采取"自上而下"的方式（通过检查整个金融体系的脆弱性）进行评估。后一种方法（往往很复杂）能更好解决各部分间相互作用的评估问题，但还需要对各部分风险全面评估。

（三）压力测试和情景分析

通过开展压力测试和情景分析，可以密切掌握金融机构的系统重要性随宏观经济形势变化的情况。随着经济环境的变化，各项评估因素的重要程度可能发生变化。系统重要性明显取决于评估时的经济环境状况，周期因素会影响评估结果。例如，在经济形势差的时期，损失相互关联，金融部门中相对不重要的因素都可能因为对总体信心丧失而使损失变得更大。评估对具体经济和金融环境的依赖意味着当金融系统处于压力下或风险状况发生实质变化时，需要更高频率评估新的信息。

以上三种方法各有偏颇。在实践中，很多国家通常是采取多种手段确定具有系统重要性金融机构、金融市场和金融工具，即综合采用以上不同方法来评估系统中的风险关联度。先是单独在不同层面打分，再汇总得分，然后根据不同层次得分来判断金融机构的系统重要性，且每个层次的评估均考虑到定性和定量信息。当然，最终方法的选择在根本上还需取决于每个国家自身金融体系的复杂程度，风险偏好和数据的可用性。目前，各国已普遍建立符合本国金融业特点、基于定性判断的系统重要性识别门槛。

第二节 解决系统重要性金融机构问题的基本途径

围绕系统重要性金融机构的处理问题，金融稳定理事会、巴塞尔银行监管委员会等国际金融组织以及美联储、美国货币监理署、英国金融服务局等主要市场经济国家金融监管当局进行了深入探索，研究出台了一系列监管措施。最具代表性的是，2010年11月1日，金融稳定理事会发布《系统重要性金融机构监管强度与有效性的建议》（以下简称《建议》），围绕如何提高监管强度、确保监管有效性提出了32条建议。

但是，综观迄今为止所出台的主要监管政策，其类型不外乎为以下三个方面：一是"事前避免型"，即采取监管措施，引导系统重要性金融机构降低规模和彼此在业务风险上的关联度，防止过大和过于复杂金融机构的出现，从根本上避免"大而不能倒"现象的发生；二是"事中防范型"，即立足于在保持系统重要性金融机构现有规模和业务范围不变情况下，提高其存续状态（ongoing concern）下稳健经营的概率，尽可能降低其倒闭可能性，具体表现为强化监管，提高监管标准，增强其损失吸收的能力；三是"事后处置型"，即通过制订周密可行的危机处置方案，确保系统重要性金融机构即使在危机期间也不至于对宏观金融稳定造成过大损害，切实防范系统性风险的发生。当然，从实施的具体效果看，以上任何一种政策都是存在缺憾的，都不能从根本上解决"大而不能倒"问题，唯有寻求三种政策的有效组合才是真正的问题解决途径。

系统重要性金融机构问题解决的目标，至少应该包括以下方面：一是风险监管框架必须有效，从而确保可以对可能带来系统性风险的金融机构加大监管力度，增强其损失吸收能力；二是危机处置框架必须有效，从而确保可以在不破坏金融体系稳定性、使纳税人免受损失的前提下，安全、迅速地处置所有金融机构；三是建立健全稳健的金融市场核心基础设施，以减少因单家机构破产而可能引发的传染风险。

一、降低系统重要性金融机构的规模、业务复杂性和风险关联性

（一）建设衍生工具合约的中央结算系统

近15～20年来，导致金融危机的重要原因之一是证券及衍生品激增，尤其是复杂的结构性衍生金融产品业务在银行资产负债中急剧增长，投资银行的资产负债的增长速度远远超过了实体经济债务增速。衍生品的急剧扩散骤然增强了系统重要性金融机构之间的系统相互联系性，如美国国际集团（AIG）业务规模太大、相互关联很强而不能倒闭。为降低倒闭期间大额敞口头寸风险，降低整个批发交易市场的内部关联，并减少因信用降级、顺周期

性带来的突发性风险,应尽快建立起交易对手衍生工具合约中央结算系统,通过采取行动来将较多的场外衍生交易带到中央交易所(CCPs)交易,对其规定更严格双边协议、更高资本要求以及初始和变动保证金要求。此外,还应防止商业银行实行全方位的"风险出售"。如美国新法案规定,为防止银行机构通过证券化产品转移风险,应要求发行人必须将至少5%的风险资产保留在其资产负债表上。

(二)大幅提高交易账户资本金要求

危机前包括英国苏格兰皇家银行、瑞士联合银行和美国花旗集团在内的部分大银行,都大量开办了高风险交易活动,为个别交易者创造了巨额利润,但给一般纳税人带来巨大成本,进而成为引发本轮全球金融危机的重要诱因,因而亟须提高交易账户的资本要求。这种规定虽然可能会导致交易活动减少,但这是可以接受的副作用。当然,在有些国家(如英国),区分零售业务和交易业务也并不是太容易。

(三)禁止商业银行从事自营业务(proprietary trading)

普遍认为,由商业银行交易账户和投资银行所持有的市场化证券产品带来的损失,在此次金融危机特别是危机初期扮演着重要的角色,对危机的暴发产生了重要的影响。国际货币基金组织(IMF)在2008年10月的《全球金融稳定报告》中就指出,来自交易账户市场化证券的损失当时要明显高于银行账户的贷款损失;即使随着危机的发展,市场化证券的价值开始有所反弹,而那些标准商业银行贷款产生的损失开始变得显著,但市场化证券产品的损失仍然突出。英国金融服务局(FSA)以伦敦的商业银行和投资银行为例进行了分析,认为危机的大部分损失来自那些结构性金融业务、复杂的信用证券产品及与信用衍生品有关的敞口和交易策略。因而禁止商业银行从事自营业务成为政策的首选。

2010年7月美国监管改革法案确定的"沃尔克法则"(Volcker Rules),明确要求除在特定情形下,商业银行不得从事自营交易,不得拥有或投资私募股权基金和对冲基金,允许情形下其投资总额不得超过银行一级资本的3%以及基金资本的3%,同时禁止银行做空或做多其销售给客户的金融产品。"沃尔克法则"将自营业务定义为除"作为做市交易的组成,或与促进客户关系相关联或有利于促进客户关系,包括与相关购买、销售、收购或处置业务有联系的风险转移对冲行为"以外的"购买、销售,或收购、处置股票、债券、期权、期货、衍生品或其他金融工具"。

监管者能够判断银行最初持有头寸是否是出于支持"做市交易"和促进"客户关系",而不仅仅是自营(即投机)考虑的一种方法是分析每日交易产生利润的变化。在这方面,最近英国金融服务局(FSA)对伦敦的银行的主要交易业务进行了分析比较,得到了以下两种类型的结果。一是每日交易利润分布频率显示以稳定的每日利润为主,仅有一些小的大额利润或交易损失波动的银行。这种类型的分布可假定银行最初的交易目的是属于"做市交易"考虑。二是每日交易利润分布频率显示在某些特定的日期有大额损失或大额利润的银行。这类银行的交易更有可能属于"沃尔克法则"所界定的自营交易行为。

(四)推行"简约金融"模式

推动银行简化内部结构,是防范系统重要性金融机构风险的基础环节。一是可实现强制分拆制度。对有系统性风险的金融机构,美国《多德—弗兰克华尔街改革与消费者保护法案》规定,即将成立的金融稳定监管委员会将获得"先发制人"的监管授权,即为防范可能的系统性风险,在三分之二多数投票通过后,可批准美联储对大型金融机构强制分拆重组或资产剥离。此外,美国财政部将建立金融研究所,配备经济学家、会计师、律师、前任监管人员等专家,协助金融稳定监管委员会进行金融信息的收集和分析,并将相关结果定期上报国会并公开披露。二是实行资产剥离制度。要求银行将信用违约掉期(CDS)等高风险衍生品剥离到特定的子公司(银行可保留常规的利率、外汇、大宗商品等衍生品),而这些公司将接受特别的资本比例、保证金、交易记录和职业操守等监管要求。

可以说,在降低系统重要性的规模、业务复杂性和风险关联性方面,"沃尔克法则"将发挥极大的作用,积极作用是明显的。但是,我们也应看到,在"沃尔克法则"之下,高盛、摩根斯坦利等投行的自营业务将受到很大限制,而危机前带来丰厚回报的场外衍生品交易也将明显萎缩,从长期来讲将对自营、场外交易等华尔街高利润部门造成影响。

二、提升监管标准，改进监管方案，增强系统重要性金融机构的损失吸收能力

（一）资本附加

系统重要性金融机构应当具有较高的损失吸收能力，包括要求银行采用资本附加（capital surcharge）和或有资本（contingent capital）等可用于提高其损失抵御能力的资本或其他工具。其目的有二：一是增加资本数量；二是提高资本质量。对系统重要性金融机构实施附加资本要求，可以实现三个"有利于"：一是有利于提高系统重要性金融机构的风险抵御能力，降低倒闭概率；二是有利于减少系统重要性金融机构造成的冲击，降低市场失灵的可能性；三是有利于提高系统重要性金融机构的运营成本，缓解其单方面的竞争优势，促进市场的充分竞争。应当强调的是，在性质上，资本附加应当属于"资本缓冲"（capital buffer）或者说是留存资本（capital conservation），而不是提高最低资本要求；而且，为确保所附加的资本能够真正用于抵御损失，应该注重附加资本的质量，其必须有持续经营条件下吸收损失的能力，亦即只能是一般应有以普通股和利润留存为代表的核心一级资本。

（二）流动性附加（liquidity surcharge）

流动性的附加主要考虑两个方面：一是对流动性覆盖率（liquidity coverage ratio, LCR）提出附加要求；二是逆周期的流动性附加问题，根据经济周期阶段的变化，可对流动性覆盖率设定逆周期的附加要求。

（三）大额风险暴露限额（large exposure limits）

风险集中度过高是导致一些系统重要性金融机构倒闭并进而诱发全球金融危机的重要原因。因而，对于系统重要性金融机构来说，必须狠抓大额风险暴露的监管，应该降低大额风险暴露占银行净资本的最低比例要求。

（四）征收金融机构税（levies）

本轮国际金融危机表明，与普通金融机构相比，系统重要性金融机构对宏观金融稳定有着额外的影响，对其他金融机构的运营有着额外的副作用，因而，

系统重要性金融机构应支付相应的风险溢价，具体形式为征收附加税。而且，征税还有利于增加财政收入，分担救助金融机构的成本。当然，鉴于征税也有加重银行业金融机构的负担、影响银行金融机构的资本充足水平的副作用，因而该项措施是否出台，需要慎重考虑。

除上述四种方法外，各国监管当局还应结合巴塞尔委员会新出台的相关公司治理、风险管理的国际标准，对系统重要性金融机构在集团层面风险偏好设定、风险管理政策、信息管理系统建设和集团内部交易等方面提出明确的监管要求。重要的是，对于系统重要性金融机构，各国应建立各自的监管框架，以实现有效的并表监管，杜绝由于多个监管机构同时监管同一家金融机构及其附属机构而引起的职责划分不明、信息收集及评估方面的障碍等问题。

三、建设系统重要性金融机构的自救安排（bail – in）机制

所谓自救安排（bail – in），是指借助合同约定或法律强制规定的形式，通过将债权转换成普通股（conversion）或债权核销的方式，强制要求债权人承担系统重要性金融机构的损失的危机处置机制。其目标为通过要求债权人承担金融机构的损失实现有序处置，减轻政府的财政负担，防止金融机构倒闭给金融体系造成的损害，降低负外部性。2010 年 7 月，巴塞尔委员会资本定义工作组提出了《确保不能持续经营情况下监管资本吸收损失能力的建议》（*Proposal to ensure the loss absorbency of regulatory capital at the point of non – viability*），向全球公开征求意见。该文件没有明确区分应急资本和自救安排，建议国际活跃银行在发行非普通股一级资本工具和二级资本工具时，应当在合约中纳入条款，强制规定在政府注资等触发条件下将相关债务转换成普通股，用来吸收银行可能面临的损失。2010 年 9 月 1 日，金融稳定理事会监管合作常设委员会（SRC）会议对自救安排进行了讨论，并研究了自救安排设计中存在的问题。会议分析了合同式自救安排和法律强制性自救安排各自的优缺点，建议重点推进合同式自救安排的设计。

作为提高监管资本损失吸收能力的两种形式，自救债务工具与应急资本有着明显的区别：一是应急资本只能依靠合约形式存在，而自救债务工具存在的基础既可以是合约，又可以是法律或监管制度；二是应急资本既可用于正常经营（going concern），也可用于非正常经营（gone concern）；而自救债务工具仅适用于银行已无法正常经营的状态；三是虽然两者均包括可转债，但次级债属

于应急资本,自救债务工具不包括次级债,主要指清偿权优先于次级债的普通债;四是应急资本只能在特定条件下转换为普通股,而自救债务工具则存在转股和直接予以核销两种实施形式。

关于自救债务工具的设计,应着重考虑以下问题。

(一) 自救债务工具的触发机制(triggering mechanism)

也就是说,在持续经营期间(going concern)的什么条件下,可对自救债务工具实施债转股?一般认为,自救债务工具将仅在银行难以正常经营并可能导致监管干预的情况下转化成普通股。

(二) 自救债务工具的定价机制(pricing mechanism)

由于具有特定条件下强制转股或核销的特性,具有一定的普通股属性,因而,自救债务工具的定价将不同于严格意义上的可转债和应急资本。那么,自救债务工具转换成普通股的价格如何确定?一般认为,自救债务工具实施的情形为银行已经无法正常经营,因此应当予以一定的折扣率(haircut),具体折扣将由交易双方协商确定。

(三) 自救债务工具的实施机制(exercising mechanism)

在一家银行同时有普通股、应急资本和自救债务工具的情况下,一旦其面临经营困难,在吸收损失的工具选择中,首先是普通股;其次是应急资本,即将次级债转换为股本;最后才是自救债务工具,即由自救安排债务工具承担损失。三种危机应对措施具有严格的先后次序。在债转股方式下,普通债券、次级债券等按从高到低的转换率被转换成普通股,通过增加实际可用股本来提高银行吸收损失的能力。在核销方式下,一旦监管者确认银行满足自救触发条件,将控制银行并向投资者(包括普通股、优先股、次级债和可能纳入自救机制的普通债的拥有人)发行票据,其面值等于触发自救前的实际持有数量。在核销过程中,损失按原资产负债表的清偿顺序逐步被吸收。具体而言,损失首先为普通股,其次为优先股,再次为次级债券,最后为普通债券所吸收。

关于 bail-in 方式,欧洲监管者和美国监管者的意见各不相同。前者认为,要求债权人承担损失,既减轻了政府的财政负担,又能防止系统重要性机构倒闭可能带来的系统性影响,因而是系统重要性金融机构问题解决的最佳选择。后者认为,自救安排作为处置方式存在两大明显缺陷:一是仅强调债权人承担损失的做法，影响了有效处置机制的建立，无法真正让有问题金融机构退出市场；二是当系统重要性机构面临问题时要求债权人承担损失，将可能引发市场逃离金融机构债的反应（flight from the bank debt），成为另一种形式的挤兑，甚至有可能引发系统性金融危机。

四、健全有效处置系统重要性金融机构的政策和法律框架

（一）授予金融监管当局足够的监管权力

系统重要性金融机构问题解决的最基础制度保障，应该是各国金融监管当局被真正赋予以下权力：一是必须有权针对国内 SIFI 问题，制定出完整有效的监管政策框架，以降低与其国内及全球的系统重要性金融机构相关的风险和外部性；二是必须有权拥有足够的独立性和行政资源、财务资源，从而可以尽早识别系统重要性金融机构的风险并进行干预，要求机构内部根据需要作出调整，杜绝不稳健的做法，并采取恰当的应对措施，防止产生额外的系统性风险；三是必须有权按照清晰的可操作的标准，要求国内金融机构改变其法律架构、经营结构和经营方式，以促进恢复和处置措施的执行。值得强调的是，金融机构一旦进入破产清算程序，政府应有广泛的权力逐步关闭这些机构，包括出售破产机构的资产、负债或部分业务；将破产机构的重要业务转移到新的能承续这些业务的过渡实体；并基于适当的条件和赔偿方式，摒除破产机构繁重的合同义务。

（二）健全系统重要性金融机构危机的处置制度

一是应确保所有金融机构都应该是可处置的，且在其所在国特定处置框架下，无须依靠纳税人支持就可被有序处置。处置过程中，既应建立起股东和债权人按先后次序吸收损失的机制，确保股东和无抵押、无保险的债权人能依照其级别的高低吸收损失，又应确保系统重要性机构关键功能的正常运行能够得以维持，不至于对所在国的宏观经济运行造成较大的破坏。建立生前预嘱（living will）是一种可行的处置制度选择。生前预嘱要求金融机构除了制定处置机制外，还要针对短期破产制订应急计划，识别处置机制存在的问题，并且能够迅速为监管者提供需要的信息。这些计划应该随着组织机构的业务和经济条件发展而发展。

二是应指定专门的处置机构，负责系统重要性金融机构的处置。该处置机构应具备金融稳定理事会《有效处置制度的关键属性》及《巴塞尔委员会跨境银行处置工作组建议》中提出的相关权力和工具，并应能针对各家金融机构开展的国内和国际业务的具体性质，采取灵活的处置措施。最基本的工具，应该是在符合法律框架和市场承受力的前提下，借助债转股及减计安排，对持续经营的金融机构进行注资。三是政府援助处置过程中产生的最终成本费用，应由金融机构或金融服务机构承担，而非纳税人承担。如美国新法案规定，由联邦存款保险公司建立有序清算机制，对系统性重要金融机构进行清盘，股东及无担保债权人将承担相应损失；通过向大型金融机构征费建立"清算基金"，用于对濒临破产的金融机构的破产清算。四是政府应有权要求系统重要性金融机构对其法律和运营结构及业务实践作出调整，以确保系统重要性金融机构恢复和处置计划（RRPS）的有效实施。

（三）健全系统重要性金融机构的跨境危机处置机制

一是系统重要性金融机构的处置机构的任务应得到法律授权，确保其可以充分履行寻求与国外处置机构合作的义务。二是各国应授予处置机构开展跨境合作和信息交换的法律权利。三是在适当的情况下废除各自国家法律中可能阻碍公平跨境处置的条款（如给予在本国银行储户比在外资银行储户更多的优惠待遇）。四是各国应保留在缺乏有效合作和信息共享的情况下自主采取任何行动的权利。五是在处置 SIFI 时，母国监管当局应当考虑对东道国的影响。当然，若跨境机构实行子行化安排，处置事宜应由东道国负责，但应与母国（或工作组）监管和处置当局协商。六是东道国当局应了解在其国内经营的外资机构对于其国内金融体系和经济的系统性影响和意义，遵照适用的处置制度和合作协议，决定应允许该外资机构建立分行还是子行。

（四）审慎选择系统重要性金融机构危机的处置方式

本轮金融危机似乎表明，处置陷于严重流动性危机的系统重要性金融机构仅存在两种可行方案：一是试图通过注资、特别流动资金援助、受资助的抗风险能力强的金融机构收购或这些措施的组合来控制系统性风险。最为典型的例子是美国政府对美国国际集团的救助。二是允许系统重要性金融机构通过正常的破产程序宣布破产。最为典型的例子是 2008 年秋雷曼兄弟公司的破产。理论上说，这两种方式都各有优劣。政府注资援助下的兼并，虽然可以避免大型金融机构的轰然倒塌，但毕竟属于政府注资前提下的"包办婚姻"，有可能助推"大而不能倒"全球性金融机构规模的不断扩张，进而破坏市场纪律、不同规模金融机构之间的平等竞争机制，损害监管者和所有市场参与者的预期，无限扩大系统重要性金融机构倒闭的副外部性。相反在某种程度上说，任其破产有时反而是处置系统重要性金融机构的一个"次优选择"。

（五）建设大型跨境金融集团风险处置的成本分摊机制

对于大型跨境银行集团，实际上还存在一个可能出现的"大而无法救援"的问题。固然，母国政府认为应通过资本支持和担保来承担救援行动，以此保证整个全球集团的安全。但目前普遍遵循的公约似乎存在三个问题：一是母国承担所有成本，救助行动惠及整个全球经济，这种做法似乎不公平；二是母国可能不愿接受这些费用，即使全球经济遭殃，也任其危机继续发展；三是自身可能无法负担营救任务，如冰岛案例。因此，为有效解决这些问题，除明确各国金融监管当局的独立性和权力外，还必须建设全球系统重要性金融机构的救助成本分摊机制。

五、对全球意义上的系统重要性金融机构实施更加严格的监管制度

（一）更高的损失吸收能力

应要求 G–SIFI 提高损失吸收能力，以充分反映其给金融体系可能带来的更大风险。G–SIFI 的损失吸收能力应高于《巴塞尔协议Ⅲ》规定的最低标准，并高于其他银行。

（二）有效的监管联席会议机制

要能够通过监管联席会议机制协调各方形成合力，对 G–SIFI 面临的风险进行严格、准确地评估。特别地，对于 G–SIFI 而言，监管联席会议机制下交换的信息质量应能够足以用来支持准确评估金融机构所面临的风险。

（三）高效的跨境危机处置制度安排

一是母国和东道国当局之间应就 G–SIFI 监管达成专门的合作协议。该协议应明确规定母国和东道国当局在机构处置计划和管理中的作用和责任。二是应

针对 G-SIFI 制订强制实施国际化的恢复和处置计划（RRPs），并在跨境危机管理工作组（CMG）框架内协商每家 G-SIFI 的危机管理合作协议。三是至少每年举办一次由本国和相关东道国当局最高级官员出席的会议，以评估"G-SIFI 恢复和处置计划"（RRP）的稳健性。

（四）快捷的跨境信息共享机制

各国监管机构、中央银行和处置机构应能够进行合作并共享一切相关信息。双方监管当局应明确建设在正常时期和危机时期信息共享的相应法律基础及共享模式。

第三节 中国银监会在加强系统重要性金融机构监管方面的做法

在中国，一般认为，系统重要性金融机构的主体是"五家银行"，即中国工商银行、中国农业银行、中国银行、中国建设银行和交通银行。截至目前，这些银行都已经在国际资本市场上市，在国际上享有良好声誉。近年来，中国银监会积极探索大型银行监管的有效做法，不断提升大型银行监管的有效性。

一、严格风险监管制度，提升风险监管标准

1. 建立严格的"防火墙"制度，防范跨业跨境风险。坚持审慎推进大型商业银行综合经营业务试点，强调信贷市场与资本市场之间严格的"防火墙"制度，禁止银行为企业发债提供担保，禁止母行为境内外子公司进行直接股权投资的企业融资。要求大型商业银行审慎开展资产证券化，严格要求洁净的信贷资产转让。

2. 推动改善公司治理，提升风险管理。一是对系统重要性银行的董事、高管人员执行严格的准入审查制度。实施"三考""三承诺制度"。"三考"是指考试、考核、考察。考试，就是通过专业考试，看其是否具备任职所需的理论知识和专业技能；考核，就是通过审核个人职业经历、履职表现，看其业务能力、职业操守和有无不良记录；考察，就是通过面试面谈，看其综合素质和展业潜能。"三承诺"是指董事、高管人员在履职前要书面作出三项承诺保证，即承诺没有未清偿的个人债务，承诺诚信守规、履职尽责，承诺遵守监管规定并

定期报告履职情况。二是加强对董事、高管人员的履职评价。银监会出台了商业银行董事、高管履职评价制度，督促其监事会建立履职评价体系，而每家大型银行也制定了履职评价办法，每年评价一次。三是推动大型银行建立薪酬激励约束机制，及时出台并督促银行贯彻落实《商业银行稳健薪酬监管指引》，健全业绩考评办法，提高风险指标考核权重，建立科学考核体系。四是积极引导商业银行建立全面风险管理制度，结合新资本协议的实施，督促大型银行加强对各类主要风险的管理并将风险管理状况与银行的资本水平相挂钩；推动商业银行持续更新风险管理手段和方式，通过压力测试等方法前瞻性地管理银行风险。

3. 对大型银行实施较高的资本要求。一是对大型银行的资本数量提出附加要求。结合留存资本、逆周期资本和系统重要性资本附加要求，提高对大型银行的资本充足率监管标准，将其资本充足率触发值定为11.5%。二是严格对大型银行资本的质量要求。要求大型银行的核心资本占比在75%以上，对银行之间互持次级债要进行扣减，债务资本工具不得超过资本总额的25%，大型银行核心资本比率触发值为9%，上述指标高于巴塞尔委员会的最新要求。三是加强资本约束。监管部门按季监测大型银行的资本充足率变动情况，督促其控制风险资产增速，做到资本补充和资本约束的平衡发展。四是督促大型银行建立资本补充规划，为中长期的稳健经营打下良好基础。

4. 强调对五家大型银行的监管协作。一是全方面收集信息，深化对系统重要性金融机构的了解和互动，提高监管的主动性、前瞻性和有效性。二是加强并表监管，推动银行并表监管能力的提升。持续评估银行集团的并表管理能力，关注银行、非银行附属机构的风险状况，并评估其对母银行以及整个银行集团的风险影响。三是加强跨境、跨业监管协作。目前中国银监会已经与36个国家和地区的境外监管当局和国内证监会、保监会等部门签署了监管备忘录，召开了中国工商银行和中国银行全球监管联席会议。

二、开发腕骨监管指标体系

为强化对系统重要性金融机构的监管，增强商业银行动态监管理念的可操作性，提高银行业动态监管的有效性，中国银监会大型银行监管部门于2010年提出了"腕骨（CARPALS）非现场风险监管指标体系"。CARPALS代表七类大型银行监管的主要指标体系，其中，C指Capital adequacy，代表资本充足性；A

指 Asset quality, 代表资产质量; R 指 Risk concentration, 代表风险集中度; P 指 Provisioning coverage, 代表拨备覆盖情况; A 指 Affiliated institutions, 代表附属机构; L 指 liquidity, 代表流动性; S 指 Swindle prevention & control, 代表案件防控 (杨家才, 2010)。这个指标体系涵盖资本充足率、不良贷款率、拨备覆盖率、大额风险集中度、流动性比率、案件风险率、附属机构监管比率等 7 个领域, 共有 13 项具体指标。具体情况如下。

(一) 资本充足率

1. 资本充足率。

$$C_r = C_{\min} + C_p \pm \mu$$

其中, C_r 为资本充足率监管目标值; $C_{\min}$ 为最低资本要求, 即 8%; C_p 为根据巴塞尔委员会要求确定的资本缓冲要求, 包括新协议第二支柱资本要求、留存资本要求、对系统重要性银行资本附加要求、逆周期资本要求, 由监管当局根据实际情况评估确定; μ 为监管调整值, 根据经验数据, μ 值在 [-0.3%, 0.3%] 区间内。

2. 杠杆率。

$$LR_r = \frac{CoreC}{A} \pm \mu$$

其中, LR_r 为杠杆率监管目标值; $CoreC$ 为核心资本总额; A 为经调整后的表内外资产总额, 包括全部表内资产、表外非衍生品 100% 的风险转换和表外衍生品的审慎折算; μ 为监管调整值, μ 值在 [-0.5%, 0.5%] 区间内。

(二) 贷款质量

1. 不良贷款率。

$$NPL_{tr} = \frac{1}{3} \sum_{i=1}^{3} NPL_{t-i} - L'_t \pm \mu$$

其中, NPL_{tr} 为 t 期不良贷款率监管目标值; $\frac{1}{3} \sum_{i=1}^{3} NPL_{t-i}$ 为前 3 年平均不良贷款率; L'_t 为当年新增贷款对不良率下降的贡献度; μ 为监管调整值, 根据经验数据, μ 值原则上在 [-0.5%, 0.5%] 区间内。

2. 不良贷款偏离度。

$$L_d = NPL_r - NPL_b$$

其中，L_d 为不良贷款偏离度监管目标值；NPL_r 为实际不良贷款率；NPL_b 为账面不良贷款率。

(三) 大额风险集中度

1. 单一客户集中度。

$$SL_{tr} = \frac{1}{3}\sum_{i=1}^{3} SL_{t-i} \pm \mu$$

其中，SL_{tr} 为单一客户集中度监管目标值；$\frac{1}{3}\sum_{i=1}^{3} SL_{t-i}$ 为过去3年单一客户风险集中度的平均值；μ 为监管调整值，原则上在 [-2%, 2%] 的区间范围。

2. 单一集团集中度。

$$SC_{tr} = \frac{1}{3}\sum_{i=1}^{3} SC_{t-i} \pm \mu$$

其中，SC_{tr} 为单一集团风险集中度监管目标值；$\frac{1}{3}\sum_{i=1}^{3} SC_{t-i}$ 为过去3年单一集团风险集中度的平均值；μ 为监管调整值，原则上在 [-3%, 3%] 的区间范围。

(四) 拨备状况

不良贷款拨备覆盖率。

$$P_{tr} = P_{min} + [\Delta L_{t-1} - (GDP_{t-1} - CPI_{t-1}) - 5\%] \pm \mu$$

其中，P_{tr} 为 t 期拨备覆盖率的监管目标值；P_{min} 为拨备覆盖率，最低要求值为130%；ΔL_{t-1} 为 $t-1$ 期贷款增长率；GDP_{t-1} 为 $t-1$ 期 GDP 增长率；CPI_{t-1} 为 $t-1$ 期 CPI 增长率；μ 为监管调整值，根据经验数据，μ 大致在 [-5%, 5%] 区间内。

(五) 附属机构

1. 附属机构资本回报率。

$$AROE_r = \frac{R_a}{E_a} \times 100\% \pm \mu$$

其中，$AROE_r$ 为附属机构资本回报率监管目标值；R_a 为附属机构当年税后利润；E_a 为附属机构当年平均所有者权益；μ 为监管调整值，原则上处于 [-2%, 2%] 区间内。

2. 母行负债依存度。

$$FDR_r = \frac{TI - CI}{TL} \times 100\% \pm \mu$$

其中，FDR_r 为母行负债依存度监管目标值；TI 为母行对附属机构的全部资金投入，包括资本金投入及拆借等授信方式的资金投入；CI 为母行资本金投入；TL 为附属机构负债总额；μ 为监管调整值，原则上处于［-5%，5%］区间内。

（六）流动性

1. 流动性覆盖率。

$$LCR_r = \frac{HQLA}{NCO} \times 100\% \pm \mu$$

其中，LCR_r 为流动性覆盖率监管目标值；$HQLA$ 为高流动性资产储备，包括现金、超额存款准备金、中央银行票据、国债等；NCO 为未来30日的资金净流出量，即资金流出项目总额减去资金流入项目总额后的净额；μ 为监管调整值，原则上处于［-10%，10%］的区间范围。

2. 净稳定融资比率。

$$NSFR_r = \frac{ASF}{RSF} \times 100\% \pm \mu$$

其中，$NSFR_r$ 为净稳定融资比率监管目标值；ASF 为可供使用的稳定资金；RSF 为业务所需的稳定资金；μ 为监管调整值，根据银行业整体流动性情况确定，处于［-20%，20%］的区间范围。

3. 存贷比。

$$LTD_{tr} = \frac{1}{3}\sum_{i=1}^{3} LTD_{t-i} \pm \mu$$

其中，LTD_{tr} 为存贷比监管目标值；$\frac{1}{3}\sum_{i=1}^{3} LTD_{t-i}$ 为前3年存贷比平均值；μ 为监管调整值，原则上处于［-2%，2%］区间内。

（七）案件风险

案件风险率。

$$S_{tr} = \frac{1}{3}\sum_{i=1}^{3} \left(\frac{S}{A}\right)_{t-i} \pm \mu$$

其中，S_{tr} 为案件风险率监管目标值；$\frac{1}{3}\sum_{i=1}^{3}(\frac{S}{A})_{t-i}$ 为前 3 年案件风险率平均值；μ 为监管调整值，原则上处于 [-2%，2%] 区间内。

"腕骨"监管风险指标体系的有效实施，离不开以下四项关键监管策略。

1. 在反复测算的基础上科学确定各项指标的年度目标值。银行监管部门在综合考虑各行资本充足状况、资产规模、贷款增幅、盈利能力、风险抵御能力等因素的基础上，科学设定各项风险指标的监管目标值。在目标值的设置上应严格按照"因行而异"的原则，即认真分析单家商业银行的经营情况及风险抵御能力，采取"一行一策"的方式，分别计算出适用不同银行的风险指标监管目标值。

2. 适时进行监管目标值的动态调整。动态监管的精髓在于"因时而异"，因而银行监管部门高度重视动态监管指标的后评价工作，密切关注商业银行在动态监管指标实施后的监管政策效应。如果经济周期的阶段出现转换，监管部门将根据 GDP 增速与信贷增速的比率等宏观经济指标迅速调整有关风险指标的监管目标值，以确保风险指标监管目标值能快速适应经济周期的变化。原则上，主要风险监管指标在频度上实行"一年一调、季度考核"的方式，即监管目标值每年调整一次，监管部门按季度对商业银行执行监管目标值的情况进行考核。

3. 做好监管部门与商业银行之间的沟通协调。畅通的信息沟通机制是动态监管体系得以良好运行的基石，因而，腕骨监管指标体系的有效实施，需要监管部门与商业银行之间的有效信息沟通。一是监管部门每年年初以监管意见书的形式将调整后的动态风险监管指标下发各行，并要求各行董事会、高管层将银行监管部门的动态监管要求分解落实到当年的经营计划和业绩考核体系之中；二是监管部门通过监管谈话、建立商业银行动态风险指标定期报送制度等手段，动态实时地了解商业银行执行动态监管指标体系的状况，将对动态风险指标的监测分析作为日常非现场监管工作的重要内容。

4. 加大动态监管指标的执行力度。对于实际指标值明显偏离监管目标值和超越监管容忍度的银行，银行监管部门会启动相应的监管惩罚措施。一是窗口指导。监管部门通过约请高级管理人员谈话、开展风险提示等手段，督促该行尽快整改，使风险指标值回归监管目标区域。二是暂缓准入。在商业银行的监管指标回归监管容忍度区域之前，适度暂缓审批机构设立、新业务申请等市场准入事项。三是缩减薪酬。银行监管部门将依据金融稳定理事会（FSB）的要求，将动态监管指标执行状况与银行可变薪酬规模及薪酬的延期支付挂钩。对于主要风险指标值明显偏离监管目标值的银行，对其高管人员和重要风险岗位人员降低可变薪酬规模，对其延期支付的薪酬部分实施扣减；对于特别严重的，实施薪酬追回制度。四是现场检查。对于主要风险指标值不正常的银行，监管部门可以针对违规风险指标进行现场检查立项，以现场检查促进整改落实。五是履职评价。银行监管部门将动态风险指标执行情况作为银行高管履职评价体系的重要内容，使动态风险指标真正为各家商业银行的高管人员所重视，进而提高风险指标的权威性和执行力。

第六章 薪酬监管

第一节 金融稳定理事会（FSB）对稳健薪酬的原则规定

系统重要性金融机构的不当薪酬体制是导致2007年开始的金融危机的重要因素，薪酬制度改革必须纳入监管改革计划，以建立一个本质上更为稳健和具有抵御能力的全球银行体系，这已经成为危机后国际银行业的共识。G20历届峰会都强调了加强薪酬监管的重要性。正是基于该背景，2009年4月，金融稳定理事会（FSB）发布《金融机构稳健薪酬做法原则》（以下简称《做法原则》），提出了金融机构稳健薪酬实践的九条原则，旨在确保薪酬实践得到有效管理，使薪酬制度与审慎的风险承担相结合，并要求巴塞尔银行监管委员会、国际保险监督协会（IAIS）及国际证监会组织（IOSCO）采取一切必要的措施以支持和推动该标准的实施。2009年9月，FSB公布了一系列原则执行标准，并于2010年第一季度开展对各成员国薪酬原则和执行标准的第一次专项同行审议。基于行业竞争挑战和各机构面临的实际问题，FSB在同行审议报告中提到"监管机构应该在技术层面支持对薪酬进行风险调整的良好实践"，并建议"巴塞尔委员会应该在2010年10月底提出薪酬制度与风险和绩效挂钩的方法及其有效性的讨论稿"。2011年5月，FSB开展对各成员国薪酬原则和执行标准的第二轮专项同行审议。

金融稳定理事会（FSB）发布的金融机构稳健薪酬实践原则包括九个方面。

原则1：金融机构董事会必须积极监督薪酬体系的设计和运作。薪酬体系不应该主要由首席执行官及其团队控制。相关董事会成员和员工必须在风险管理和薪酬方面具备独立性和专业知识。

重要金融机构都必须在董事会中建立薪酬委员会，代表董事会监督薪酬机制的设计和运作。该委员会的工作包括：一是该委员会的构建应使其能够对薪酬政策和激励机制作出专业、独立的判断以管理风险、资本和流动性；另外，未来潜在薪酬是否发放和何时发放具有不确定性，委员会应认真评估这部分薪酬的支付方式。在此过程中，委员会的决策应与公司的财务状况和未来发展相一致。二是与风险委员会合作评估激励机制。三是确保薪酬政策符合 FSB 的原则及 BCBS、IAIS 和 IOSCO 的补充指引以及国家监管当局发布的相应规则。四是年度薪酬评估如果在适当情形下外包，应确保评估独立于管理层，并向监管当局报告评估结果，或向公众披露。该评估应考察薪酬政策是否符合 FSB 原则或国家监管当局发布的其他适用原则。

原则 2：金融机构董事会必须监测和评估薪酬体系，以确保其按预定目标运作。薪酬体系遵守设计的政策和程序的情况还应该定期受到评估。薪酬的结果、风险度量以及风险的结果与政策设计的一致性都应该受到定期评估。

原则 3：负责财务和风险控制的工作人员必须保持独立性、有适当的授权，且其薪酬应独立于所监管的业务领域并与其在机构中的关键作用相一致。这类工作人员拥有有效独立性和适当权力对于保持财务和风险管理对激励性薪酬影响的完整性十分必要。

原则 4：必须根据所有类型的风险调整薪酬。两名代表各自机构的工作人员如果创造同样的短期利润但承担不同的风险，应在薪酬体系中区别对待。总的来说，定量衡量和自主判断应在风险调整决策中发挥作用。风险调整应考虑所有类型的风险，包括一些很难衡量的风险，如流动性风险、信誉风险和资本成本。

对重要的金融机构而言，可变薪酬的规模和分配应充分考虑目前和潜在的风险，特别是要考虑以下要素：资本的成本和数量；流动性的成本和数量；与构筑在当前收益中的未来潜在收益的时间分布和可能性相一致。一般情况下，财务表现大幅下滑或亏损，金融机构应大幅减少总的可变薪酬规模，应当考虑到目前的薪酬和降低以前的应得薪酬，包括通过相应的惩罚或收回安排。

重要的金融机构应确保其可变薪酬的数量不能限制其增强资本实力的能力。应增加的资本应当是当前资本的一个函数。在不能维持稳健的资本基础的情况下，监管当局可以限制可变薪酬占收入的比例。

原则 5：薪酬结果应与风险结果相称。薪酬体系应将奖金池与整个机构的业绩挂钩。对雇员的激励性支付应与个人及其业务对整体业绩的贡献挂钩。在机构、部门或经营单位业绩表现差的情况下，奖金应减少或停发。

应当重新评估有关离职费的合同规定。离职费只有在与长期的价值创造和审慎的风险承担一致时才能支付。今后任何形式的离职薪酬都应当与长期的业绩挂钩，离职费的设计不应奖励失败。

重要的金融机构应当要求员工承诺不采用避险策略或者通过购买薪酬险或责任险的方式以降低薪酬与风险的关联性。为此，公司应当在必要的时候建立合适的合规安排。

原则6：薪酬支付计划应对整个时期的风险具有敏感性。金融机构不同业务活动的利润和损失是在不同时间上实现的。应相应延迟可变的薪酬支付。在风险要通过长时间来体现时，不应在短期内完成支付。当出现对无法实现的收入进行薪酬支付或收入实现的可能性在支付时仍不确定的情况时，管理层应提出质疑。

对于高级管理层以及对风险有重要影响的员工的薪酬设计，应遵循以下标准：一是大部分薪酬应是可变的，并基于个人、业务条线或整个公司的实际表现支付；二是可变薪酬的大部分，如40%~60%，应延期若干年支付；三是该比例与职务和/或所承担的责任挂钩，如高级人员，延期支付部分可以超过60%。在延期期限与业务性质、风险和员工的活动相一致的前提下，延期支付的期限不得低于3年。延期支付的剩余部分可以现金的方式逐步支付，但在剩余期限内如出现亏损，未支付部分应可以收回。

有保证的奖金制度不符合稳健的风险管理原则，也不符合业绩与薪酬挂钩的原则，因而不应成为薪酬机制的一部分。有保证的最低奖金支付仅适应于新雇佣员工，且应控制在入职的第一年。

原则7：以现金、股票和其他工具构成的薪酬组合应与风险相协调。薪酬组合中不同部分的比例应根据员工的职位和角色的不同而调整。金融机构应具备解释这种薪酬组合的合理性的能力。

对于可变薪酬，如其在薪酬结构中所占比重超过50%，应以股票、类似金融工具或其他非现金工具的方式支付，前提是这些工具带来的激励与长期的价值创造和风险的时间分布相一致。对股票或类似金融工具的奖励应制定恰当的股票留存政策。

原则8：应对薪酬做法进行严格、持续的监管审查，一旦发现缺陷，必须立即采取监管措施加以纠正。监管机构在对金融机构进行风险评估时，应包含对薪酬做法的评估。金融机构应与监管机构进行合作，以确保其薪酬做法符合《做法原则》的要求。不同成员经济体或一国内不同监管机构对薪酬做法的监管可能存在差异，但所有监管机构都应对薪酬问题进行有效评估和干预。各国监管当局应在 FSB 的平台上合作,以确保不同金融机构和不同成员经济体之间在薪酬标准上的统一。

监管当局应保证 FSB 薪酬原则以及该标准在其辖区得到有效实施。应要求系统重要性金融机构证明其薪酬制度体现的激励机制考虑了风险、资本、流动性以及收益的可能性和及时性等。如果金融机构达不到原则及标准的要求,监管当局应采取快速补救措施并在必要的情况下采取纠正措施以消除由未遵守或未完全遵守有关措施而导致的风险。各国监管当局应加强合作以保证这些标准全球实施的一致性。

原则 9:金融机构应对薪酬做法进行清晰、全面和及时的信息披露,以利于所有股东监督。股东应有能力对机构战略和风险偏好程度的确立依据的可信度进行评估。对金融机构的风险管理及其他控制体系的适当披露将有利于其对手方作出更好的决策。监管机构应能获取评估金融机构是否符合《做法原则》所需的全部信息。

除了各国的具体要求外,薪酬年报应及时向公众披露以下信息。一是薪酬政策的决策程序,包括薪酬委员会的结构和权限。二是薪酬体系的重要特点,包括业绩衡量和风险调整标准、薪酬和业绩的联系、延期支付政策和发放标准、现金和其他形式的薪酬如何分配。三是量化的总量信息,包括高层管理人员和对公司风险有重大影响的员工的细化信息。应重点说明以下信息:年度薪酬的数量,细化到固定的薪酬、可变的薪酬和受益人员数量;可变薪酬的数量和形式:现金、股票、类似股票的工具及其他;延期支付的薪酬,包括已支付和未支付的;该财务年度的延期支付薪酬的数量,已支付的和按表现调整后扣减的;该财务年度的入职费、离职费和受益人数量;该财务年度离职费的数量、受益人数量和单个员工获得该项费用的最高值。

2009 年 10 月 26 日,巴塞尔委员会标准执行组薪酬项目组在西班牙马德里召开了巴塞尔委员会标准执行组薪酬项目组会议。会议由巴塞尔委员会标准执行组薪酬项目组主席、西班牙中央银行银行监管司副司长 Fermando 先生主持,来自美国、英国、加拿大、德国、日本、澳大利亚、法国、荷兰、土耳其、沙特阿拉伯、西班牙等 11 个国家的代表参加了会议。作为中国银监会工作层面的代表,本书作者有幸出席了此次会议。会议主要是讨论了巴塞尔委员会标准执行组薪酬项目组拟订的《薪酬原则和标准评估方法》(*Compensation Principles and Standards Assessment Methodology*)。该评估方法的目标是为监管者检查单家金融机构薪酬体系以及评估单家金融机构对 FSB 薪酬原则的遵循程度提供指引,同时促进薪酬监管标准的全球趋同。该评估方法的内容主要是，对应于 FSB 薪酬监管指引九条原则中的每条原则，提出以下解释性和补充性内容：一是相应的标准（standard），即对原则的细化和补充；二是监管目标（supervisory objectives），主要是解释原则及其标准的合理性；三是附加监管要求（additional supervisory guidance），主要是对 FSB 原则及标准的有关内容进行补充；四是监管检查（supervisory review），主要是提出监管者在对银行薪酬体系进行检查时可以采取的监管措施。从结构上说，以 FSB 薪酬原则的内容为基础，该评估方法分为三个部分：第一部分是治理结构（对应原则 1 至原则 3）；第二部分是薪酬与风险的有效结合（对应原则 4 至原则 7）；第三部分是监管检查与信息披露（对应原则 8 至原则 9）。目前，该评估方法将是全球银行业监管机构对银行业薪酬体系进行检查时所依赖的标准。

针对金融稳定理事会颁布的薪酬原则，各国监管当局提出了以下意见。一是薪酬制度必须充分考虑适用性（proportionality）。在检查 FSB 薪酬原则的实施情况时，监管机构必须充分考虑单家金融机构的规模、复杂程度、商业模式和风险容忍度，不可盲目使用统一的模式。二是商业银行董事会薪酬委员会应该拥有足够的外部或内部信息渠道，以确保获得高管层所提供的信息之外的信息，从而对薪酬制度给予正确有效的改革。三是商业银行内部控制部门员工的薪酬不应该由它们所监督的业务条线的业绩决定，应充分体现独立性。四是薪酬的制定必须考虑银行的资本实力，银行应该确定合适的可变薪酬总体规模，以确保可变薪酬的确认和增加不会损害单家金融机构的财务稳健性。对于银行来说，强化资本基础至为关键。五是薪酬延期支付中实行薪酬扣减（clawback）制度很有必要。风险调整和延期支付中的扣减是银行薪酬政策中需要重点考虑的两个方面。对于那些已经造成巨额损失的员工和业务条线来说，其薪酬应给予足够的扣减。

第二节　薪酬制度中的风险调整

一、全球银行业薪酬制度中风险调整的现状

当前，根据金融稳定理事会颁布的《金融机构稳健薪酬做法原则》，全球银行业纷纷强调薪酬水平与风险承担的一致性，风险调整机制已经在银行业中基

本建立。

一是大多数金融机构都已经建立起业绩衡量和风险调整框架，实现了薪酬与业绩、风险之间的紧密相联。在业绩衡量和风险调整方面，商业银行通常使用财务和非财务手段相结合的方式评估业绩，并以此作为风险调整与业绩考核的基础。在具体指标上，以收益、利润、收入、现金流或股权回报为代表的财务指标以及以风险调整后的收益率、经济利润、风险调整后的融资成本等经济有效性指标被使用的频率最高，也正在得到越来越多的重视。当然，内控、团队合作等要素也正在作为非财务指标逐步引起商业银行绩效考核制度的重视。

二是事前风险调整机制已经被正式引入，且作用发挥较好。薪酬的事前风险调整防范可以是定量的，也可以是定性的。定量的风险调整通常用于解决资金转移定价和估值问题，风险调整后的收益率（RAROC）及流动性成本是定量风险事前调整的常用指标。恰当的风险调整需要复杂的风险计量技术，部分商业银行甚至同时使用若干种乃至一系列定量方法来反映各项业务中所蕴涵的风险。在难以找到可靠的定量方法计量有关风险时，商业银行往往倾向于使用定性的风险调整方法。当然，由于"自由裁定"的比重较重，定性调整的有效性和科学性，就与商业银行是否拥有良好的治理结构息息相关。

三是风险事后调整机制虽已普遍建立，但作用发挥不大。延迟支付是风险事后调整机制的一个重要表现，但迄今为止，该项制度仍未在金融机构的薪酬风险调整中发挥出应有的作用。自 2010 年中起，很多大型国际银行对接受递延薪酬的所有员工，特别是高管层以下的员工，继续实施同样的递延期和兑现制度（deferral period and vesting schedule）。在此制度下，递延的期限和兑现制度细节可能在不同机构之间略有差异，但在机构内部差异不大，且递延薪酬的奖金部分取决于员工的薪酬总额。因此，尽管递延薪酬通常被认为有利于形成良好的风险承担，但这种标准化的递延薪酬制度并未与风险有效挂钩，遭到质疑。过去的几年里，很多机构设置薪酬追回制度（clawbacks），但只有在机构发现员工曾谎报虚假信息或者员工违背内部政策的情况下才会追回。并且，在大部分金融机构中，薪酬的风险事后调整一般只适用于高管层而不是其他员工。

二、影响风险调整机制有效性的若干因素

2011 年 5 月，巴塞尔委员会在审查和评估银行薪酬制度实践时，发现了一些可能影响薪酬风险调整机制有效性的有关因素。这些因素需要引起银行监管

部门和商业银行的高度重视,并切实采取相关措施予以解决,否则就会影响薪酬框架中风险调整机制的有效性。

1. FSB 原则与本国银行业薪酬实际的结合度。在很多国家,FSB 的原则和标准已经广为运用,远超出 FSB 最先设定的系统重要性金融机构的范围。鉴于不同的业务条线需要采用不同的风险调整和绩效评估方法,因而,对 FSB 原则的运用需要充分体现各类商业银行的个性特点,商业银行必须要尽力确保其基于风险和绩效调整的浮动薪酬制度与自身客观情况相匹配。盲目的照搬和生搬硬套,往往并不能造就出良好的薪酬风险调整机制。

2. 浮动薪酬在薪酬结构中的合理比例。为了确保薪酬机制起到有效的激励作用,薪酬中的浮动部分应该能真实有效地浮动甚至可以降至零,真正符合 FSB 提出的对称原则(symmetry principle)。在这方面上,浮动薪酬的有效性就与总体薪酬水平息息相关。如果员工的总体薪酬水平较低,那么,他就会更加重视浮动薪酬的高低,就会更加努力地工作,更大程度地降低风险承担水平,浮动薪酬对于降低风险过度承担行为的作用就会发挥得更加充分。尽管在危机之后,关注点主要集中在高管层或交易员这些高收入阶层,但将风险调整的薪酬机制应适用于全体员工。

3. 薪酬制度与长期风险偏好的一致性。有效的风险调整机制需要强大公司治理和审慎长期风险偏好的支持。一个强健且负责任的董事会及其下属薪酬委员会,以及一个审慎规避性的长期风险文化,对于良好风险调整机制的实施都非常重要。特别是商业银行所采用的基于绩效和风险的薪酬调整方法必须与其长期风险偏好相一致,以确保薪酬制度的长期可操作性。

4. 业绩考核机制的科学性。业绩考核制度是风险调整机制得以发挥作用的基础。业绩考核的所有制度及措施,应该在全行公开披露,明确定义,透明实施。绩效考核中应充分考虑风险因素。可以说,绩效考核时考虑的风险因素越少,后期需要的风险调整就越大。

在实施绩效考核时,为提高风险调整机制的科学性,商业银行应该重点关注以下三个问题:一是部分指标(如股价或其他外部指标)的运用在短期内会受各种因素(如市场敏感性或宏观经济环境)的影响,而不仅仅只是与机构或员工的行为相关,因而在业绩考核中的权重不宜过高。二是为更大程度地激励员工,应力求不同薪酬总水平的员工,适用不同的浮动薪酬比例。鉴于不同薪酬水平的员工对浮动薪酬比例的容忍度不同,如果将商业银行作为一个整体制定统一高比例的浮动工资,对单个员工的风险承担决策影响有限,有时甚至会产生逆向选择行为。三是鉴于很多风险确实是难以定量评估和准确测量的，在衡量风险和绩效时，必须充分发挥自由裁量权和专业判断的作用。

5. 事前调整和事后调整机制的优劣。由于风险需要估计（事前），风险结果需要观测（事后），因而无论是事前估算还是事后结果都应该能影响薪酬。对于事前和事后这两种调整机制，应该综合审视，辩证看待，相机运用。

事前风险调整应用于薪酬支付之前，包括定量和定性两种，其基本依据是商业银行通过运用多种复杂风险计量和监测技术所发现的业务中蕴涵的各种风险。事前风险调整所面临的挑战是很多风险难以事先衡量，或是难以确保风险调整不受其他因素影响；而事后调整恰恰可以解决这些问题。并且，实践表明，风险事后调整在有些情况下非常有效：一是当严重的尾部风险（低频率，高冲力）很难事前测量时，延迟支付可以削弱银行员工承担类似风险的动机；二是对于许多风险难以衡量、模拟或在薪酬支付时根本不知道是否存在风险的业务，延迟支付对于薪酬的风险调整来说可能特别有用。

然而，我们也要认识到，薪酬的事后调整机制也面临着诸多挑战。一是无法限制员工将风险超长期化乃至超出事先确定的延迟支付期限的动机。如果员工一旦将风险超长期化，风险隐匿和滞后现象将非常严重，那么，对于商业银行的影响来说，必将是灾难性的。二是延迟支付的时间往往过长，降低薪酬制度的财富效用。由于对风险结果的合理观察和测量需要充足时间，同时也要保证延迟支付的薪酬总额与尚未确定的业务绩效相匹配，因而延迟支付的薪酬在兑现之前必须充分递延（如 12 个月）。三是如果在绩效考察期结束之前员工就离开机构，那么长期激励就形同虚设。四是税收和法律问题会影响递延薪酬制度和事后调整的设计，尤其影响薪酬追回（clawback）。

6. 薪酬的发放形式。设计薪酬方案时，现金与股票、期权等权益性工具之间的比例也需要引起重视。为使激励功能得到更为充分的发挥，现金与权益性工具之间应确定一个合理的比例，并且股票应设计转让限制，转让限制的期限应该足够长，赋予其在二级市场的较强流动性。单纯使用现金形式发放薪酬的做法应该尽快改变，应不断提升个人薪酬提升与银行价值增值之间的一致性，积极实现薪酬机制的"激励相容"。

第三节　危机之后美国金融高管薪酬监管制度变革

2011 年 3 月 30 日，美国多家监管机构联合发布《审慎薪酬激励政策联合指南》，这将是美国金融机构高管薪酬的监管细则。其主要特点如下。

一、提出有效激励薪酬制度安排的先决条件

美国金融监管机构提出，一个有效的薪酬激励制度，必须符合以下四个条件：一是实现薪酬与风险承担的一致性，主要包括延迟支付及其相应的风险调整和业绩考核机制；二是与有效的风险管理制度相兼容，主要是指薪酬制度应与金融机构的长期风险偏好相一致，以及风险管理部门在薪酬的安排设计以及运用、评估上发挥适当作用；三是有稳健的公司治理予以保障，主要是指要有稳健、负责任、专业的董事会对薪酬制度的改革及运行承担最终责任；四是具备有效的内控机制作为基础，即金融机构对其激励薪酬安排的设计、执行和监督必须具有较强的控制能力。

二、明确禁止过度薪酬

美国金融监管机构通过颁布该薪酬监管制度，督促金融机构建立起科学合理的薪酬激励机制，禁止金融机构发放过度薪酬，以免诱使相关人员将金融机构置于不恰当的风险境地。

关于"过度薪酬"，美国金融监管机构界定如下：只要对某一员工支付的薪酬与其提供的服务量、性质、质量及范围不匹配，就可将此薪酬视为"过度薪酬"。在具体的判断过程中，金融监管机构将综合考虑下述因素：一是金融机构支付给该员工的现金及非现金福利总额；二是该员工历史薪酬的平均水平及与该员工技能相当的其他员工的薪酬水平；三是该金融机构的财务状况；四是与该金融机构状况相当的其他金融机构的薪酬水平；五是该金融机构员工退休福利、预计的成本与福利总额；六是该员工是否存在任何欺诈、疏忽等行为；七是可能导致重大财务损失的不恰当风险。该规定只适用于其活动或行为可能会给金融机构造成重大财务损失的员工的激励薪酬安排。

关于"相关人员"，美国金融监管机构界定如下：执行官及金融机构整个业务或重要业务线的负责人；其他相关人员，包括其活动可能会给金融机构带来重大财务损失的员工；受同一或类似激励薪酬约束的员工团体，即使单个员工的行为不会使金融机构遭受重大财务损失，但该团体可能会给金融机构带来重大财务损失。

三、强化对大型金融机构薪酬制度的监管

加强大型金融机构薪酬监管,是美国此次薪酬监管制度变革的重点内容。一是规定金融机构必须建立并保持与其规模、复杂性、资本实力、财务实力、长期风险偏好相适应的薪酬制度、政策和程序。美国金融监管机构规定,大型金融机构董事会在对可能导致机构蒙受损失的相关人员和相关薪酬政策进行识别确定时,必须与机构的规模、资本和总体风险承受能力相挂钩。所谓"大型金融机构",通常是指总资产在500亿美元或以上的金融机构。但是,对于信用合作机构而言,"大型金融机构"则是指总资产在100亿美元或以上的机构;对于联邦服务贷款银行来说,"大型金融机构"则是指总资产在10亿美元或以上的机构。二是要求大型金融机构的行政主管(CEO)实行延迟支付安排,大型金融机构中至少有50%的CEO的激励薪酬支付应延迟至少三年,且延迟支付的金额要根据延迟期内实现的或已知的金融机构实际损失或其他绩效考核方法进行调整。三是明确大型金融机构在薪酬机制方面向监管机构的报告制度。监管机构要求日常薪酬报告以6个月为报告期,年报则是在各有关金融机构财政年度90天以内报送。金融机构所提交的有关薪酬信息规模及详尽程度应与该机构的规模和复杂性相匹配。报告必须包含以下要素:激励薪酬的制度安排及其适用人员;与激励薪酬制度安排相关的公司治理政策和程序;对于大型银行,还要描述重要风险岗位人员所适用的所有薪酬政策和程序,以及这些政策和程序自上次提交报告以来发生的所有的重大变更。

四、肯定了三种金融业目前通用的薪酬风险调整方法

一是奖励的风险调整,即员工薪酬中的"奖金"部分,必须依据其行为活动对金融机构所产生的风险进行调整,实行风险制造与风险承担的一致性;二是延迟支付,即对员工实际支付的奖金实行延迟支付,且延迟期限远远超过个人履职期限,所支付的金额根据延迟期限内的风险暴露情况进行适时调整;三是延长绩效考核期,即适度延长绩效考核的时间跨度,以在更长时间内观察员工所创造的风险,提升绩效考核结果的科学性。

第四节　危机后我国银行业薪酬制度改革的实践

2010 年 3 月，在充分吸收 FSB 稳健薪酬原则的基础上，结合中国银行业机构的薪酬实践，中国银监会制定并颁布了《商业银行稳健薪酬监管指引》（以下简称《指引》）。《指引》的主要特点如下。

一、明确薪酬监管重点，提出薪酬监管原则

银监会将薪酬监管的重点明确为薪酬机制，而非"薪酬总量"。在此基础上，银监会提出了薪酬监管的主要原则：一是薪酬机制与银行公司治理要求相统一；二是薪酬激励与银行竞争能力及银行持续能力建设相兼顾；三是薪酬水平与风险成本调整后的经营业绩相适应；四是短期激励与长期激励相协调。

二、规范薪酬结构，引入可变薪酬

《指引》规定，商业银行应设计统一的薪酬管理体系，其薪酬由固定薪酬、可变薪酬、政策性薪酬等构成。固定薪酬即基本薪酬，基本薪酬一般不高于其薪酬总额的 35%；可变薪酬包括绩效薪酬和中长期激励，商业银行主要负责人的绩效薪酬根据年度经营考核结果，在其基本薪酬的 3 倍以内确定；政策性薪酬包括津补贴、保险费、福利费、住房公积金等。其中特别提到，不鼓励商业银行设立保底薪酬，如果确有实际需要，保底薪酬只适用于新雇佣员工入职第一年的薪酬发放；商业银行应确保可变薪酬总额不会弱化本行持续增强资本基础的能力。

三、严格薪酬支付，确保风险调整

《指引》规定，薪酬支付期限应与相应业务的风险存续时期保持一致。商业银行应根据不同业务活动的业绩实现和风险变化情况合理确定薪酬的支付时间；商业银行应合理确定一定比例的绩效薪酬，根据经营情况和风险成本分期考核情况随基本薪酬一起支付，剩余部分在财务年度结束后，根据年度考核结果进行支付。最重要的是引入了延期支付和扣回制度。《指引》规定：一是商业银行

高级管理人员以及对风险有重要影响岗位上的员工,其绩效薪酬的40%以上应采取延期支付的方式,且延期支付期限一般不少于3年,其中主要高级管理人员绩效薪酬的延期支付比例应高于50%;二是在延期支付时段中必须遵循等分原则,不得前重后轻;商业银行应制定绩效薪酬延期追索、扣回规定,如在规定期限内其高管和相关员工职分内的风险损失超常暴露,商业银行有权将相应期限内已发放的绩效薪酬全部追回,并止付所有未支付部分。

四、明确薪酬管理要求,规范薪酬的公司治理

《指引》针对薪酬管理对商业银行提出了要求。一是商业银行应建立健全科学合理的薪酬管理组织架构,董事会负责薪酬管理制度和政策的设计,并对薪酬管理负最终责任;董事会应设立相对独立的薪酬管理委员会(小组),负责审议有关薪酬制度和政策。二是审计、财务和风险控制部门员工的薪酬应独立于所监管的业务条线,且薪酬的规模和质量应得到适当保证,以确保其能够吸引合格、有经验的人才。三是商业银行应建立科学的绩效考核指标体系,并层层分解落实到具体部门和岗位,作为绩效薪酬发放的依据。商业银行绩效考核指标应包括经济效益指标、风险成本控制指标和社会责任指标。经济效益指标由商业银行自行选定。风险控制指标至少应包括资本充足率、不良贷款率、不良贷款拨备覆盖率、案件风险率、杠杆率等。信用风险与市场风险成本度量时应考虑经济资本配置和资本成本本身变化以及拨备成本和实际损失。流动性风险成本在度量时应主要考虑压力测试下的流动性覆盖率和流动性资源本身的成本等因素。社会责任指标一般应包括风险管理政策的遵守、合法性、监管及道德标准、企业价值、客户满意度等。四是商业银行应建立有效的薪酬监督机制,不得为员工和允许员工对递延兑现部分的薪酬购买薪酬保险、责任险等避险措施,借以降低薪酬与风险的关联性。

五、严格信息披露,确保市场约束

《指引》规定,商业银行董事会应每年全面、及时、客观、翔实地披露薪酬管理信息,并列为年度报告披露的重要部分。商业银行的薪酬信息披露情况应报银行业监督管理部门备案。年度薪酬报告的信息披露内容主要包括:薪酬管理架构及决策程序,包括薪酬管理委员会(小组)的结构和权限;年度薪酬总

量、受益人及薪酬结构分布；薪酬与业绩衡量、风险调整的标准；薪酬延期支付和非现金薪酬情况，包括因故扣回的情况；董事会、高级管理层和对银行风险有重要影响岗位上的员工的具体薪酬信息；年度薪酬方案制定、备案及经济、风险和社会责任指标完成考核情况；对超出原定薪酬方案的例外情况作出披露，包括影响因素，以及薪酬变动的结构、形式、数量和受益对象等。

第七章 国际金融监管合作

第一节 全球金融监管体系

一、全球金融监管的崛起

全球金融监管机构的出现始于1974年巴塞尔银行监管委员会的成立，截至目前，已经形成复杂而系统的组织架构。

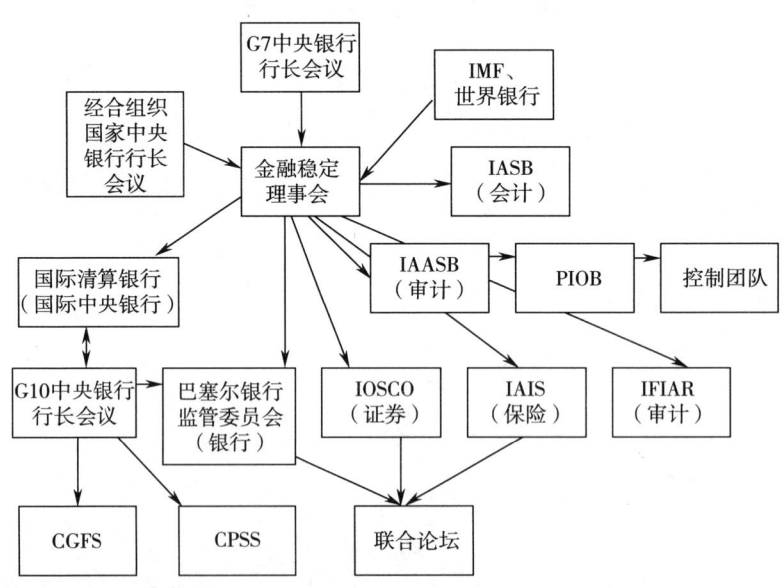

资料来源：《金融市场和交易法》第13章，牛津大学出版社，2007年3月。

图7-1 全球金融监管机构的组织架构图

（一）巴塞尔银行监管委员会

20世纪70年代，金融监管的发展首次脱离单个国家的范畴。1974年，德国赫施塔特银行破产所导致的国际连锁效应，促使10国中央银行行长组成的巴塞尔银行监管委员会（BCBS）成立，并隶属国际清算银行。巴塞尔委员会最初由10国中央银行行长在1974年末成立。2009年3月，巴塞尔委员会增加澳大利亚、巴西、中国、印度、韩国、墨西哥及俄罗斯为会员，目前其成员国已经扩大到20多个国家。委员会通过每年举行4次定期会晤以及下设小组定期讨论，促进各国对监管信息、技术以及方向的交流来达成其目标。同时，巴塞尔委员会也是用这些信息来建立和发展必要的监管标准和指导方针。比如资本充足率，有效银行监管的核心原则，跨境银行监管协定等。对于巴塞尔银行监管委员会来说，最值得提及的是，20世纪80年代，由于储蓄和贷款危机导致美国实施更严格的资本监管，美国银行业一致认为相同的监管标准也应在其他地区实行，尤其是日本，故而该委员会于1988年引入了《巴塞尔资本协议》（Basel I），2004年进一步推出了《巴塞尔新资本协议》（Basel II）。

（二）金融部门评估项目

金融部门评估项目（Financial Sector Assessment Program，FSAP）是由IMF和世界银行于1999年5月合作成立的致力于提高成员国金融系统稳定性的组织。其工作包括识别成员国金融系统的优势和弱点，发现风险的可能来源，提供必要的技术性协助以及帮助优化应对政策。作为其工作重心，FSAP构建了一套用于观测成员国经济金融系统稳健性，涵盖会计、审计、银行监管、公司监管、财政透明度等诸多领域的国际标准指标（Observance of Standards and Codes，OSCs）。FSAP会根据每次的国际标准指标结果监测形成报告，供成员国进行政策参考。

（三）金融稳定理事会

金融稳定理事会（Financial Stability Board）的前身为金融稳定论坛。金融稳定论坛成立于1999年，是由G7财长和中央银行行长在德国中央银行行长Hans Tietmeyer的建议下设立的。2009年3月，金融稳定论坛决定扩充其成员，并邀请巴西、中国、印度、印度尼西亚、韩国、墨西哥、俄罗斯、沙特阿拉伯、南非、土耳其、西班牙及欧盟委员会为新的会员。扩张后金融稳定论坛更名为金融稳定理事会（FSB）。FSB 致力于协调各国金融监管机构以及国际标准制定机构在国际层面的合作，促进有效监管及其他政策的实施。目前，其成员包括 20 多个国家的中央银行和财政部，国际清算银行、欧洲中央银行、国际货币基金组织、世界银行等国际组织，巴塞尔委员会、国际保险监管协会、国际会计准则委员会以及证券委员会国际组织等国际标准制定机构。

（四）金融稳定学院

国际清算银行和巴塞尔委员会于 1999 年一同成立了金融稳定学院（The Financial Stability Institute，FSI）来协助全球各国的金融监管者改善和加强它们的金融系统。FSI 的主要职责包括：促进和支持国际监管标准在各国的执行；给各国监管者提供最新的市场信息以及技术支持；通过论坛以及峰会组织监管者分享经验。

（五）国际金融协会

国际金融协会（Institute of International Finance，IIF）是唯一全球性金融机构联合会，会员主要是世界各国银行机构以及全球性证券保险机构（目前有超过分布在 70 多个国家的 375 个会员）。IIF 建立于 1983 年，当时是为了应对全球债务危机。IIF 的使命是帮助金融行业的风险管理；发展监管标准以及方法；促进及推广符合会员利益以及国际金融稳定性的监管措施以及其他经济政策。

（六）行业国际标准制定机构

行业国际标准制定机构主要包括国际会计准则理事会（International Accounting Standards Board）、国际审计与签证准则理事会（International Auditing and Assurance Standards Boards）、国际证券事务监察委员会组织（International Organization of Securities Commissions）。全球财务报告和审计框架的出现，是国际会计专业 1973 年通过国际会计标准委员会（IASC）和 1977 年通过国际会计师联合会（IFAC）针对私营部门所作的一次创新。IASC 于 2001 年成为独立机构，并更名为国际会计准则委员会（IASB）。许多国家在欧盟的带动下已同意采纳 IASB 的国际财务报告标准（IFRS）。证券监管机构通过 1983 年成立的国际证券委员会组织（IOSCO）从全球层面进行协调。保险业监管在 1994 年成立的国际保险监管协会（IAIS）内进行讨论。设于美国和其他地区的公共部门审计监管，在会计丑闻（包括 21 世纪初期安然公司崩溃）发生后，于 2006 年成立了国际审计监管机构独立论坛（IFIAR）。

（七）联合论坛

1996年，巴塞尔委员会、国际证券协会和国际保险监管协会联合成立了一个论坛来处理银行、证券以及保险业的相同问题，如对混业金融的监管。论坛成员由数量相同的银行、证券及保险监管机构组成。论坛每年举行3次。

二、强化国际金融监管合作的必要性

（一）金融多极化使得国际金融监管合作显得非常必要

金融多极化指全球金融地图迅速从主要以北大西洋地区为中心转向更为广泛的国家和区域。目前，全球金融的重心正在东移。由于中国国有商业银行股份制改革的成功实施，在全球市值最大的100家银行排名中，新兴市场国家占据的份额已经超过了三分之一，所占比重已超过美国和欧盟。展望未来10年，由于西方发达国家的去杠杆化和新兴经济体金融持续发展的综合影响，金融多极化的趋势必将进一步得到强化，从而引发全球金融政策的重大变化。本次金融危机后，G7/G8的权力迅速转交给G20这个现象本身就是金融多极化的一种表现。

（二）危机后对金融监管的再次重视要求强化国际金融监管合作

金融再监管是指发达国家对金融系统实施更为严格的监管。本轮国际金融危机之后，很多国家纷纷出台了加强金融监管的政策措施，最显著者当推美国2010年7月通过的《多德—弗兰克华尔街改革与消费者保护法案》。在新兴经济体国家，金融行业仍然属于典型的严格监管行业。事实上，金融再监管并不是一个突然性的变化，而是一种长期的变革趋势。金融监管越严格，就越需要国际金融监管合作。

（三）金融风险的高传染性使得国际金融监管合作成为必要

2007年美国新世纪金融公司破产诱发次贷危机，雷曼兄弟公司破产引发金融危机，而后又通过全球性跨国金融机构将金融风险扩展至欧盟乃至整个新兴市场经济国家。这充分说明，仅凭一个国家的金融监管力量，难以遏制危机在不同国家之间的蔓延。国际银行业加强监管的合作已经成为维护全球金融体系稳定的重要基石。

三、现行全球金融监管体系中存在的问题

当前，多层次、立交式的全球金融监管体系已然形成，但是，全球国际金融监管体系仍然很不完善，且存在明显缺陷。这些缺陷集中表现为：虽然国际金融监管机构名目众多，但各监管机构分别有着不同的监管重点，相互之间缺乏沟通，而且缺乏必要的实质性执行力。一方面，国际货币基金组织和世界银行更多的是从宏观的视角对全球经济、贸易及债务方面进行协调，以维持全球持续、稳定和相对平衡的经济增长，金融监管并未列入其主要职责。另一方面，巴塞尔委员会、IOSCO 等机构尽管有具体的监管方案，但监管有效性不足：一是协议色彩严重。此类国际金融组织形成的监管方案是在会员国协议的基础上形成，因而实质上是一个建筑在各国相互妥协的基础上的低层次监管。二是决策时间过长。这些国际金融组织达成协议的过程通常过于漫长，导致监管的发展往往远远滞后于金融市场的发展，例如巴塞尔委员会修改最低资本要求的讨论持续了 12 年。三是缺乏足够的权威性。这些国际金融组织即使达成了监管协议，也不具备实际执行效力和足够的权威性，实际上很多成员国最终都是迫于国内的政治压力而推迟或放弃了对这些原本达成的协议的遵守。四是国际金融组织的监管水平明显滞后于金融市场的发展。例如，《巴塞尔新资本协议》中关于资本监管的规则中并没有考虑逆周期资本提取和表外资产的资本覆盖问题；在本轮国际金融危机之前，金融体系失衡、资产泡沫等问题就已经被国际清算银行的很多经济学家所发现，但是，巴塞尔委员会等国际金融组织并未出台抑制这些现象的有力措施。

我们不能忽视，造成上述国际监管缺位的一个主要原因，就是各国金融监管中所显现出的地方保护主义。当前国际银行监管领域值得重视的一个普遍现象是，鉴于金融行业往往在一国经济中具有至关重要的地位，各国政府不愿意让渡部分对国内金融市场的监管控制权给任何国际金融监管机构，而是纷纷以金融行业结构和具体特征不同为借口，不情愿正式将监管权力全部移交至金融稳定理事会等国际金融组织，从而导致国际金融监管机构根本无法在国际层面上提供统一的、独立于各国的金融监管平台。尽管各国普遍承认在金融领域的国际监管不足并承诺加强合作，但没有哪个国家真正提出需要一个具有超越国

家层面的监管机构,大部分国家均越来越强烈地坚持财政主权的重要性,超主权问题银行处置机制的建设尚待时日。各国在金融监管制度变革中的分歧非常普遍。比如,美国在引进资本和杠杆比率、重新定义一级资本方面非常积极,而日本和一些欧洲国家则持反对态度,最后的结果很可能是双方妥协。

肇始于2007年4月美国新世纪金融公司破产的本轮全球金融危机,使国际银行业深刻认识到全球金融监管合作领域存在的上述问题。在2008年11月15日的G20华盛顿金融峰会上,各国均承诺在恢复全球经济增长以及改革国际金融体系方面加强合作,并以此避免类似金融危机的发生。

四、新全球金融监管体系的轴心:G20峰会——金融稳定理事会模式的确立

可以说,自2008年以来全球金融监管体系中最大的变革,就是金融稳定理事会(FSB)逐渐成为全球金融监管体系中的核心协调机构。金融稳定理事会成立于2009年4月,实际上是为增加巴塞尔委员会、中国、印度等国家及欧盟委员会为会员后的原金融稳定论坛(FSF)。包括"金砖四国"在内的一些具有国际影响力的新兴市场经济国家的加入,使得新的金融稳定理事会在决策时将有条件更多地考虑新兴市场经济国家的利益诉求,从而进一步提高其决策的合理性和权威性。当前,金融稳定理事会在全球金融监管体系中的轴心作用主要体现在以下三个方面:一是金融稳定理事会的成员包括了国际上几乎所有有影响的金融监管机构,如G20及部分其他国家的中央银行行长和财长,世界银行、国际货币基金组织、国际清算银行、欧洲中央银行等国际或区域金融组织,以及巴塞尔委员会、国际会计准则委员会等国际标准制定机构。其广泛的代表性无人可及。二是在G20峰会达成协议的基础上,金融稳定理事会是本轮金融危机后全球金融监管改革原则和改革方向的积极制定者,在薪酬改革、跨境监管协作、监管信息交换、全球金融改革时间表的制定等危机后全球金融改革的重大问题上发挥了主导作用。三是金融稳定理事会是巴塞尔委员会制订具体的改革方案的主要协调者。如金融稳定理事会积极协调巴塞尔委员会在资本充足率、流动性监管方面及杠杆率限制等方面的监管改革措施,并定期向G20汇报改革进程。金融稳定理事会在全球金融监管体系中核心地位的形成,有利于提高该理事会决议的权威性和实际执行力,有助于监管措施的推行。

金融稳定理事会在全球金融监管体系中的轴心地位,可以从2008年全球金

融危机以来全球金融监管体系改革的推进模式中得到清晰的体现。危机后国际金融监管改革的推进模式为：在历次 G20 峰会上各国首脑和金融领域的高层讨论并确定监管方向及基本原则；在此基础上，由金融稳定理事会及其前身金融稳定论坛召集相关会员商议和制订具体准则及执行方案，如果该监管领域设有特定监管组织，则由特定监管组织来负责进行具体规则的研究制定工作，例如由巴塞尔委员会负责对银行资本金要求的监管，由证券委员会国际组织针对证券行业及衍生品制定监管规则等。

2008 年国际金融危机爆发以来，G20 组织先后在华盛顿（2008 年 11 月）、伦敦（2009 年 4 月）、匹兹堡（2009 年 9 月）、多伦多（2010 年 6 月）召开了四次峰会，分别就国际金融改革的原则、监管组织的调整、监管的具体手段展开了讨论，形成了一系列国际共识，这些宣言构成了在国际环境下进行国际金融监管改革的纲领性文件。具体来看，华盛顿峰会上各国确认了未来行动目标和国际金融监管改革的原则；伦敦峰会强化了金融稳定理事会在协调和推进监管改革时的突出地位；匹兹堡峰会在金融改革方面提出了具体的方向；多伦多峰会则在回顾监管改革阶段性成果后，再次强调了今后监管改革的重点。

第二节 国际监管联席会议

国际监管联席会议（Supervisory Colleges）是一种灵活并具有永久性的金融监管合作与协调机制，参与者为负责或涉及对跨国金融集团及其分支机构进行监管的各国监管机构。尽管每次国际监管联席会议的议程不同，但信息交流、持续沟通计划、监管任务分配、现行策略、监管关注和风险点的确定，都是其共性的内容。此外，国际监管联席会议还肩负着为银行集团的主要问题和风险提供共同商讨机制，促进经验共享并最终发展成监管网络的重大使命。从参与者来说，为促进监管机构和银行集团的双向沟通，国际监管联席会议的参与者往往不限于母国和东道国监管机构本身，银行集团的代表也经常被邀参加部分监管联席会议。母国监管机构应持续关注其他国家的监管联席会议的经验和最新情况，以不断提高自身联席会议的有效性。

监管联席会议机制最早建立于欧盟，其初衷是供各国就内部评级和实施新协议的责任划分等问题进行交流，以满足各国实施《巴塞尔新资本协议》的需要。2008 年本轮全球金融危机之后，欧盟加大了对该机制相关制度和法律框架的研究，G20 华盛顿峰会正式将该机制覆盖面扩大到全球的主要金融机构。一般认为，国际监管联席会议的目标应包括以下四个方面：一是便于监管机构之间信息、观点及对机构评估结果的交流共享，以促进更有效的并表监管和独立监管；二是促成监管机构对集团风险状况达成一致理解，并以此为起点监管集团或分支机构层面的风险；三是实现不同监管机构监管意见和风险评估的协调，制订监管计划，安排监管任务和联合现场检查，以避免重复工作并降低机构的监管负担；四是协调各监管机构监管决策以达成共识。

国际监管联席会议有时也被分为一般监管联席会议（General Colleges）和核心监管联席会议（Core Colleges）。一般监管联席会议有50个监管机构参加。核心监管联席会议一般只包括母国监管机构和6个东道国监管机构（银行集团在这些东道国的总资产占整个集团资产的近80%）。核心监管联席会议的成员构成与所需要讨论的话题有关，如在讨论零售银行业务时，则选取零售业务资产占整个集团资产的成员国监管当局参会。两者在关键职责、召开频率等方面略有区别。

一、国际监管联席会议的主要职责

（一）促进并表监管机构与东道国监管机构之间的信息交流

通过国际监管联席会议机制，各监管机构可以建立起良好的信息交流机制，以期更好地在并表监管原则和属地监管原则之间取得平衡，实施可持续监管。信息交流包括两个方面：对于有效的信息需求，国际监管联席会议应迅速予以解决；对于暂未有需求但比较重要的信息，相关监管机构在国际监管联席会议上应做好交流准备，如错误操作警告及监管关注等。信息交流也是双向的，可从母国向东道国传递，也可从东道国向母国传递。迄今为止，信息交流已成为监管联席会议最成功的一个方面。通常来说，相关监管机构在国际监管联席会议上所交流的信息应至少包括以下三方面。一是并表监管机构向东道国监管机构传递的信息，如监管调查的主要结果、监管联席会议计划、每6个月更新一次监管信息、《巴塞尔新资本协议》第二支柱情况、《巴塞尔资本协议》第三支柱情况。二是东道国监管机构向并表监管机构传递的信息，如该国监管的重大发现、具体监管委托任务的执行结果和进展情况；由东道国监管机构执行的现场检查结果；东道国监管机构对银行附属机构的风险评估结果以及监管意见。三是双向反馈的信息。如金融集团所处的金融环境；金融集团主要内部交易信息（股利、注资等）；不同风险领域的信息；金融集团业务所涉足的市场发展状况；监管机构所颁发的重要许可；金融集团组织架构的重大变化。原则上，与属地监管有关但只能由银行集团总部识别的问题，一般由并表监管机构向东道国监管机构反馈；并表监管机构尽可能同时搜集并表监管和属地监管所需的信息，并保证两者的一致性。

当然，为满足各国法律法规及其他法律义务的专业保密要求，监管机构共享的信息只能用于合法监管目的，监管机构之间的信息交流必须遵从国家法律法规中关于银行的保密条款及双边和多边谅解备忘录；并且参与监管联席会议的成员机构应尽力在法律允许范围内保证所有信息的机密性，未事先征得提供信息的监管机构允许，不得向第三方透露。

（二）促进监管机构与被监管机构之间的沟通

国际监管联席会议机制的构建，为监管机构与银行集团之间的充分交流提供了一个良好机会，进而有助于提高监管的有效性、便利监管联席会议的运作，并可以有效避免重复监管。通过监管联席会议，监管机构定期与银行集团讨论其经营活动，并评估其面临的风险。就与金融集团的交流来说，国际监管联席会议的职责应至少包括以下三方面：一是通知银行现场检查计划（在当地规则允许的范围内）、通报申请的结果；二是并表监管机构通报对集团整体层面的监管意见和主要发现的问题，并与东道国监管机构分享所有相关信息；三是通报监管机构对银行主要风险的识别结果及监管意见。

当然，在联席会议召开之前，应由监管联席会议成员和参加会议的银行集团以书面形式作出详细的保密规定，以确保信息交流的机密性，并且国际监管联席会议应留存与银行集团的沟通内容，以确保获取信息的持续性。

（三）促进监管任务委托机制的运行

国际监管联席会议的一项关键功能，就是为各国监管者之间提供一个进行监管任务委托的平台，各国监管机构可以在国际监管联席会议期间就任务的委托和分担自愿达成协议。监管任务的委托（Delegation）是指由某些监管机构（受托方）受正式的负有监管责任的监管机构（委托方）委托，承担负有监管责任的监管机构的部分监管任务。受托方只是向委托方报告调查结果，监管决定权仍然在委托方。监管任务的委托和分担，应该有以下功能：一是促进监管和专家资源的更有效利用；二是减少监管重复现象；三是减轻被监管机构的负担；

四是促进监管者之间的互相学习;五是促进监管者之间的信息共享。可以进行监管委托的范围包括监管检查和评估程序(SREP)、模型验证、联合现场检查以及对分支机构的流动性监管等。

当然,在通过国际监管联席会议机制进行监管委托安排之前,监管机构应当对各自国家的法律条款有所了解。整个监管委托应建立在书面协议的基础之上,委托任务在执行过程中应受受托方法律法规的约束,结果的评估应受委托方法律法规的约束。监管机构之间还应以书面形式,共同商定监管委托信息的保密制度安排。

(四)促进各国监管机构在现场检查上的合作

国际监管联席会议的一个重要功能,就是不断优化对银行集团的现场检查方法和结果。

一是在全球层面协调现场检查计划。国际监管联席会议的成员要协调对银行集团和集团内部主要分支机构的现场检查计划,以清晰地把握整个集团的经营情况,并有效减少重复监管。母国监管机构有责任对全球监管者的现场检查计划进行统一协调。在国际监管联席会议上,东道国监管机构应向母国监管机构告知属地现场检查计划,同时母国监管机构也有义务向东道国监管机构告知与属地附属机构监管可能有关的现场检查计划。关于并表层面和属地层面的现场检查计划,国际监管联席会议最好能够至少每年进行一次充分的讨论,以确保现场检查能够覆盖银行集团在并表层面和属地层面的主要业务及风险。

二是开展联合现场检查。联合检查可以用于对银行集团的母公司或其下属实体的现场检查。通过监管联席会议,各国可以商定联合现场检查的计划,获悉现场检查的相关进展信息;在国家法律允许的条件下,由并表监管机构通知银行集团将要进行的联合现场检查;并表监管机构将联合现场检查的结论正式通知银行集团管理层,同时决定由东道国监管机构将涉及附属机构情况的联合检查结果通知给银行集团附属机构的管理层。

三是做好现场检查的后续工作。通过国际监管联席会议机制,并表监管机构可以有效监督整个银行集团是否按要求执行现场检查的结论和改进建议,并通报后续跟踪情况;各东道国监管机构监督集团在当地分支机构对检查结果的整改情况;并表监管机构必要时可通过后续检查监督整改执行情况。

二、良好国际监管联席会议机制应遵循的原则

一般认为,一个良好的国际监管联席会议机制应遵循以下原则。

(一) 有效覆盖原则

所谓有效覆盖原则,是指监管联席会议应尽量将跨国金融集团的所有监管机构都邀请到会,确保监管信息交流的广泛性、代表性和全面性。换言之,国际监管联席会议的参加人员,应为参与对跨国保险集团、银行集团和金融集团(financial conglomerate)(以下统称为集团)相关活动进行监管的各成员国监管机构。

对银行业监管来说,有两种国际监管联席会议的制度安排:一般监管联席会议(General Colleges)和核心监管联席会议(Core Colleges)。前者由集团活动所在国的所有监管机构组成,主要目的是实现集团层面的监管信息共享,进行总体监管政策和计划的一般性讨论,且会议召开的频率不需固定,可一年一次;后者采用一种更加紧密的合作方法,只有少数涉及集团主要业务活动的监管机构参加,且会议召开的频率相对固定,一年应召开多次。原则上,对集团具有重要意义及系统性影响的分支机构所在地的监管机构必须参与核心监管联席会议中。

(二) 多方参与原则

作为一个高效且灵活的常设论坛,为进一步提高会议的质量和影响力,在更大范围内避免重复监管和缩小监管差距,国际监管联席会议在适当的时候也可以邀请除母国、东道国以外的银行监管机构及母国、东道国的其他监管机构参加,比如,第三方国家的监管机构、财政部或中央银行,就应该是被邀请参加国际监管联席会议的对象。

(三) 制度适宜原则

国际监管联席会议应该是一种与被监管的金融集团的组织架构及风险特性相一致的制度安排,不同的金融集团应在其国际监管联席会议机制的安排上有所区别,充分体现个性要求。国际监管联席会议的组织架构以及监管会议召开的形式和频率应由并表监管机构(针对银行集团)和各相关监管机构多边决定,

并与集团的特性、规模和复杂程度以及所讨论事宜的重要性相称。

(四) 分量自评原则

建立监管联席会议机制之初，各监管机构就应对所监管的金融机构在其集团风险管控中的重要性以及对当地银行业市场的影响程度等进行评估，并就评估结果进行充分交流和慎重考虑。有效的分量自评，可促进监管机构对整个集团的结构和风险达成一致理解和职责分担机制的构建。

(五) 协议承诺原则

要制定一系列协议，通过各监管机构的书面承诺，为联席会议机制的有效运作和监管机构的良好合作创造一个有力基础。一是协议应当充分考虑特定金融集团的业务规模和复杂性。二是协议目标应包括为监管机构在集团监管中的协作提供合作基础、提高对集团整体监管的有效性并促进监管资源有效利用、协调各个监管机构针对集团提出的监管需求。三是协议内容应包括不同监管机构的角色和职责、监管机构之间的信息共享、监管任务委派[①]、与被监管集团的交流、危机管理以及监管行动之间的协调等。

(六) 最低任务原则

国际监管联席会议的工作计划应包括对集团及其下属法律实体的风险（包括风险集中度和集团内部风险暴露）、内控管理和资本状况进行充分评估，应至少完成以下任务：监管机构之间的信息交流；联合现场检查计划的制订；监管委托的设定；定期风险评估；与被监管集团的沟通。

(七) 适度保密原则

监管联席会议中的监管机构应当就信息交流和风险评估等事项制定保密条款。当然，在保密条款的约束下，监管联席会议应确保集团监管所需的相关信息能够及时传递给相关监管机构，信息语言要便于每个监管机构理解。

(八) 监管协调原则

监管联席会议应将促进各监管机构的监管方法的统一作为一项关键职责，

---

① 并表监管机构将某类监管任务或职责委派给东道国监管机构，反之亦然，如有些东道国监管机构将集团分支机构的流动性管理监督委派给并表监管机构。

重点是协调各监管机构所作的主要监管决策。监管联席会议要鼓励各监管机构之间的相互咨询和沟通。

(九) 信息共享原则

国际监管联席会议应将现场检查计划与协调工作列入日程，检查结果应在遵循保密条款的前提下按各自所需在并表监管机构、集团监管机构、协调机构与协会中其他监管机构之间共享。原则上，国际监管联席会议上形成的主要信息都应在成员国监管机构之间实现共享。

(十) 综合考量原则

监管联席会议机制的组织安排需要考虑多种因素，如被监管集团的结构、集团业务活动在某些地区的集中度、各分支机构间的关联度、集团运营方式、集团的产品和服务，以及监管机构之间签订的初始协议等，确保机制建立和运行的有效性。

(十一) 风险评估原则

一是形成风险共识。通过国际监管联席会议，各国监管机构要对集团的风险状况、集团层面的监管评价和风险评估达成共识。其目标达成与否有赖于各监管机构能否针对集团的业务结构、操作流程、经营策略、管理技能、主要内控体系、风险管理流程、集团层面或下属法人层面的资本充足性、集团的整体风险等方面形成一致化的评价方法。在风险共识的形成过程中，参与集团监管的每个监管机构都应贡献其所掌握的被监管机构的信息及相关评估，从而为并表监管机构、集团监管机构及协调机构从整体上评估集团的风险和财务稳健性提供依据。二是进行风险反馈。集团的整体风险评估结果要被反馈到各个监管机构。这种双向信息交流方式要建立在严格保密的基础上，这一过程要对等且反映不同监管机构的信息需求，要能够满足特定监管任务或监管行动的需求。三是进行风险预警。在监管联席会议机制下，监管机构通过审查和评估集团或其下属法律实体可能或实际存在的风险，提前制订监管计划以及尽可能地对主要风险形成早期预警。

三、中国银监会在国际监管联席会议方面的实践

2009年9月，中国银监会在北京召开了中国工商银行国际监管联席会议；

2010年9月，中国银监会在北京召开了中国银行国际监管联席会议。会议邀请了20多个国家和地区的监管当局参会，共同分析境外机构经营管理和风险问题，采取一致行动，责令境外机构对东道国检查和发现的问题进行快速整改，防范经营风险，以促进大型银行在全球范围的稳健发展。会议取得了很好的效果，使两家大型银行的全球监管者交流了看法，统一了认识，有力地推进了大型银行的国际监管合作。

伴随着金融全球化发展，我国银行业"走出去"的步伐正在日益加快，根据银监会年报显示，截至2010年末，仅五家大型银行就已在全球30多个国家设立了1 187个分支机构。在对这类海外分支机构的风险监管方面，国际监管联席会议将是我国银行监管部门日益借重的关键监管机制。

第三节 跨境银行危机处置

在本次全球金融危机中，以雷曼兄弟公司为代表，出现了大量系统重要性金融机构破产事件。危机的蔓延深刻表明，现有的国际金融监管框架对大型国际金融机构的破产难以实施有效监管和处置，国际上目前尚未形成统一的银行危机处置政策框架，问题银行的处置缺乏有效机制。尤其是各国对大型国际金融机构的处置措施往往局限于境内实体，保护色彩严重，"围栏"策略凸显，联合行动极为困难，从而降低了市场信心，增加了纳税人成本，也降低了整个社会经济的效率。正是从这个意义上说，研究跨境危机处置机制的建设问题，已经显得非常重要。

一、跨境银行危机处置合作的含义

跨境银行是指在两个或两个以上国家或地区设立分支机构开展业务，并在一个决策机构下从事经营活动的银行。20世纪90年代以后，伴随着各国金融监管立法的建立，跨境银行监管也逐渐形成了由各国单独进行立法的国别监管、在国别监管基础上的国际监管以及强调公司内部监管的三层立体监管模式。

(一) 跨境银行监管的基本含义

根据设立的境外分支机构与母行的关系及其经营权限，跨境银行一般有分行和子行两种表现形式。分行一般不具有独立法律地位，不是独立的法人，只能从事一定范围内的经营性业务，因而东道国监管当局只能对其实施适度的监管；而子行则是在东道国具有独立法人地位的金融机构，因而东道国有权对其实施全面、有效的监管。跨境银行监管的核心是母国银行监管当局与东道国银行监管当局之间的有效合作。

目前，对跨境银行监管规定最为详细的国际性文件当属《巴塞尔资本协议》。围绕跨境银行监管中母国监管当局与东道国监管当局职责的划分，巴塞尔银行监管委员会自成立以来就一直进行着探索。要义体现在以下方面：明确母国和东道国监管当局的职责；重视母国监管当局在跨境银行统一监管中的职责；强化母国和东道国监管当局之间的协调合作和信息共享机制。值得关注的是，本轮国际金融危机之后，巴塞尔银行监管委员会专门颁布了《跨境银行决议小组的报告和建议》，对危机中的跨境银行管理提出了十项建议，为危机后跨境银行监管的强化提出了一系列可行、系统的制度性安排。

（二）跨境银行监管的基本方式

对于跨境监管，基本的方式是并表监管。所谓并表监管，是指在单一法人监管的基础上，对银行集团的资本、财务以及风险进行全面、持续的监管，识别、计量、监控和评估银行集团的总体风险状况。对于跨境银行监管来说，母国监管当局对跨境银行集团实施全面的并表管理的能力非常重要，是跨境银行监管有效进行的基础，同时也是很多东道国审批外资银行分支机构市场准入的前提条件。一般来说，如果东道国认为某跨境银行的分支机构未纳入母国监管当局的并表监管范围，或者母国监管当局缺乏对跨境银行的并表监管能力，那么，该东道国金融监管当局肯定会否决该银行在其辖区内设立分支机构的市场准入申请。

根据《巴塞尔新资本协议》的有关规定，母国监管当局负责跨境银行或银行集团全球业务在并表基础上的监管，东道国监管当局负责对在其国家范围内经营的银行进行单个或次级并表监管。如果两个监管当局在并表方法上存在差异，那么，母国监管当局对于银行集团在并表基础上的监管决议享有最终裁量权。为确保母国监管当局最终监管决议的正确性，母国监管当局可以要求东道国监管当局提供必要有关分支机构运营、监管的信息和资料，而东道国监管当局则有义务就当地跨境银行的信息与母国监管当局进行共享，当然东道国监管当局认为有必要，也可以像母国监管当局索取有用的信息。共享的信息包括定性信息和定量信息两个方面，应至少能确保母国监管者在并表基础上计算跨境银行或银行集团的资本充足率、大额风险暴露等核心风险监管指标。

(三) 跨境银行危机处置机制的政策目标

通过完善国与国之间的银行监管磋商机制，一是促使各成员国监管机构能够早期识别跨境银行运行中的问题，并采取适宜的手段对问题银行进行积极干预，促使问题银行早日恢复稳健运行；二是建立区域或全球层面的问题银行处置框架，解决因东道国和母国之间处置、破产机制不同而带来的跨境处置低效问题，促进处置机制在全球或区域范围内的趋同；三是积极探索跨境银行的破产清算机制，促使金融机构实现"安全"、"有序"的破产，力争达到不中断关键服务、不向金融体系传染风险的目的。

(四) 跨境银行处置机制的要义

一个有效的跨境银行危机处置国际合作机制应至少涵盖以下方面：一是明确权利、义务和责任。通过签订 MOU 等双边或多边协议明确在跨境银行监管中母国与东道国的监管责任和义务。二是建立并表监管体系。母国与东道国监管当局应致力于共同建立有效的并表监管体系，特别是集团并表监管体系。三是强化信息交流。母国与东道国监管当局应加强信息交流，明确跨境危机处置中信息沟通与反馈的责任，消除信息缺口。四是降低金融集团的复杂性。监管机构应充分掌握问题金融集团的组织架构及单体机构处置方案。若该金融集团过于复杂的架构已影响到有序处置的顺利进行，应考虑通过资本监管或其他审慎性监管引导，督促其精简组织架构。五是促进国际危机处置制度的趋同。各国应共同致力于危机处置措施的趋同，降低危机管理方式、破产机制等方面的差异，促进联合处置。六是避免监管摩擦。各国在跨境危机处置及破产清算中应与跨境银行其他分支机构的监管当局合作，尽量避免监管摩擦。七是建设成本分摊机制。必要时各国应建立合理的危机成本分摊机制。

二、构建有效跨境银行危机处置机制面临的难点

(一) 母国及东道国监管当局之间的利益冲突

外资银行的分支机构（尤其是子行），既是母国集团公司的组成部分，又往往是东道国法律下的独立实体，同时受到母国和东道国监管当局的共同监管，

这两个监管当局不可避免地存在着利益冲突。主要表现为：东道国对跨境银行的属地监管与母国对跨境银行的属人监管或保护性监管之间存在着管辖权的冲突；东道国监管当局基于经济主权与经济安全的考虑，常以"金融隐秘权"为由拒绝母国监管当局对跨境银行某些问题的介入。

（二）全球范围内监管成本分摊机制的缺乏

目前，由于全球跨境银行危机管理和破产机制严重缺失，尤其是不存在一个有效的跨境银行危机处置过程中的责任成本分摊机制，一国政府难以独立对跨境银行的危机和破产进行有效处置。跨境银行危机处置机制主要是以国内破产事件为对象，在资金来源上高度依赖本国财政，不能实现损失和成本在全球范围内的真正分摊及降低，在实际运作中也往往以某国利益损失最小化为目的，甚至往往虽然会在本国范围内降低风险，但同时却会在区域或全球范围内加剧跨境银行破产的外部性。

（三）监管标准和法制标准的多元化

各国监管当局面临着不同的法律环境，在金融监管的制度安排上也千差万别。一是监管标准的多元化。对于跨境银行的监管，目前尚缺乏具有足够约束力的全球统一监管标准。《巴塞尔资本协议》虽然在全球银行业中享有较广泛的影响力，但它毕竟不具备法律约束力，在各国日益强大的利益保护主义面前，其影响不可高估。对于外资银行来说，既要适用母国监管当局的标准，又要适用东道国监管当局的标准，而两者的标准很有可能在某些方面大相径庭。比如，鉴于在数据质量和系统建设力量方面的显著差异，新兴市场经济国家和英美等发达经济体之间在《巴塞尔新资本协议》的实施程度上差别甚大，进而决定两者监管当局在银行监管的规则和标准上出现重大不同，最终必然会阻碍跨境银行监管效率的提高。二是法律标准的多元化。本轮全球金融危机中大量跨境金融机构破产倒闭的实践深刻表明，目前，很多国家都实施不同的破产制度，各国关于银行破产的法律制度甚至存在冲突，要建立起一个各国都能接受的跨境银行破产机制非常困难，法律障碍首当其冲。本轮危机中，问题银行处置所遵循的法律体系主要是各成员国所制定，缺乏足够的国际性法律制度可供遵循，因而跨境银行危机的处置深受各成员国政府主观意愿的影响，地方保护主义色彩较为严重。

（四）国际金融监管组织功能发挥的不足

当前虽然确实存在一些诸如巴塞尔银行监管委员会的国际金融组织和区域性金融组织，但这些组织在推进跨境合作方面还缺乏必要的权威性和强制性。本轮全球金融危机已经深刻表明，跨境流动性支持问题非常复杂，一国或一个地区产生的流动性压力会迅速传染至另外一个区域。然而，巴塞尔银行监管委员会、金融稳定理事会等目前的国际金融组织尚无法促成一个能对跨境风险迅速化解和对跨境银行风险进行实时约束的监管合作机制。当然，欧盟目前正在朝着建设有力的金融监管合作机制、提高监管合作组织的权威性而努力。欧洲系统性风险理事会（ESRB）的建立就是一个例证。

三、良好跨境银行危机处置机制的制度选择

综合危机之后金融稳定理事会、巴塞尔银行监管委员会、国际货币基金组织等国际金融组织和美英等发达市场经济国家金融监管当局的研究成果，一个有效的跨境银行处置机制应包括以下七个方面。

（一）加强跨境监管合作和信息共享

一是各国监管当局应有权对所有问题金融机构采取危机处置措施，进行有序处置，以达到维护金融稳定、保护消费者权益、提升市场效率的目标；二是母国和东道国监管当局应达成协议，明确各自在立法、监管、流动性支持、危机管理和机构处置等方面的权利和责任；三是各国监管当局应能够在紧急状况下及时提供危机管理处置所需信息，促进信息共享，消除信息缺口。

（二）健全跨境银行的风险预警机制和早期干预机制

一是在最低监管要求方面，必须有明确的监管指标，如资本充足率、流动性比例等；二是在持续监管阶段，建立有效的风险预警体系，加强情景分析和各种情形下的压力测试，完备监管"工具箱"；三是根据不同的预警结果适用不同的跨境银行处置机制，主要是救助、注资和重组，以及在银行无法存活的条件下对银行进行处置；四是强化危机的早期干预。在符合法律和监管原则的情况下，各国金融监管当局应强化危机早期干预，可以对有危机迹象的跨境银行施加一些诸如提供担保或保证金、限制或停止支付、限制大额资金跨境转移、

防止集团内部关联交易等特殊监管措施。

(三) 健全对跨境金融集团的风险处置机制

一是降低金融集团组织结构及业务的复杂性和关联度。母国和东道国的金融监管机构加强合作，充分掌握问题金融集团的组织架构和业务体系。若认为该金融集团架构过于复杂，已影响到成本高效的有序处置的可获得性，则应考虑通过资本监管或其他审慎性监管引导，督促其精简组织架构，进一步降低其业务及运营的复杂性和风险关联度。二是建设跨境金融集团的国际协调处置框架。目前各国的危机处置均在本国法律框架下进行，各国按照各自现有法律与监管规定、按不同业务范围对危机实施分离式处置程序，对处置措施的跨境效应关注不够。因此，各国监管当局应考虑建立与跨境银行处置相匹配的管理程序，对辖区内跨境金融集团及其附属法律实体建立起统一、协调一致的处置框架，提高危机管理与处置的协调性和一致性。尤其是在跨境金融集团及其附属法律实体的处置上，各国监管当局应就监管手段、纠正措施和政策工具达成基本立场上的共识，逐步消除危机管理方式、破产机制等方面的差异。

(四) 事先制定有序的应急处置预案

跨境银行必须考虑将来可能遇到的各种危机情形，并提前制定在经营危机发生情况下的应急处置预案。应急处置预案应与金融机构规模、机构复杂性和业务功能相一致，清楚地涵盖机构设立、持续经营、早期干预、危机处置和破产清算等各个重要环节，指明金融机构在面临严重压力或不稳定时期的紧急应对措施，以确保该机构的持续稳定运行和必要时的迅速有序解散。应急预案还应接受监管机构的指导和审核，以保证其符合监管要求。

(五) 对问题银行的有效处置

各国监管当局应联合行动，对有问题的银行进行有效处置，以实现保护存款人利益、确保银行和支付服务持续、通过控制风险传染最小化和必要的有序解散程序管理系统性影响等目标。

(六) 完善风险缓释机制

各国监管部门应积极研究风险缓释机制的建设问题，以降低跨境银行破产所可能引致的系统性风险，提高危机处置过程中市场功能的自愈弹性，维系整个宏观金融体系的稳定。净额结算安排、担保制度、客户头寸分账核算、衍生品合约标准化、标准化衍生品合约的交易转向中央对手方机制进行交易清算、增进市场透明度，等等，都可以视为强化风险缓释的有效制度安排。另外，决定合约转移，即各国监管当局决定暂时推迟合约中止条款生效，从而完成某特定金融市场合同向其他健全金融机构、过渡性金融机构或其他公共机构的转移，以维护市场功能的连续性，也是风险缓释的一项重要制度选择。

（七）重塑市场纪律

各国监管当局应认识到，监管只是对金融机构良好运行的一种外部约束，市场约束才是金融机构良好运行的根本，有效市场的存在是跨境银行良好运行的重要基石。因此，为重塑市场纪律，各国监管当局应在危机处置方案中预先阐明支持干预策略的退出战略。政府对危机中的跨境银行的支持与干预措施的突然终止，可能会使该银行的经营遭受较大打击；但无限制的支持与干预，又会导致监管的过度宽容，进而可能引致道德风险和逆向选择。重要的是在两者取得合理平衡。

四、对问题跨境银行实施有效处置的政策框架

（一）问题银行处置机制的目标和对象

公司破产法的政策目标主要是实现公平、可预期的债权处置，最大限度地保护债权人的权益；而考虑到商业银行的强外部性，银行破产机制则应优先考虑金融稳定、降低系统性风险等公共政策目标，确保损失主要由股东和初级、未担保债权人承担，尽量避免政府和纳税人成本。因此，对问题银行的跨境处置框架，应将保护存款人利益、确保银行和支付服务持续、通过控制风险传染最小化和必要的有序解散程序管理系统性影响等确定为最重要的目标。处置机制的适用对象，应为所有跨境经营的银行集团，包括海外分支、投资公司甚至保险机构。

（二）问题银行处置框架的要点

一是措施。从措施上说，问题银行的可行处置方式如下：集团公司和母公司的救助；同业拆借救助；中央银行提供流动性支持；设立过渡银行或其他过

渡实体,将问题银行全部或部分有毒资产向私人实体、独立资产管理机构或"搭桥银行"转移;接管、重组;兼并、收购。二是触发条件和运用时机。为提高处置措施的有效性,应清晰界定处置行动的触发条件,且须审慎决断,最好能在银行技术性破产之前及时介入。设计触发条件和时机运用上时应充分基于各项监管评估和金融稳定等公共利益。三是速度。在速度上,部分国家倾向于渐进式处置,即先通过"特别管理专员"取代管理层制订重组方案获得股东认可,然后再推行处置方案;部分国家倾向于快速紧急干预,追求立竿见影的效果,但成本也一般较高;部分国家倾向于折中式方案,通过指定管理机构获得问题银行控制权并确定重组方案,结果是速度上有的表现很快,有的表现很慢。

(三)妥善处理跨境处置的资金来源

一是考虑到纳税人成本问题,银行处置资金更宜通过私人部门筹资解决,但私人渠道筹资机会往往随着危机深化而快速减少,因此,应预先建立私人部门筹资机制。至少有以下三种方式可行选择:要求银行缴存稳定资金,建立存款担保机制;由金融机构按照经营规模或市场活动分别缴费设立专项处置基金;建立集团内部的资金支持框架,确保机构重组和缺乏流动性情形下能够从集团内部获得稳定的资金来源。二是考虑到私人部门的筹资难度,要清晰界定成员国之间的财政分担机制。应明确财政分担的原则和组织设计,以构建必要的金融安全网,确保各成员国能够获得合理的政策激励,积极合作预防危机,促进联合处置,提高跨境银行危机的处置效率。

(四)合理设置问题银行破产的制度安排

建立跨境银行破产的国际框架非常重要,各国际或地区组织正就此不懈努力并已取得初步进展。1997年联合国国际贸易法委员会制定的"跨界破产示范法"与2000年欧盟理事会通过的"破产程序规则"鼓励采纳折中主义的普遍性原则,既倡导成员方之间的合作,又尊重成员方法律的独特性,这是今后跨境银行破产的倡导方向。针对此次金融危机中出现的跨境银行破产新情况,当前,迫切需要进一步完善各国跨境银行破产的制度框架特别是法律框架,建立法院与破产机构之间具有约束力的合作和信息交换机制,以逐步实现国际趋同。

合理的问题银行破产机制应涵盖以下四个方面:一是有效的监管协作。在双边和多边层面上,从共同利益最大化、处置成本最小化的角度出发,东道国、母国和其他国家监管当局共同协商采取折中方案,是实现双赢和多赢的最佳做法。二是集团层面的统一处置。即将破产机构作为集团处置,解决效率低下和传统单个实体机构处置方式不公平的问题。三是区域或全球范围内统一的银行破产机制。治理结构复杂的国际金融机构需各国协调一致方能达到处置目的,但由于破产法多与财产法、合同法和商法相互关联、优先权规则同时折射社会公共政策,需充分估计协调过程所涉问题的敏感性及难度,对推进跨境银行危机处置一致化遵循循序渐进原则。可尝试建立集团统一处置基础上独立自洽的破产机制,以取代目前跨境银行集团处置较为分散的管辖国重组、解散机制。四是进一步完善跨境银行破产清算的制度框架。目前国际上针对跨境破产的域外效力存在两种原则,即普遍性原则与地域性原则。在国际间跨境破产处置问题上难以协调一致的情况下,出于保护本国债权人的利益,绝大多数国家都愿意遵循地域性原则,强调根据本国破产法处置跨境破产,但这样做的后果是,造成破产银行在不同国家的资产不能集中统一清算,不同国家的债权人难以得到平等的赔偿。解决问题的出路在于寻求普遍性原则与地域性原则之间的平衡。

五、危机后主要国际组织跨境监管及其改革进展

本次全球金融危机以来,围绕加强跨境银行危机处置问题,G20 金融峰会、金融稳定理事会、巴塞尔银行监管委员会等国际金融组织先后出台了一系列政策措施。主要表现在以下方面。

(一)巴塞尔银行监管委员会研究出台的措施

巴塞尔银行监管委员会自成立以来,发布了一系列旨在加强银行业国际监管合作的指导性文件和政策报告:一是 1997 年出台的《银行业有效监管核心原则》;二是 1992 年出台的《关于监管国际性银行集团及其跨国分支机构最低标准的建议》;三是 2007 年,巴塞尔委员会成立跨境银行处置工作组(CBRG),对跨境银行危机处置中的现行破产处置政策、职责分配和相关国家的法律框架进行研究,并发布了相关报告;四是 2010 年 3 月,在对危机中几大银行集团的破产处置案例进行了深刻研究的基础上,巴塞尔委员会跨境银行处置工作组(CBRG)发布《跨境银行处置小组的报告和政策建议》(*Report and recommendations of the cross - border bank resolution group*)最终稿,提出跨境银行危机处置的三大原则和十条建议。

(二) G20 金融峰会出台的措施

G20 金融峰会的多次宣言均明确要求监管机构在各个金融市场领域加强协调与合作，包括跨境资本流动。2009 年 4 月，G20 伦敦峰会重申大型跨境金融机构危机管理、处置及破产机制、法律的重要性，并呼吁各国加强合作，研究跨境银行破产处置的标准、做法和原则，以降低因各国无序处置导致的负面影响。G20 建议，各成员国之间建立监管团制度，以便从金融监管和国际组织作用两方面来强化对跨境银行的处置，有效防范和化解全球系统性风险。

(三) 国际货币基金组织出台的措施

针对具有系统重要性金融机构在全球范围内的破产处置问题，国际货币基金组织于 2010 年 7 月正式出台了《跨境决议国际框架构想》。IMF 在该文件中提出了建设跨境银行危机处置机制的四条原则，目的是确保各国监管当局在大型金融机构的处置中能够统一行动，并且在各国股东和债权人之间建立起公正、合理的破产成本分摊机制。该文件建议，以调整后的风险为基础，由银行事前提供资金，设立跨境决议专项基金，专门用于对机构破产的处置。

(四) 金融稳定理事会出台的措施

一是 2009 年 4 月，FSB 发布《危机管理的跨境协作原则》。该文件要求监管机构、中央银行以及财政部等相关政府部门之间加强在银行跨境危机处置方面的合作。其中特别要求各成员国定期会晤，共同探讨当跨境银行机构出现严重问题时，如何建立起协调一致的监管联动机制和信息共享机制，确保问题能得到有效处理。二是发布《危机管理跨境协作原则》，并于 2009 年 12 月初步选定 30 家具有全球意义的系统重要性金融机构，实施特别而专门的跨境监管。30 家金融巨头包括 6 家北美金融机构、4 家英国银行、10 家欧洲大陆银行、4 家日本金融机构及 6 家保险公司。

(五) 欧盟委员会推出的举措

一是 2009 年 5 月，欧洲议会通过了修订后的欧盟资本要求指令（CRD）。新规则要求，欧盟区域内跨境银行集团的并表监管者与东道国监管者应定期召开监管联席会议，并在此基础上，按照《巴塞尔新资本协议》第二支柱的相关要求，在履行内部资本充足评估程序（ICAPP）和监管评价与审核评估程序

(SREP)时加强合作,力争作出联合评估决定。二是2009年11月,欧盟委员会初步提出银行部门跨境危机处置框架,该框架涵盖监管的早期干预、问题银行的处置、破产解散机制等跨境银行危机处置的重要环节,必将成为欧盟区域内跨境银行危机处置的纲领性文件。三是2010年4月7日,欧洲银行监管委员会(CEBS)公布《跨境银行集团资本充足联合决定与监管评价联合评估的指引》,对监管联席会议制度下跨境银行集团及其法人实体的内部资本充足评估程序(ICAPP)和监管评价与审核评估程序(SREP)提出了23条具体的操作性指导意见。

六、我国加强跨境银行危机处置的实践

中国银监会自2003年成立以来,按照巴塞尔银行监管委员会确定的跨境银行监管原则,积极推进跨境银行监管合作,主动与境外监管机构之间建立合作机制。2003年8月22日,中国银监会与中国澳门金管局主席丁连星在北京签署了大陆对外签订的第一个监管合作谅解备忘录。截至2009年底,中国银监会已经与世界上35个国家和地区的金融监管当局签署了36个双边监管合作谅解备忘录或监管合作协议。监管合作谅解备忘录的内容一般包括以下方面:监管信息交流、市场准入和现场检查中的合作、人员交流及培训、监管信息保密和监管工作会谈等。为进一步落实监管合作备忘录,规范跨境银行监管合作的内部程序和工作流程,加速推进跨境银行监管合作的规范化和制度化,中国银监会还制定了《跨境银行监管合作工作规程》。

自本轮全球金融危机以来,中国银监会加快了与各国进行跨境银行监管合作的步伐。2009年4月G20伦敦峰会之后,中美两国银行业监管者表示要在跨境监管合作方面明确各自的权利、责任和义务:中国银监会倡议中美从跨境危机管理和处置方面加强监管合作,定期交流微观审慎监管和宏观审慎监管中的经验。作为工商银行、农业银行、中国银行、建设银行的母国监管机构,中国银监会将主动向包括美国在内的各个东道国监管当局通报这些大型银行的风险、资本和财务状况。

另外,在相关法制环境的完善上,中国银监会为强化跨境银行监管和危机处置做了大量工作。

一是2004年发布《外资银行并表监管办法》,对外资银行并表监管方式进行了规范和调整:强调审慎性持续监管,要求监管机构对外资法人机构实施全

球并表监管,对外国银行分行实施在华机构并表监管,同时关注集团全球经营和风险状况。

二是2006年12月颁布《外资银行管理条例》。遵循审慎监管原则和法人导向的国际惯例,中国银监会颁布《外资银行管理条例》,其中规定在中国境内的外资银行有四种存在形式——外商独资银行、中外合资银行、外国银行分行及外国银行代表处。目前,外资银行主要以分行形式进入中国。分行是母行的组成部分,一旦母行发生流动性风险或者支付危机,外国银行分行所在国家的存款人将无法获得优先保障,且分行在经营策略、资金调拨上与母行关系过于密切,监管难度大,中国作为东道国监管者较为被动。相反,子行作为当地注册的法人银行,监管当局可以进行风险隔离,可以最大限度地维护本国金融体系的稳定和保护存款人利益。因此,《外资银行管理条例》在审批程序及业务范围上对子行给予了更多的优惠和便利,同时欢迎外资银行分行转制为法人子行,以强化监管和风险控制。

三是2008年发布《银行并表监管指引》。中国银监会发布《银行并表监管指引》,强化了中国银行业监管者在并表监管中的母国立场。该指引的重大贡献有以下三点:其一是强调实施跨境监管需要母国与东道国监管当局的密切合作,因而东道国监管当局对母国监管当局的支持与谅解是实行有效并表监管的重要基础;其二是明确将东道国的并表监管能力作为对跨境银行的市场准入和日常持续监管的重要依据;其三是强调要定期获得银行集团中境外附属机构的相关信息,确定东道国的监管规定是否存在信息传递障碍,并视情况禁止或限制银行集团及其附属机构在这些国家和地区设立机构并开展业务。

参考文献

[1] 保罗·克鲁格曼：《萧条经济学的回归和2008年经济危机》，北京，中信出版社，2009。

[2] 陈建华、张显球：《存款保险制度：道德风险与定价策略》，载《金融研究》，2000（8）。

[3] 陈磊：《中国转型期的信贷波动与经济波动》，载《财经问题研究》，2004（9）。

[4] 陈玲：《国际金融危机后的欧盟金融体制改革研究》，载《上海经济研究》，2010（10）。

[5] 陈瑶：《关于商业银行贷款呆账损失准备金制度的分析》，载《财会通讯》，2004（5）。

[6] 邓智毅：《金融效率制度性分析》，北京，中国金融出版社，2003。

[7] 丁岩、任宇宁：《中国银行业实施反周期监管的难点及建议》，载《国际金融》，2010（7）。

[8] 冯晶、周宁宁：《金融机构杠杆率的演变和启示》，载《南方金融》，2009（4）。

[9] 富兰克林·艾伦、道格拉斯·盖尔：《理解金融危机》，北京，中国人民大学出版社，2010。

[10] 高国华、潘英丽：《我国商业银行资本充足率顺周期效应研究》，载《经济与管理研究》，2010（12）。

[11] 洪艳蓉：《资产证券化监管：巴塞尔委员会的经验与启示》，载《证券市场导报》，2005（1）。

[12] 胡海婕：《我国商业银行资本结构的目标区间》，载《世界经济情况》，2009（9）。

[13] 胡海鸥：《次贷危机对巴塞尔新资本协议提出的挑战与启示》，载《上海金融》，2009（9）。

［14］滑静、肖庆宪：《我国商业银行亲周期性的实证研究》，载《上海理工大学学报》，2007（6）。

［15］黄亭亭：《宏观审慎监管：原理、工具及应用难点》，载《中国金融》，2010（12）。

［16］黄霞、王新宇：《强化资本约束：对我国商业银行的影响及对策》，载《福建金融》，2005（7）。

［17］姬江帆、陶铄、许艳：《2009年中国信用市场展望》，载《中金公司固定收益部研究报告》，2008（12）：5~6页。

［18］加尔布雷斯：《货币简史》，上海，上海财经大学出版社，2010。

［19］贾海涛、邱长溶：《宏观因素对贷款企业违约率影响的实证分析》，载《现代管理科学》，2009（2）。

［20］蒋定之：《美国金融危机的九个警示》，载《中国金融》，2008（21）。

［21］蒋海：《金融监管中的激励冲突与调整》，载《财经研究》，2004（1）。

［22］蒋海、刘少波：《信息结构与金融监管激励：理论与政策含义》，载《财经研究》，2004（7）。

［23］蒋海：《论弹性监管与金融效率》，载《财经研究》，2001（9）。

［24］金成晓等：《美国金融危机的根源、影响及我国的对策分析》，载《税务与经济》，2009（4）。

［25］李成：《银行信贷、资本监管双重顺周期性与逆周期金融监管》，载《金融论坛》，2011（2）。

［26］李成：《中国金融周期的基本特征与分析结论》，载《金融论坛》，2005（1）。

［27］李夺：《资本充足率监管与商业银行经营目标的路径选择》，载《金融论坛》，2006（2）。

［28］李纲：《美国如何对商业银行进行全程监管》，载《中国经济周刊》，2004（22）。

［29］李国栋、惠亨玉、肖俊极：《中国银行业市场竞争程度及其顺周期性——以勒纳指数为衡量指标的重新考察》，载《财经研究》，2009。

［30］李莉、杨忠直：《基于锁模的地区经济周期波动同步化实证分析》，载《数量经济技术经济研究》，2007（12）。

［31］李佩珈：《动机扭曲、动态不一致性与金融监管改革——兼论新资本

协议的最新修改及对我国银行业的启示》，载《国际金融研究》，2010 (6)。

[32] 李瑞红：《逆周期监管工具、机制与中国选择》，载《金融与经济》，2010 (2)。

[33] 李文泓、陈璐：《美国、欧盟和英国金融监管改革方案比较：措施、展望与启示》，载《中国金融》，2009 (20)。

[34] 李文泓：《关于宏观审慎框架下逆周期政策的探讨》，载《金融研究》，2009 (8)。

[35] 李彦斌、王伟华：《关注银行贷款核销制度》，载《中国金融》，2005 (9)。

[36] 李扬、彭兴韵：《存款准备金与资本充足率监管的货币政策效应》，载《财经理论与实践》，2005 (3)。

[37] 李志辉：《中国银行业风险控制与资本充足性管理研究》，北京，中国金融出版社，2007。

[38] 廖岷：《何处寻求再平衡》，北京，中信出版社，2010。

[39] 刘百花：《亲周期性与国际政策协调的可行性研究——兼论我国实施Basel Ⅱ 的相关问题》，载《财经研究》，2003 (9)。

[40] 刘斌：《资本充足率对信贷、经济及货币政策传导的影响》，载《金融研究》，2005 (8)。

[41] 刘春航、李文泓：《关于建立宏观审慎监管框架与逆周期政策机制的思考》，载《比较》，2009 (4)。

[42] 刘洁：《繁荣或危机：透视流动性过剩》，北京，中国金融出版社，2008。

[43] 刘秋萍：《我国商业银行信贷顺周期性的实证研究》，载《中国城市经济》，2011 (9)。

[44] 刘树成：《实现经济周期波动在适度高位的平滑化》，载《经济研究》，2005 (11)。

[45] 鹿波：《中国上市公司违约率的顺周期效应实证研究——评估巴塞尔协议Ⅱ顺周期效应的初步尝试》，载《金融论坛》，2009 (3)。

[46] 马德伦、张显球：《中国国有银行制度演进的逻辑及其当代经济学论证》，载《金融研究》，2000 (6)。

[47] 梅良勇、刘勇：《后危机时期金融监管的国际趋势分析——兼论对我国大型商行的可能影响》，载《金融理论与实践》，2010 (5)。

［48］苗文龙：《中国金融周期的特征分析》，载《统计与信息论坛》，2005（5）。

［49］牛筱颖：《通货膨胀目标制：研究与实践述评》，载《经济评论》，2006（2）。

［50］潘文波：《中外银行业贷款呆账准备金制度比较探析》，载《中国软科学》，2001（5）。

［51］潘再见、陈振：《基于优先股资本化的银行资本顺周期效应缓解机制研究》，载《海南金融》，2009（8）。

［52］潘再见：《优先股资本化：经济衰退阶段银行资本监管的一种新框架》，载《金融理论与实践》，2009（6）。

［53］彭建刚、钟海、李关政：《对巴塞尔新资本协议亲周期效应缓释机制的改进》，载《金融研究》，2010（9）。

［54］尚福林：《从有效控制总需求看货币政策和财政政策的衔接》，载《金融研究》，1987（10）。

［55］尚福林：《我国信贷政策的改革与发展》，载《金融研究》，1995（1）。

［56］沈联涛：《关心亚洲自己的不平衡》，载《财经》，2006（2）。

［57］石晓军、李孟娜：《中国商业银行盯住市场的资本充足率与宏观经济周期：1996~2004年》，载《数量经济技术经济研究》，2007（7）。

［58］寿建新、戴志敏：《新资本协议中的市场纪律及其局限性》，载《浙江金融》，2003（8）。

［59］宋逢明、谭慧：《VAR模型中的流动性风险度量》，载《数量经济技术经济研究》，2004（6）。

［60］孙连友：《商业银行亲周期性与信用风险计量》，载《上海金融》，2005（3）。

［61］孙天琦：《改进杠杆率监管：次贷危机给监管当局提出的重要任务》，载《西部金融》，2008（12）。

［62］孙天琦、杨岚：《有关银行贷款损失准备制度的调查报告：以我国五家上市银行为例的分析》，载《金融研究》，2005（6）。

［63］孙天琦、张观华：《关于银行资本、经济周期和货币政策文献综述》，载《新疆金融》，2008（2）。

［64］孙铁麟、李敏强：《我国商业银行发行次级债策略研究》，载《生产

力研究》，2006（7）。

[65] 孙志钢：《浅析资本充足率刚性约束下中信银行的改革之路》，载《科技情报开发与经济》，2006（12）。

[66] 谭伟：《金融危机与银行顺周期发展模式研究》，载《经济研究导刊》，2009（32）。

[67] 谭小芬：《通货膨胀目标制与宏观经济绩效：最新研究进展与评述》，载《经济评论》，2007（5）。

[68] 唐双宁：《负笈集》，北京，中国金融出版社，2010。

[69] 唐双宁：《光大之道》（上、下集），北京，中国金融出版社，2010。

[70] 唐双宁：《加强金融文化建设，实现由金融硬实力平面扩张的金融大国向金融软实力立体提升的金融强国转变》，载《"辉煌银行业"形势报告文集》，2011。

[71] 王力伟：《宏观审慎监管研究的最新进展：从理论基础到政策工具》，载《国际金融研究》，2011（2）。

[72] 王胜邦、陈颖：《新资本协议内部评级法对宏观经济运行的影响：亲周期效应研究》，载《金融研究》，2008（5）。

[73] 王阳逸：《金融危机下我国商业银行资本充足率困境及解决途径》，载《时代金融》，2010（6）。

[74] 温信祥：《银行资本监管顺周期性及其对经济波动的影响》，载《经济问题探索》，2006（4）。

[75] 温信祥：《资本充足率监管下银行资本监管顺周期性及其对经济波动的影响》，载《经济问题探索》，2006（4）。

[76] 吴金忠：《银行信贷"逆周期"增长风险探析》，载《金融发展研究》，2009（9）。

[77] 吴俊、康继军、张宗益：《中国经济转型期商业银行资本与风险行为研究——兼论巴塞尔协议在我国的实施效果》，载《财经研究》，2008（1）。

[78] 吴俊、张宗益、徐磊：《资本充足率监管下的银行资本与风险行为——〈商业银行资本充足率管理办法〉实施后的实证分析》，载《财经论丛》，2008（2）。

[79] 吴正光：《金融风险顺周期效应的实证研究》，载《金融理论与实践》，2009（6）。

[80] 向新民：《信贷周期的形成及其对金融稳定的影响——行为金融学的

剖析》，载《财经论丛》，2006（5）。

[81] 谢平：《中国金融制度的选择》，上海，上海远东出版社，1996。

[82] 谢平、邹传伟：《金融危机后有关金融监管改革的理论综述》，载《金融研究》，2010（2）。

[83] 徐明东、肖宏：《动态拨备规则的西班牙经验及其在中国实施的可行性分析》，载《财经研究》，2010（10）。

[84] 徐岩岩、赵正龙：《我国商业银行信用风险亲周期性的实证分析与对策研究》，载《新金融》，2011（2）。

[85] 阎庆民：《监管政策应纳入宏调"工具箱"》，载《财经》，2011（1）。

[86] 阎庆民：《现代银行业监管前沿问题研究》，北京，中国金融出版社，2010。

[87] 晏艳阳、张贞贞：《我国上市公司违约率的顺周期效应分析》，载《南方金融》，2011（4）。

[88] 杨家才：《商业银行动态监管风险指标体系研究》，载《中国金融》，2010（2）。

[89] 杨家才：《新理念下的银行监管》，北京，中国金融出版社，2005。

[90] 杨家才：《知命监管》，北京，中国金融出版社，2010。

[91] 杨军：《全球金融危机背景下对实施新资本协议问题的重新审视》，载《中国金融》，2009（8）。

[92] 杨雨、周欣、宋维：《基于广义矩阵估计的商业银行资本亲周期特征研究》，载《中央财经大学学报》，2010（8）

[93] 易纲、汤弦：《汇率制度"角点解假设"的一个理论基础》，载《金融研究》，2001（8）。

[94] 应展宇：《合成型资产证券化：创新视觉的一个经济分析》，载《数量经济技术经济研究》，2007（9）。

[95] [英] 克恩·亚历山大、拉胡尔·都莫、约翰·伊特威尔：《金融体系的全球治理：系统性风险的国际监管》，大连，东北财经大学出版社，2010。

[96] 余龙武：《中国国有商业银行综合改革新论》，北京，中国金融出版社，2003。

[97] 张杰：《中国国有银行的资本金谜团》，载《经济研究》，2003（1）。

[98] 张丽华：《我国商业银行资本充足现状及提高比率的路径选择》，载《金融研究》，2004（10）。

[99] 张强、武次冰：《金融危机下我国商业银行资本约束的逆周期性研究》，载《财经理论与实践》，2010（1）。

[100] 张显球：《从日本的主银行体制试析建立中国式公司治理结构的可行性》，载《国际金融研究》，1996（10）。

[101] 张显球：《董事会制度：理论研究及基于上市银行的实证分析》，北京，中国金融出版社，2010。

[102] 张显球：《金融经济学发展述评》，载《金融参考》，1999（9）。

[103] 张显球：《如何看待建行股价？》，载《财经》，2004（6）。

[104] 张显球：《一部金融视觉的萧条经济学力著——评钱小安博士新著〈信贷紧缩、银行重组与金融发展〉》，载《金融时报》，2001-07-15。

[105] 张正平、何广文：《中国银行业市场约束力的实证研究：1994~2003》，载《金融研究》，2005（10）。

[106] 赵会玉、苗文龙：《中国金融周期特征与货币政策效应》，载《统计与预测》，2008（4）。

[107] 郑鸣、陈捷琼：《国有商业银行发行次级债券补充资本金研究》，载《国际金融研究》，2002（10）。

[108] 郑南源、盛文军、尤瑞章：《商业银行顺周期性与金融宏观调控研究》，载《浙江金融》，2009（7）。

[109] 周慕冰：《经济运行中的货币供给机制》，北京，中国人民大学出版社，1990。

[110] 周小川：《关于改变宏观和微观顺周期性的进一步探讨》，载《金融时报》，2009-03-27。

[111] 周欣、李玮、杨雨等：《中国商业银行资本亲周期特征差异的实证研究》，载《科学决策》，2010（8）。

[112] 周媛：《基于巴塞尔协议Ⅲ视角的美国金融监管改革探析》，载《湖南商学院学报》，2010（6）。

[113] 周媛：《美国金融监管改革法案的影响及其对我国的启示》，载《金融经济》，2010（22）。

[114] 周助新、胡王婉：《我国信贷市场上的顺周期实证分析》，载《武汉金融》，2009（10）。

[115] 朱红：《我国银行业资本监管亲周期效应研究》，载《财会月刊》，2011（18）。

[116] Acharya V. A theory of systemic risk and design of prudential bank regulation [R]. Mimeo, London Business School, 2001.

[117] Acharya V., M Richardson. Restoring financial stability: how to repair a failed system [M]. Hoboken, New Jersey: John Wiley & Sons, 2009.

[118] Adrian T., Brunnermeier M. CoVar [R]. Federal Reserve Bank of New York Staff Reports, No. 348, 2007.

[119] A. G. Haldane. Rethinking the financial network [R]. Speech Delivered at the Financial Student Association, Amsterdam, April, 2009.

[120] Allen, F., D Gale. Financial contagion [J]. Journal of Political Economy, Vol. 108, No. 1, 2000.

[121] Allen, L., A. Saunders. A survey of cyclical effects in credit risk measurement models [R]. BIS Working Paper No. 126.1, 2003.

[122] Armstrong, J., Bordeleau – Labrecque, E., Crawford, A. Graham, C.. The Role of Regulatory Limits on Leverage: The Canadian Experience. Bank of Canada, 2009.

[123] Addressing financial system procyclicality: a possible framework, BIS Working Paper, http://www.bis.org, September 2008.

[124] Barberis, Nicholas, Richard Thaler. "A Survey of Behavioral Finance", in G. M. Constantinides, M. Harris and R. Stulz, Handbook of the Economics of Finance, 2003.

[125] Brunnermeier M., Crockett A., Goodhart C.. The fundamental principles of financial regulation [R]. Geneva Reports on the World Economy 11 (Preliminary Conference Draft), 2009.

[126] Baxton, M. and King, R. G.. Measuring Business Cycles: Approximate Band – pass Filters for Economic Time Series. [R]. NBER Working Paper, No. 5022, 1995.

[127] Bangia, A., F. Diebold. Ratings migration and the business cycle, with application to credit portfolio stress testing [J]. Journal of Banking and Finance, 2002 (26).

[128] Bank of England. The Role of Macroprudential Policy: A Discussion Paper [EB/OL]. http://www.bankofengland.co.uk/publications/news/2009/111.htm, 2009.

[129] Barrell R., E P Davis. The evolution of the financial market crisis in 2008

[J]. National Institute Economic Review, No. 206, 2008.

[130] Bertrand Rime. Bank Capital Behavior: Empirical Evidence for Switzerland [J]. Journal of Banking and Finance, 2001, 25 (4): 789 - 805.

[131] Bikker. Bank provisioning behavior and procyclicality [J]. Journal of International Financial Markets, Institutions and Money, Elsevier, 2005.

[132] Borio C.. Implementing the macroprudential approach to financial regulation and supervision [J]. Banque de France Financial Stability Review, 2009 (13).

[133] Borio C.. Towards a macroprudential framework for financial supervision and regulation? [R]. BIS Working Papers, No. 128, February, 2003.

[134] Borio C., M. Drehmann. Towards an operational framework for financial stability: "fuzzy" measurement and its consequences [R]. BIS Working Papers, No. 284, June, 2009.

[135] Borio C., Tarashev N., Tsatsaronis K.. Allocating systemic risk to individual institutions [R]. BIS Working Papers, May, 2010.

[136] Bhattacharya, S., A. V Thakor. Contemporary banking theory [J]. Journal of Financial Intermediation 3, 1993.

[137] BCBS (Basel Committee on Banking Supervision). Fair value measurement and modeling: An assessment of challenges and lessons learned from the market stress. Basel Committee Report, BCBS137, 2008.

[138] BCBS (Basel Committee on Banking Supervision). Supervisory guidance for assessing banks financial instrument fair value practices - final paper. Basel Committee Report, BCBS153, 2009.

[139] Basel Committee. Principle for Sound Liquidity Risk Management and Supervision, 2008.

[140] Basel Committee. Enhancements to the Basel II framework, 2009.

[141] Basel Committee. Strengthening the resilience of the Banking Sector, 2009.

[142] Basel Committee. International framework for liquidity risk management, standards and monitoring, 2009.

[143] Barnhill, T., W. F. Maxwell. Modeling correlated interest rate, spread risk, and credit risk for fixed income portfolios [J]. Journal of Banking and Finance, 2002 (26).

[144] Bhattacharya, S., A. V. Thakor. Contemporary banking theory [J]. Journal of Financial Intermediation3, 1993.

[145] Basel Committee on Banking Supervision. Range of practice in banks internal ratings systems. Discussion Paper No. 1661, 2000.

[146] Brenner, T1, Weidlich et al. International co-movements of business cycles in a "phase locking" model [J]. Macroeconomic, 2002.

[147] Bikker, J. A., Metzenmakers et al. Bank provisioning and procyclicality. Research Series Supervision No. 50, Methlands Central Bank, 2002.

[148] Borio, C., Furfine et al. "Procyclicality of financial system and financial stability: Issues and policy options" in Marrying and macro - and micro - prudential dimensions of financial stability. BIS (Bank for International Settlements) Working Papers No. I, 2001: 1-57.

[149] Brunnermeier, M., Crockett et al. The fundamental principles of financial regulation. Geneva, Switzerland: International Center for Monetary and Banking Studies, 2009.

[150] Carling, K, T Jacobson et al. The internal ratings based approach for capital adequacy determination: empirical evidence from Sweden. Paper Prepared for the Workshop on Applied Banking Research, Oslo, 2001.

[151] Catarineu - Rabell, E., Jackson et al. Procyclicality and the new Basel Accord bank's choice of loan rating system. Working Papers No. 181, Bank of England, 2003.

[152] Claudio Borio S.. Towards a macro - prudential framework for financial supervision and regulation? BIS Working Papers, 2003.

[153] Crouhy, M., D. Galai et al. Prototype risk rating system [J]. Journal of Banking and Finance, 2001 (1).

[154] Caruana J.. Systemic risk: How to deal with it? [R]. Bank for International Settlements, 2010 - 02 - 12, http://www.bis.org/publ/.

[155] Céline Gauthier, Alfred Lehar, Moez Souissi. Macroprudential regulation and systemic capital requirements [R]. Bank of Canada, Working Paper, April, 2010.

[156] Committee on the Global Financial System. Macroprudential instruments and frameworks: a stocktaking of issues and experiences [R]. CGFS Papers, No. 33, January, 2009.

[157] Committee on the Global Financial System. The role of margin requirements and haircuts in procyclicality [R]. CGFS Papers, No. 36, March, 2010.

[158] Crockett A. Marrying the microprudential and macroprudential dimensions of financial stability [R]. BIS Speeches, 2000 - 09 - 21.

[159] Claudio Borio S. Towards a macroprudential framework for financial supervision and regulation. BIS Working Papers, 2003.

[160] Davis E. P., Karim D. Macroprudential regulation - the missing policy pillar [R]. Keynote Address at the 6th Euroframe Conference on Economic Policy Issues in the European Union, 2009 - 06 - 12.

[161] De Larosière et al. Report of the high - level group on financial supervision in the EU. [R]. Brussels, 2009.

[162] De Larosière, J., Balcerowicz et al. The High - level group on financial supervision in EU. Brussels, 2009.

[163] De Lis, F. S., Pagès et al. Credit growth, problem loans and credit risk provisioning in Spain. Banco de Espana Working Papers, 2000.

[164] Durb in testing for serial correlation in least squares regression when some of the regressors are lagged dependent Variables [J]. Econometrica, Vol. 38, No.3, May, 1970.

[165] Enria, A., et al. Fair value accounting and financial stability. ECB (European Central Bank) Occasional Paper No. 13, 2004.

[166] Estrella, Arture. The cyclical behavior of optimal bank capital [J]. Journal of Banking and Finance, 2004.

[167] ECB. Recent advances in modeling systemic risk using network analysis [EB/OL]. http://www.ecb.europa.EU, 2010a.

[168] Eva Catarineu - Rabell, Patricia Jackson, Dimitrios P.. Tsomocos: Procylicality and the new Basel accord. http://www.bankofengland.co.uk, 2002 - 03 - 05.

[169] Financial regulatory reform: A new foundation. http://www.ustreas.gov, 2007 - 06 - 17.

[170] European Financial Supervision. http://www.europa.eu, 2009 - 05 - 27.

[171] Fernández de Lis, S. J. Martinez Pagés, S. Saurina. Credit growth, problem loans and credit risk provisioning in Spain [R]. in Marrying the Macro - and Microprudential dimensions of financial stability, BIS Papers, No. 1, March, 2001.

[172] Financial Stability Forum. Report of the financial stability forum on addressing procyclicality in the financial system [R]. Basel, April, 2009.

[173] Fridson, M., C. Garman et al. Real interest rates and the default rates on high-yield bonds [J]. Journal of Fixed Income, 1997.

[174] Financial Stability Forum. Report of the financial stability forum on addressing procyclicality in the financial system. http://www.financialstabilityboard.org, 2009-04-02.

[175] FSF. Principles for sound compensation practices, 2009.

[176] FSF. Report of the financial stability forum on addressing procyclicality in the financial system, 2009.

[177] FSA (Financial Services Authority). The Turner review: A regulatory response to the global banking crisis, 2009a.

[178] FSA (Financial Services Authority). Discussion paper: A regulatory response to the global banking crisis, 2009b.

[179] FSF (Financial Stability Forum). Report of the financial stability forum on addressing procyclicality in the financial system, 2009.

[180] FSF. Report of the financial stability forum on enhancing market and institutional resilience, 2008.

[181] Gamb acorta, Mistrul li. Bank capital and lending behavior: Empirical evidence for Italy [J]. Journal of Financial Intermediation, 2004, 13.

[182] Gordy, M., Howells et al. Procyclicality in Basel II: Can we treat the disease without killing the patient? [J]. Journal of Financial Intermediation, 2006, Vol. 15, Issue 3: 395-417.

[183] G20 (Group of twenty). Enhancing sound regulation and strengthening transparency, 2009.

[184] Goodhart C., Persaud A.. A party pooper's guide to financial stability [N]. Financial Times, 2008-06-04.

[185] Goodhart C., Persaud A.. How to avoid the next crash [N]. Financial Times, 2008-01-30.

[186] G20. Enhancing sound regulation and strengthening transparency, 2009.

[187] G30. Financial reform: A framework for financial stability, 2009.

[188] Hellwig M.. Systemic aspects of risk management in banking and finance

[J]. Swiss Journal of Economics and Statistics, 1995, 131.

[189] Hamilton. A new approach to the economic analysis of no stationary time series and the business cycle [J]. Econometrica, 1989, 57 (2).

[190] Hamilton, Susmel, R1. Autoregressive conditional heteroscedasticity and changesin regime [J]. Journal of Econometrics, 1994.

[191] Huang X., H Zhou. Assessing the systemic risk of a heterogeneous portfolio of banks during the recent financial crisis [R]. BIS Working Papers, January 2010.

[192] Hodrick, R. J., E. Prescott. Post-war US business cycles: An empirical investigation [J]. Journal of Money, Credit, and Banking, 1997.

[193] Hellwing, M. Banks, markets, and the allocation of risks in an economy [J]. Journal of Institutional and Theoretical Economics, 1998.

[194] IMF (International Monetary Fund). Financial stress and deleveraging: Macro-financial implications and policy. Global Financial Stability Report, October 2008.

[195] IMF (International Monetary Fund). Lessons of the financial crisis for future regulation of dinancial institutions and markets and for liquidity management. Prepared by the Monetary and Capital Markets Department, 2009.

[196] IMF. Global financial stability report: Responding to the financial crisis and measuring systemic risks, 2009.

[197] IMF, BIS, FSB. Guidance to asssess the systemic importance of financial institutions, markets and instruments: Initial considerations [R]. Report to G20 Finance Ministers and Governors, 2009.

[198] IMF. Macroprudential indicators of financial system soundness [R]. Occasional Paper, No. 192, 2000.

[199] James H. Stock, Mark W. Watson. Bussiness cycle fluctuations in US macroeconomic time series. [R]. NBER Working Paper, 1998.

[200] Jesus Saurina, Carlos Trucharte. An assessment of BASEL II procyclicality in mortgage portfolios [J]. Journal of Financial Services Research, 2007.

[201] Jean-Charles Rochet J. A framework for macroprudential banking regulation [J]. Working Paper, 2005.

[202] Jean-Claude Trichet. Systemic risk [J]. Clare Distinguished Lecture in Economics and Public Policy, Cambridge University, December 2009.

[203] Joint FSF – CGFS Working Group. The role of valuation and leverage in pro – cyclicality, 2009.

[204] Juan Ayuso, Daniel Perez, Jesus Saurina. Are capital buffers pro – cyclical? Evidence from spanish panel data [J]. Journal of Financial Intermediation, 2002, 13.

[205] Jacob Bikker, Paul Metze makers. Is capital buffer pro – cyclical? A cross—country analysis [W]. Working Paper of Netherlands Central Bank, August 2007.

[206] Jesus Saurina Salas, Carlos Trucharte. An assessment of Base II pro – cyclicality in mortgage portfolios [R]. Banco de Espa? A Research Paper, No. WP – 0712, May 29, 2007.

[207] Kashyap A., Rajan R., Stein J. Rethinking capital regulation [R]. Paper Prepared for the Federal Reserve Bank of Kansas City Symposium at Jackson Hole, August 2008.

[208] Kay J.. Narrow banking: The reform of banking regulation [R]. CSFI Papers, September 2009.

[209] Kashyap, Stein, J. C.. Cyclical implications of the Basel II capital standards. Federal Reserve Bank of Chicago Economic Perspectives, First Quarter, 2004: 18 – 31.

[210] Knight M. D.. Marrying the micro and macroprudential dimensions of financial stability: Six years on [R]. Speech Delivered at the 14th International Conference of Banking Supervisors, BIS Speeches, October 2006.

[211] Kashyap, Stein, J. C.. Cyclical implications of the Basel II capital standards. Federal Reserve Bank of Chicago Economic Perspectives, First Quarter, 2004: 18 – 31.

[212] Koopman, S. J., A. Lucas. Business and default cycles for credit risk [J]. Tinbergen Institute Discussion Paper, 2003 –062/2.

[213] Krolzig. Markov switching vector auto regressions: Modeling, statistical inference and application to business cycle analysis [M]. Berlin, 1997.

[214] Leaven, Majnoni. Loan loss provision and economics slowdowns: Too much? too late? Conference series, Federal Reserve Bank of Boston, 2002.

[215] Lowe, P.. Basel committee on banking supervision [R]. Credit risk

measurement and pro-cyclicality. BIS Working Paper No. 116, 2002.

[216] Landau J. P.. Bubbles and macro-prudential supervision [R]. Remarks at the conference on "The future of financial regulation", Banque de France and Toulouse School of Economics, Paris, 2009-01-28.

[217] Mayes D., R Pringle, M Taylor (eds.). Towards a new framework for financial stability [M]. Central Banking Publications, 2009.

[218] Miguel A Segoviano, Philip Lowe. Internal ratings, the business cycle and capital requirements: Some evidence from an emerging market economy [W]. BIS Working Paper, No. 117, 2002.

[219] Michael B Gordy, Bradley Howells. Pro-cyclicality in Basel II: Can we treat the disease without killing the patient? [J]. Journal of Financial Intermediation, Volume 15, Issue 3, July 2006.

[220] Milne A. Macro-prudential policy: An assessment [R]. CESifo DICE Report 1/2010.

[221] Mas-Colell, A, M. D. Whinston. Microeconomic theory. Oxford University Press, 1995.

[222] Minsky, Hyman, Stabilizing an unstable economy. Yale University Press, 1986.

[223] Panetta, F., Angelini et al. Financial sector pro-cyclicality: Lessons from crisis. Occasional Paper No. 44, Bank of Italy, 2009.

[224] Perotti E., J Suárez. Liquidity insurance charges as a macro-prudential tool [R]. University of Amsterdam and CEMFI, mimeo, 2009.

[225] Persaud A. Macro-prudential regulation [R]. ECMI Commentary No. 25/4, August 2009.

[226] Pedersen. The Hodrick Prescott filter, the Slutzky effect, and the distortionary effect of filters [J]. Journal of Economic and Dynamics and Control, 2001, 25: 1081-11011.

[227] Selover, Jensen. Mode-locking and international business cycle transmission [J]. Journal of Economic Dynamics and Control, 1999.

[228] Rochet J. C., Tirole J.. Interbank lending and systemic risk [J]. Journal of Money Credit and Banking, 1996.

[229] Saurina, J., Trucharte et al. An assessment of Basel II pro-cyclicality in

mortgage portfolios. Banco de Espana Working Papers No. 0712, 2007.

[230] Saunders, A. Comments on The macroeconomic impact of bank capital requirements in emerging economies: Past evidence to assess the future [J]. Journal of Banking and Finance, 2002.

[231] Segoviano, A. M., Lowe et al. Internal ratings, the business cycle and capital requirements: Some evidence from an emerging market economy. BIS Working Papers No. 117, 2002.

[232] Shim, I. What can (macro -) prudential policy do to support monetary policy?. BIS Working Papers No. 242, 2007.

[233] Squam Lake Working Group on Financial Regulation. Reforming capital requirements for financial institutions [R]. April 2009.

[234] Stephanie Stolz, Michael Wedow. Banks regulatory capital buffer and the business cycle: Evidence for Germ an savings and cooperative banks [R]. Discussion Paper, 2005.

[235] Supervisory guidance for assessing banks' financial instrument: fair value practices, final paper of Basel Committee Report. BCBS153.

[236] Tucker P.. The debate on financial system resilience: macro - prudential instruments [R]. Barclays Annual Lecture, London, 2009 - 10 - 22.

[237] US Treasury. Financial regulatory reform a new foundation: Rebuilding dinancial supervision and regulation, 2009.

[238] UK FSA. A regulatory response to the global banking crisis: Systemically important banks and assessing the cumulative impact. Turner Review Conference Discussion Paper, 2009.

[239] Wellink, N.. The Importance of banking aupervision in financial stability. BIS Press, 2008.

[240] White, W. R.. Pro - cyclicality in the financial system: Do we need a new macro - financial stabilization framework?. BIS Working Paper No. 193, 2006.

[241] White W. Pro - cyclicality in the financial system: Do we need a new macro financial stabilization framework? [R]. BIS Working Paper, No. 193, January 2006.

[242] W. Wagner. In the quest of systemic externalities: A review of the literature [R]. 2009.

[243] Balla E., McKenna A.. Dynamic provisioning: A counter cyclical tool

for loan loss reserves [R]. Federal Reserve Bank of Richmond Economic Quarterly, 2009, 95 (4).

[244] Bikker J. A., Metzemakers P. A.. Bank provisioning behavior and pro-cyclicality [J]. International Financial Market, Institutions and Money, 2005, 15: 141-157.

[245] Bouvatier V, Lepetit L. Banks' pro-cyclicality behavior: Does provisioning matter? [R]. Working Paper No. 8174, 2006.

[246] Burroni M, Quagliariello M, Sabatini E et al. Dynamic provisioning: Rationale, functioning, and prudential treatment [R]. Bank of Italy Working Paper No. 57, 2009.

[247] Cavallo M, Majnoni G. Do banks provision for bad loans in good times? Empirical evidence and policy implications [R]. World Bank Policy Research Working Paper No. 2619, 2001.

[248] Evan Kraft. Dynamic provisioning: Results of an initial feasibility study for Croatia [R]. Banking Supervisors of Central and Eastern Europe Conference, 2004.

[249] Jimenez G., Saurina G.. Credit cycles, credit risk, and prudential regulation [J]. International Journal of Central Banking, 2006, 2: 65-98.

[250] Santiago Fernndez de Lis, Alicia Garcia Herrero. The housing boom and bust in Spain: Impact of the securitization model and dynamic provisioning [J]. Housing Finance International, 2008, 9: 14-19.

[251] Santiago Fernndez de Lis, Alicia Garcia Herrero. Dynamic provisioning: Some lessons from existing experiences [R]. ADBI Working Paper Series No. 218, 2010.

[252] http://www.bis.org.
[253] http://www.nber.org.
[254] http://www.imf.org.
[255] http://www.ecb.int.
[256] http://www.fianancialstabilityboard.org.
[257] http://www.fbi.gov.
[258] http://www.bloomberg.com.
[259] http://www.bankofengland.co.uk.
[260] http://www.newyorkfed.org.
[261] http://www.fsa.gov.uk.